·彩图版·

龚书铎⊙主编

新编话说

二十四史

一卷·史记

巴蜀书社

白话精编二十四史 第一卷 史记

图书在版编目（CIP）数据

白话精编二十四史／龚书铎主编 .—成都：巴蜀书社，
2016.10

ISBN 978-7-5531-0739-4

Ⅰ．①白… Ⅱ．①龚… Ⅲ．①中国历史－古代史－纪
传体②二十四史－译文 Ⅳ．① K204.1

中国版本图书馆 CIP 数据核字（2016）第 231862 号

白话精编二十四史　第一卷　　　　　　　　龚书铎 主编

策划组稿	林建
责任编辑	施维　张照华　肖静　封龙　童际鹏　张亮亮
出　版	巴蜀书社
	成都市槐树街2号　邮编610031
	总编室电话：（028）86259397
网　址	www.bsbook.com
发　行	巴蜀书社
	发行科电话：（028）86259422　86259423
经　销	新华书店
制　作	日知图书（www.rzbook.com）
印　刷	天津市光明印务有限公司
版　次	2016年10月第1版
印　次	2016年10月第1次印刷
成品尺寸	165mm×230mm
印　张	160
字　数	3000千字
书　号	ISBN 978-7-5531-0739-4
定　价	298.00元（全十卷）

前 言

　　鲁迅先生曾说："历史上写着中国的灵魂，指示着民族的未来。"中国的历史，无疑是我们国家和整个华夏民族的灵魂所在。从有文字以来，中国人就对历史的记述有着浓厚的兴趣。"左史记言，右史记事"滥觞于前，孕育了中国几千年来持续不断的历史记述制度，不仅"世有史官"，而且设立专门的著史机构；除了国家专门组织的著史工作之外，大量的私人著史活动也是风起云涌，从不同的角度，以不同的观念并在不同的深度和广度上反映了历史的真实，从而形成了一股汹涌澎湃的文化思潮，影响深远。

　　在这样的制度和文化背景下，几千年来，中国产生的历史著作可谓汗牛充栋，为了有所区别，于是产生了"正史"和"野史"之分。在浩如烟海的历史著作中，就正史而言，"二十四史"无疑是其中的佼佼者，是中国历史文化遗产中的璀璨明珠。

　　作为正史总集的"二十四史"是中国史学主干，由清乾隆帝钦定后，正史遂成为"二十四史"的专有名称。它从《史记》（司马迁著）至《明史》（张廷玉等著）共计24部、3243卷，约4000万字。"二十四史"的著作年代前后相差计1800年，是世界图书史上独有的巨著。

　　"二十四史"全部按照纪传体的形式，采取以人物为中心、以时间为顺序的方式记事，完整、系统地记录了从传说中的黄帝到明朝末年四千多年间中华民族形成、发展、融合、兴旺的历史轨迹，全面展示了历代王朝的兴亡盛衰规律，翔实而细致地记载了各个历史时期的经济、政治、文化、科技、军事、疆域、民族、外交等多方面内容以及宝贵的历史经验教训。

　　为了让读者能够轻松阅读这一皇皇巨著，我们编撰出版了这部《白话精编二十四史》，从24部史书中选取具有代表性的精华篇章编译为白话，遵循"信达雅"的原则，保持原书风貌，浓缩原著精华。为了适应现代读者的审美需求，本书打破了传统正史读物的条条框框，版式设计新颖别致，书中插配了近千幅与史书内容相关的绘画、书法、建筑、陶瓷、金银器等精美图片，通过这些元素的完美结合，将读者带进一个真实而多彩的历史空间，让读者全方位、多角度地去感受中华文明和华夏民族智慧之所在。

史记

史记

中国社会科学院历史所研究员
陈绍棣

　　《史记》是中国第一部纪传体通史著作，汉司马迁著。司马迁在元封三年（前108）继父职任太史令，他继承前人的优良传统和编撰历史的方法，取材于宏博的典籍、国家档案文书和实地调查来的材料，经过十余年的努力，终于成书。

　　《史记》上起黄帝，下迄汉武帝，记述了3000多年的历史，详于战国、秦、汉。全书分十二《本纪》、十《表》、八《书》、三十《世家》、七十《列传》五个部分，共计130篇，52.65万字。《本纪》是全书的纲要，依朝代记帝王之事。《表》以表格的形式，按世系、年、月，写成简明的大事记。《书》叙述各种典章制度，内容涵盖政治、经济、礼乐、天文历算等领域。《世家》按年系事，记载世袭的王侯封国的历史变迁，兼及个别与王侯相当的名人。《列传》主要是社会各阶层代表人物的传记，少数篇章记录了周边少数民族及与中国来往的一些国家、地区的相关事迹。《本纪》和《列传》是主体，与《表》、《书》、《世家》互相配合和补充，构成一个整体，实现其"究天人之际，通古今之变，成一家之言"（《报任安书》）之宗旨。

　　《史记》是科学历史著作和优美传记文学的巧妙结合，鲁迅称之为"史家之绝唱，无韵之《离骚》"。《史记》开创了中国纪传体的历史学和历史传记文学，对民族文化贡献巨大，对后世正史、散文和传记文学影响深远。

五帝本纪

《五帝本纪》为《史记》的开篇之作，记载了远古传说中相继为帝的五个部落联盟首领——黄帝、颛顼、帝喾、尧、舜，以及战争、禅让、治洪水、战猛兽、开良田、推算历法、观测天文、谱制音乐舞蹈等众多先民生活的情况，可谓中华民族灿烂文化的开端。

【轩辕黄帝】

黄帝，是少典氏的后代，姓公孙名叫轩辕，一生下来就很有灵异之气，出生不久就会说话，幼年时聪明懂礼，长大后诚实勤劳，成年后见闻广博，明辨是非。轩辕时代，神农氏的势力已经开始衰败，诸侯互相攻战，残害百姓，而神农氏却没有能力去征讨他们。于是轩辕整治军队，去征讨那些不来朝拜的诸侯，各诸侯这才都来归从。而蚩尤在各诸侯中最难降伏，没有人能去征讨他。炎帝想进攻欺压诸侯，诸侯都来归顺轩辕。于是轩辕便实行德政，整顿军队，研究四时节气变化，种植五谷，安抚民众，丈量四方的土地，训练像熊、罴、貔、貅、貙、虎等猛兽一样的勇士，与炎帝在阪泉的郊野交战，三战后征服了炎帝，取得了胜利。而后，蚩尤发动叛乱，不听黄帝的命令，于是黄帝征调诸侯的军队，与蚩尤在涿鹿郊野开战，终于擒获并杀死了他。这样，众诸侯都尊奉轩辕为天子，取代了神农氏，这就是黄帝。

天下哪里有不归顺者，黄帝就前去征讨，所向披靡，开山通路，几乎从来没有在哪个地方安宁居住过。

黄帝东到东海，登上了丸山和泰山；西到空桐，登上了鸡头山；南到长江，登上了熊山、湘山；往北驱逐了荤粥部族，与诸侯核验了符契，在涿鹿山的脚下广

黄帝像

平之地建起了都邑。黄帝四处迁徙，没有固定的居所，以兵营围绕来防卫。其所封官职都用云来命名，军队号称云师。同时，又设置了左右大监，让他们来监察各诸侯国。黄帝获得上天赐给的宝鼎，观测太阳的运行，推算历法，预知节气时日。他任用风后、力牧、常先、大鸿等治理民众。黄帝顺应天地四时的规律，推测阴阳的变化，讲解生死的缘由，论说国家存与亡的道理，按照四时节气播种百谷草木，驯养鸟兽蚕虫，测定日月星辰以观象授时，身心耳目饱受辛劳。

他做天子，有土这种祥瑞的征兆，因为土为黄色，所以号称黄帝。

【颛顼征四方】

黄帝有二十五个儿子，其中得姓的有十四人。黄帝居住在轩辕山，娶西陵氏的女儿为妻，这就是嫘祖。嫘祖是黄帝的正妃，生有两个儿子，他们的后代都领有天下：一个叫玄嚣，也就是青阳，居住在江水；另一个叫昌意，居住在若水。昌意娶了蜀山氏的女儿昌仆，生下了高阳，高阳很有贤德。黄帝死后被埋葬在桥山，他的孙子，也就是昌意的儿子高阳即帝位，这就是帝颛顼。颛顼沉静稳重又有智谋，通情而知事理。他种植各种庄稼，以充分利用地力，推算四时节令以顺应自然规律，依顺鬼神，制定礼义，理顺四时五行之气教化万民，洁净身心祭祀鬼神。他北到幽陵，南到交阯，西到流沙，东到蟠木，天下平定，太阳所照之处皆归顺。

【贤德帝喾】

颛顼死后，玄嚣的孙子高辛即位，这就是帝喾，他是黄帝的曾孙，颛顼的侄子。高辛生来就很有灵气，一出生就叫出了自己的名字。他广施恩泽于众人而不顾其自身。他耳聪目明，可以了解远处的情况，洞察事理的细微之处；顺应上天的意旨，解民之所急，仁德威严，温和守信，修养德业而使天下归服；他节俭地使用大地所产之物，抚爱万民，把各种有益的事教给他们；他推算日月的运行以定季节节气，尊显鬼神并且慎重地加以侍奉。帝喾恩德不偏不倚，像雨水浇灌农田一样遍及天下，日之所照，风之所至，没有人不顺从归服于他。

帝喾娶陈锋氏的女子，生下放勋；娶娵訾氏的女子，生下挚。帝喾死后，挚即帝位。帝挚登位后，并没有什么政绩，于是弟弟放勋登位。这就是帝尧。帝尧仁德，聪慧，富有却不骄傲，尊贵却不放纵。他能发扬善德，使各部族和睦融合，各诸侯邦国都能和谐相处。他命令羲氏与和氏，遵循上天的意旨，根据日月星辰的运行规律制定历法，教给民众从事生产的节令。一年有三百六十六天，用置闰月的办法来把春夏秋冬四季调整准确。整顿百官，各项事业都兴旺发达。

【尧舜禅让】

天下大治后，尧开始考虑接班人

问题。他问属下们，谁可以继承他的事业？放齐说："你的儿子丹朱是个明理通事的人，不错。"尧哼了一声："这人凶顽愚笨，难堪大用，还有别的人选吗？"讙兜说："共工手下有一批人，他也做出了不少成绩。"尧说："你不知道，共工这人对上帝与君主外貌恭敬，但实际却极为轻慢，喜欢夸夸其谈，实际行动却违背正道。不可重用。"尧又问四岳："哎呀，如今洪水滔天，百姓万分愁苦，大地一片沼泽，谁能来治理呢？"大家都推荐鲧。尧说："鲧这个人，曾经违背天命，危害同族，怕不能用。"四岳说："现在紧急关头就任用他试试吧，不行再撤掉。"尧因此让鲧来治洪水。鲧前前后后治了九年水却没有成功。

尧说："唉！四岳啊，我治理天下已经七十年，你们谁能顺应天命，

🔸 **黄帝陵**

接替我呢？"四岳谦虚地推辞，推荐舜。舜是盲人的儿子。他的生父愚昧，后母奸诈，弟弟傲慢，但舜却能对父母尽孝，和兄弟友爱，使家庭和睦。

尧说："我亲自试试他。"他把两个女儿嫁给舜，以便观察他的德行。一段时间下来，尧认为舜做得很好，就让舜任司徒之职，教导百姓遵循父义、母慈、兄友、弟恭、子孝等种种伦理道德，效果很好。尧又让舜参与朝政，朝政因此变得有条不紊。让舜在国都四门接待宾客，远来的诸侯都相敬如宾。舜到丛林草泽里遇上暴风雨，却没有迷路误事。经过三年的种种考验，尧认为舜既聪明又品德高洁，就对他说："三年来，你做事周密，有大功。现在我把帝位让给你。"舜认为自己德行不够，不愿接受帝位，推让再三才答应。正月初一，尧在文祖庙禅让帝位给舜。

尧说："我不能使天下人全都受害而只让一人得利。"尧的儿子丹朱无德无能，不配传他帝位，因此禅让帝位给舜。尧逝世了，舜服丧三年后，想把帝位再让给丹朱，自己躲到了南河南岸。但前来朝见的四方诸侯不找丹朱，都到舜这里来；有纷争的也不去找丹朱，都来找舜调解；歌颂功德的不歌颂丹朱，都歌颂舜，这真是天意难违啊。舜就又回到

京都，登上天子之位。

尧逝世后，舜服丧三年，想让位给丹朱，可是天下人都来归服舜而不归服丹朱。禹、皋陶、契、后稷、伯夷、夔、龙、倕、益、彭祖等人，一直被尧任用，却一直没有相应的官职。于是舜就与四岳商计，他们都说，要想行大德的事，就要疏远巧言令色的小人，这样，远方的外族就自然而然会来归服。舜说："有谁能努力奋发，光大尧的事业，我就唯才是举授给他官职。禹，你来负责治水大事，一定要努力办好啊！弃，百姓正在挨饿受饥，你掌管农业教他们播种百谷吧！契，现在百姓不亲，纲常有乱，你担任司徒，小心宽厚地施行五伦教育。皋陶，蛮夷正在侵扰中原，抢劫杀人，无恶不作，你来担任司法官，执法要公正严明，才能使人信服。"舜又任命倕为共工，统领各种工匠；任命益为朕虞，管理山川草泽中的草木鸟兽；任命伯夷主管祭祀，任命夔掌管音乐，任命龙做纳言，传达舜的旨命，报告下情。分工完毕后，每三年考核一次功绩，经过三次考核，按照成绩升迁或贬黜。这些人个个功成名就：皋陶掌管刑法，断案公正；伯夷主持礼仪，上下都谦恭礼让；倕主管百工，百工都能做好自己的工作；益主管山泽，山林湖泽都得到开发利用；弃负责农业，百谷丰盛；契掌管教化，百官亲善和睦。这样，各司其职，上下齐心，天下大治。

从黄帝到舜、禹，虽都是同姓却立了不同的国号，目的是彰显他们各自光辉的德业。因此，黄帝号为有熊，帝颛顼号为高阳，帝喾号为高辛，帝尧号为陶唐，帝舜号为有虞。帝禹号为夏后，用不同的氏来区别，姓姒氏。契为商的始祖，姓子氏。弃为周的始祖，姓姬氏。

论赞

太史公曰：学者们都称述五帝，然而五帝的年代已经很久远了。《尚书》只记载着尧以来的史实；而各家叙说黄帝的文字并不规范，众多读书人也很难说得清楚。孔子传下来的《宰予问五帝德》及《帝系姓》，有的儒生也不传习。我曾经往西到过空桐，往北路过涿鹿，往东到过大海，往南路过长江、淮水，所到过的地方的老前辈们都往往谈到他们各自所听说的黄帝、尧、舜的事迹，风俗教化都有不同，总而言之，大体与古文经籍记载的说法相符合的较为可信。我研读了《春秋》《国语》，它们对《五帝德》《帝系姓》的阐释都很明确，只是人们都没有进行过深入考究，其实那些记述都不是虚妄之说。《尚书》已经残缺很长时间了，但很多散失的记载却常常可以从其他典籍中找到。如果不是好学深思，真正理解了它们的意思，那么想要向那些学识浅薄、孤陋寡闻的人说明白，肯定不是容易之事。我把这些材料进行评议编次，选择了那些很正确通畅的言辞记录下来，写成这篇本纪，列于全书的开头。

殷本纪

殷 本来叫做商。商朝是中国历史上第二个奴隶制王朝。自成汤兴起，至商纣灭亡，共五百五十余年，历经十七代三十一王，几经兴衰，贤暴更迭，形成一部宏伟的王朝兴衰史。

▶【成汤兴起】

殷的始祖是契，他的母亲是简狄，帝喾的次妃。简狄与两个妹妹到河里去洗澡，看见燕子生下一只蛋，就捡起来吃了，因此怀孕而生下了契。契长大成人后，帮助禹治水有功，被舜封在商地，赐姓子氏，功业昭著而使百姓们安居乐业。从契到成汤这一代，共迁都八次，最后定居于亳。成汤很贤德，能听善言，治理国家有方。一天成汤外出游猎，看见郊野四面张着罗网，张网的人祷告说："愿天下四方而来之物皆进入我的罗网！"成汤听了说："唉，这样就把禽兽全都打光了！"于是把罗网撤去三面，祷告说："想往左走的就往左走，想向右逃的就向右逃。不听我命令的，就到我的罗网里来吧。"诸侯听说后都说："汤真是仁德到极点了，就连禽兽也得到了他的眷顾。"

而此时的夏桀却十分暴虐，荒淫无道，成汤于是率领诸侯，举兵去讨伐夏桀，号称武王。夏桀在有娀氏旧地被打败，仓皇逃到鸣条，夏军全军崩溃。成汤乘胜追击，缴获了他们的宝器珠玉，自此，诸侯全都听命归服了，成汤登上天子之位，平定了天下。

成汤班师回朝，途经泰卷时，大臣仲虺作了朝廷的诰命。汤废除了夏的政令，回到国都亳，作《汤诰》号令诸侯。《汤诰》这样记载："三月，王亲自到了东郊，向各诸侯国君宣布：'各位可不能不为民众谋立功业，要努力办好你们的事情。否则，我就对你们严加惩办，那时可不要怪罪我。'又说：'你们当中如果有谁干出违背道义的事，那就不允许他回国再当诸侯，那时你们也不要怨恨我。'汤用这些话告诫了诸侯。这时，伊尹又作了《咸有一德》，说明君臣应该同德；咎单作了《明居》，讲的是安排民众居处的法则。

商汤临政之后，修改了历法，把夏历的建寅月为岁首改为建丑月为岁首，又改变了器物服饰的颜色，崇尚白色，在白天举行朝会。

【盘庚迁都】

商汤逝世之后，殷历经几代，几经兴衰。到帝阳甲逝世后，他的弟弟即位，这就是帝盘庚。盘庚即位时，殷已经在黄河以北定都，盘庚渡过黄河，在黄河以南定都，又回到成汤的故居。因为自汤到盘庚，这已是第五次迁移了，一直都没有固定的国都，所以殷朝的民众怨声载道，不愿再受迁移之苦。于是，盘庚就告谕诸侯大臣说："从前先王成汤与你们的祖辈们一起平定天下，他传下来的法度和准则我们应该遵循。如果我们舍弃而不努力推行，那怎么能成就德业呢？"这样，于是渡过黄河，南迁到亳，遵行成汤的政令，此后百姓们渐渐安定，殷朝的国势又一次兴盛起来。因为盘庚遵循了成汤的德政，诸侯也纷纷前来朝拜了。

【武丁中兴】

帝盘庚逝世，他的弟弟小辛即位，这就是帝小辛。小辛在位时，殷又衰弱了。帝小辛逝世以后，他的弟弟小乙即位，这就是帝小乙。

帝小乙逝世，他的儿子武丁即位。帝武丁即位后，一心想复兴殷朝，但一直没有找到称职的辅佐大臣。于是武丁三年不发表政见，政事全由冢宰决定，自己审慎地观察国家的风气。有一天夜里，他梦见得到一位圣人，名叫说。于是派遣百官到民间去四处寻找，终于在傅险找到正服刑役的说。武丁同他交谈，发现他果然是位贤圣之人，就任用他担任国相，殷国得到了很好的治理。于是武丁用傅险这个地名来做说的姓，叫他傅说。

有一次武丁祭祀成汤，忽然有一只野鸡飞过来，站在鼎耳上鸣叫不止，武丁看到后惊惧不安。祖己开导武丁说："大王您继承王位，努力为民众办事，没有什么不符合天的意旨的，您要做的就是继续按常规祭祀，不要根据那些应该摒弃的邪道而举行各种礼仪！"武丁听了祖己的劝谏，修行德政，百姓都很欢欣，殷朝又兴盛起来了。

【囊血射天】

帝武丁逝世，他的儿子帝祖庚即

商武乙革囊射天

顺天应人　本乎仁义
以赏雄忠　且曰求贤
盘铭一德　亲林六事
人纪肇修　垂千万立

汤

🦢 **商汤像**

位。祖己赞赏武丁因为象征吉凶的野鸡出现而行德政，给他立庙，称为高宗。帝祖庚逝世，他的弟弟祖甲即位，这就是帝甲。帝甲淫乱，殷朝再度衰落。帝甲逝世，他的儿子廪辛即位。廪辛逝世，他的弟弟帝庚丁即位。庚丁逝世，他的儿子武乙即位，这时，殷都又从亳迁到了黄河以北。

武乙十分暴虐，他叫人制作了一个皮革做的囊袋，在里面装满鲜血，高高挂起仰天射它，说这是"射天"。

有一次武乙到黄河和渭河之间去打猎，天空中突然打雷，武乙被雷击死。他的儿子文丁即位。帝文丁逝世，他的儿子乙即位，帝乙即位时，殷朝更加衰落了。

帝乙的长子叫微子启。启的母亲地位低贱，因而启不能继承帝位。帝乙的小儿子叫辛，因为辛的母亲是正王后，因此，帝乙逝世后，辛即位，这就是帝辛，天下都叫他"纣"。

【纣王暴虐】

纣天资聪颖，很善辩，行动迅捷，接受能力也很强；气力过人，能徒手与猛兽搏斗。他凭着过人的才能常常在大臣面前夸耀，处处抬高自己，认为天下所有的人都比不上他。他嗜好喝酒，放荡淫乐，宠爱女人。他特别宠爱妲己，对妲己的话唯命是从。他让乐师涓为他制作了新的俗乐，都是一些靡靡之音。他加重赋税，把鹿台的钱库堆得满满的，把钜桥粮仓的粮食也装得满满的。他四处搜集新奇的玩物，填满了宫室，又扩建了沙丘的园林楼台，捕捉大量的野兽飞鸟放置在里面。他对鬼神傲慢不敬。他招来大批戏乐聚集在沙丘，用美酒当做池水，把肉悬挂起来当做树林，让男女赤身裸体在其间追逐嬉戏，寻欢作乐，通宵达旦，不知疲倦。

百姓对纣的荒淫十分愤恨，怨声载道。渐渐地，一些诸侯也开始反叛。于是纣就加重刑罚，设置了叫做炮格的酷刑，就是让有罪的人在涂满油的铜柱上爬行，铜柱下面点燃炭火，爬不动的人就掉进炭火里，妲己看见就哈哈大笑。纣任用西伯昌、九侯、鄂侯为三公。九侯有个美丽的女儿，献给了纣，她不喜欢淫荡，纣大怒，不但杀了她，还把九侯也施以醢刑，剁成肉酱。鄂侯极力进谏，争辩非常激烈，结果鄂侯也遭到脯刑，被制成肉干。西伯昌听说此事后，暗自叹息。崇侯虎就向纣告发西伯昌，纣就把西伯囚禁在羑里。西伯的僚臣闳夭等人，弄来美女奇物和好马献给纣，纣才释放了西伯。

西伯回国，暗地里修德行善，诸侯大多背叛了纣而来归服他。西伯的势力逐渐强大起来，纣的权威也就渐渐被削弱。王子比干多次劝说纣，纣不听。商容是一个贤德的人，百姓们很爱戴他，纣却黜免了他。纣的大臣祖伊去劝说纣，而纣说："我生下来做国君，不就是奉受天命吗？"祖伊回国后说："纣已经无法规劝了！"

【武王伐纣】

西伯昌死后，纣更加淫乱，丝毫没有停息的意思。微子曾多次劝谏，纣都不听，微子就和太师、少师商量后，逃出了殷国。而比干却说："为人臣子的，不能不拼死争谏。"纣听后大怒，说："我听说圣人的心有七窍。"于是命人剖开比干的胸膛，挖出心来观看。箕子见此很害怕，就假装疯癫去给人家当了奴隶。纣知道后又把箕子囚禁起来。殷国的太师、少师拿着祭器和乐器，匆忙地逃到周国去了。周武王见伐纣的时机已到，就率领诸侯前去讨伐。纣也派出军队在牧野与武王开战，进行抵抗。周历二月初五甲子那一天，纣的军队被打败，纣仓皇逃进内城，登上鹿台，穿上他的宝玉衣，跳到火堆里自焚而死。周武王于是砍下他的头，挂在太白旗竿上示众。周武王又处死了妲己，释放了箕子，修葺了比干的坟墓，表彰了商容的里巷。封纣的儿子武庚为禄父，让他承续殷的祭祀，并责令他施行盘庚的德政，殷的民众都十分高兴。于是，周武王做了天子，封殷的后代为诸侯，隶属于周。

周武王逝世后，武庚和管叔、蔡叔联合叛乱，周成王命周公旦诛杀他们，而把微子封在宋国，来延续殷的后代。

论赞

太史公曰：我是根据《商颂》来编定契的事迹的，自成汤以来，很多历史史实都采自《尚书》和《诗经》。契为子姓，而他的后代们的分封都以国为姓，有殷氏、来氏、宋氏、空桐氏、稚氏、北殷氏、目夷氏等。孔子曾说，殷人的车子很好，他们崇尚白色。

周本纪

周之初，天下朝宗，幅员辽阔，显示着强大的奴隶制王朝的面貌。文、武二王图治，成康盛世，厚民爱民，君臣协力，共成大业。而到厉王国人暴动的吼声，烽火台上美人放肆的笑声，生生震摇了周王朝的江山。

【周的先祖】

周的始祖后稷，名叫弃。他的母亲姜原是有邰氏的女儿，也是帝喾的正妃。姜原到野外去，看见一个巨人的脚印，心里喜悦，就试着踩上去，一踩就觉得身子振动像怀了孕似的。十个月后就生下一个儿子，姜原认为这孩子不吉利，就把他扔到了一个狭窄的小巷里，但牛马从他身边经过都绕着躲开而不踩他；把他扔到树林里，正赶上树林里人多，所以又挪了个地方；把他扔在渠沟的冰上，有飞鸟飞来用翅膀盖在他身上，垫在他身下。姜原觉得这很神奇，就抱回来把他养大成人。由于开始想把他扔掉，所以就给他取名为弃。

弃小的时候，就很有远大志向。他游戏的时候，喜欢种植豆、麻之类的庄稼，且都长得很茂盛。到他成人之后，就喜欢耕田种谷，经常仔细察看什么样的土地适宜种什么，适宜种庄稼的地方就在那里种植收获，民众都来向他效法学习。尧帝听说后，就举任弃担任掌管农事的官，天下都得到他的好处，做出了很大的成绩。舜帝就把弃封在邰，号称后稷，并以姬为姓。

历经几代，古公亶父继位。古公亶父重修后稷、公刘的大业，积累德行，普施仁义，国人都爱戴他。古公去世后，季历继位，这就是公季。公季学习古公的德业，努力施行仁义，诸侯都来归顺他。

【文王图治】

公季去世，儿子昌继位，这就是西伯。西伯也就是文王，他继承后稷、公刘的遗业，效法古公、公刘的法则，一心一意施行仁义，尊敬老人，对晚辈慈爱。对有才能的人谦下有礼，有时接待贤士而到了中午都顾不上吃饭，士人因此都归附他。伯夷、叔齐住在孤竹国，听说西伯非常敬重老人，就一起归顺了他。太颠、闳夭、散宜生、鬻子、辛甲大夫等人都一起归顺了西伯。

崇侯虎向殷纣说西伯的坏话，他说："西伯积累善德，诸侯都归向他，这将对您大大不利呀！"于是帝纣就把西伯囚禁在羑里。闳夭等人千方百计地找来有莘氏的美女，骊戎地区出产的彩色骏马，有熊出产的三十六匹好马，还有其他一些珍奇宝物，通过殷的宠臣费仲献给纣王。纣见了十分高兴，于是赦免了西伯，还赐给他弓箭斧钺，让他有权征讨邻近的诸侯。后西伯营建了丰邑，从岐下迁都到丰。西伯在位大约五十年。他被囚禁在羑里的时候，据说曾经增演《易》的八卦为六十四卦，并改变了殷的律法制度，制定了新的历法。

▶【牧野之战】

武王登位，太公望任太师，周公旦做辅相，另有召公、毕公等人辅佐，承继文王的事业。

武王受命第九年，往东方去检阅部队，到达盟津。武王自称太子发，宣称是奉文王之命前去讨伐纣，自己不敢擅自做主。又过了两年，武王听说纣昏庸暴虐愈来愈严重，杀了王子比干，囚禁了箕子。于是武王向全体诸侯宣告说："殷王罪恶深重，此时不伐更待何时？"于是率领战车三百辆，勇士三千人，披甲战士四万五千人，东进伐纣。十一年十二月，军队全部渡过盟津，诸侯都来会合。二月甲子日的黎明，武王一早就来到商郊牧野，举行誓师。誓师完毕，前来会合的诸侯军队，共有战车四千辆，在牧野拉开了战势。

纣听说武王攻来了，也发兵七十万来抵抗武王。武王派师尚父和百夫长前去挑战，然后率领拥有战车三百五十辆、士卒两万六千二百五十人、勇士三千人的大部队长驱直入冲进殷纣的军队。纣的军队人数虽多，但心里盼着武王赶快攻进来。他们都掉转兵器攻击殷纣的军队，给武王做了先导。武王疾驱战车冲进来，纣的士兵全部崩溃，背叛了殷纣。殷纣败

🔸 周武王像

武王
受天眷命　继志前人
遂迩悦耶　偃武修文
惟贤是宝　法受影明
建明皇极　彝叙彝伦

● 周幽王烽火买笑·清

逃，投火自焚而死。武王进入商都朝歌，商都的百姓都在郊外等待着武王。武王进入城中，斩下了纣的头，悬挂在大白旗上，牧野之战大胜。之后武王正式建立了西周王朝，并在洛邑修建周城，然后离去。把马放养在华山南面，把牛放养在桃林区域；让军队把武器放倒，进行整顿然后解散：向天下表示不再用兵。

【成康盛世】

武王逝世后，太子诵继承了王位，这就是成王。当时成王年纪小，周又刚刚平定天下，周公担心诸侯会叛周朝，就代理成王管理国家政务，主持国事。起初，管叔、蔡叔与武庚联合背叛了周朝，周公前去讨伐，经过三年时间才彻底平定。周公代理国政七年，成王长大成人，

周公把政权交还给成王，自己又回到群臣的行列中去。

成王住在丰邑，后把殷朝遗民迁徙到洛邑，往东征伐淮夷，灭了奄国，消灭了殷朝的残余势力，袭击了淮夷，设定了周朝设官分职及用人之法，重新规定了礼仪，谱制了新的音乐，又将法令、制度进行了修改，百姓和睦，颂歌四起。

成王临终，命令召公、毕公率领诸侯辅佐太子钊登位。召公、毕公率领诸侯，带着太子钊去拜谒先王的宗庙，用文王、武王开创周朝王业的艰难反复告诫太子，太子钊于是登位，这就是康王。康王即位，通告天下诸侯，向他们宣告文王、武王的业绩，所以在成王、康王之际，天下安宁，一切刑罚都搁置一边，四十年不曾使用。

【平民逐厉王】

康王死，历经昭王、穆王、共王、懿王、孝王、夷王，厉王胡即位。厉王在位三十年，贪财好利，亲近荣夷公。大夫芮良夫规谏厉王不要重用只喜好钱财而不懂得避祸的荣夷公。厉王不听劝谏，还是任用荣夷公做了卿士，掌管国事。

厉王暴虐无道，放纵骄傲，国人都公开议论他的过失。召公劝谏说："人民都忍受不了您的命令了！"厉王发怒，找来一个卫国的巫师，让他监视那些议论的人，发现了就来报告，立即杀掉。这样一来，议论的人是少

了，可是诸侯也不来朝觐了。三十四年，厉王更加严暴，国人没有谁再敢开口说话的，如果在路上遇见也只能互递眼色示意。厉王见此很高兴，就对召公说："我能消除人们对我的议论了，他们谁都不敢说话了。"召公说："你只是把他们的话给堵回去了。堵住人们的嘴巴，要比堵住水流更厉害。水蓄积得多了，一旦决口，伤害的人一定会很多，不让民众说话，其道理也是一样的。"厉王不听劝谏。从此，国人更不敢说话了。过了三年，大家就一起造反，攻击、驱逐厉王。厉王逃到彘，太子静藏在召公家才免遭杀害。

【烽火戏诸侯】

召公、周公二相共同执政，号称"共和"（前841）。共和十四年（前828），厉王死在了彘。太子静已在召公家长大成人，二相就共同扶立他为王，这就是宣王。宣王登位之后，修明政事，传承文王、武王、成王、康王的遗风，诸侯又都来尊奉周王室了。但是，宣王中兴是很短暂的。

宣王四十六年（前782），宣王逝世，他的儿子幽王宫湦继位。三年（前779），幽王宠爱褒姒。褒姒生的儿子叫伯服，幽王就想废掉申后，并把太子宜臼也一块儿废掉，让褒姒当王后，让伯服做太子。褒姒不爱笑，幽王为了让她笑，用了各种办法，但褒姒就是不笑。周幽王设置了烽火狼烟和大鼓，如果有敌人来侵犯就点燃烽火，召集诸侯来救。周幽王为了让褒姒笑，点燃了烽火，诸侯见到烽火，全都从四面八方赶来了，赶到之后，却不见有敌人来犯，而褒姒看着诸侯受骗的样子果然哈哈大笑。幽王很高兴，因而又多次点燃烽火。后来诸侯们都不相信了，也就渐渐不来了。

周幽王任用虢石父做卿，掌管国事，国人都愤愤不平。石父为人奸诈滑巧，善于阿谀奉承，且很贪图财利。后幽王又废掉了申后和太子。申后的父亲申侯很气愤，联合缯国、犬戎一起攻打幽王。幽王点燃烽火召集诸侯的救兵，但没有一个诸侯前来相救。他们就把幽王杀死在骊山脚下，虏获了褒姒，拿走了周的很多珠宝。之后，西周灭亡。

论赞

史公曰：学者都说周伐纣之后定都在洛邑，综合考察，其实并非如此。洛邑是武王测量的，成王又派召公进行了占卜，把九鼎安置在那里，而周都仍然是丰邑和镐京。一直到犬戎打败了幽王，周都才东迁到洛邑。所谓"周公安葬于毕"，毕在镐京东南的杜中。

秦始皇本纪

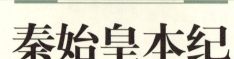

此本纪以秦始皇和秦二世的活动为中心，以编年记事的形式，记述了秦王朝建立前后四十年间风云变幻的历史场面，史实繁简相交，语言精彩。秦始皇与秦二世及赵高、李斯的形象线条清晰，逼真呈现。太史公用朴素的唯物主义历史观探索秦朝统一与灭亡的根本原因，把考察秦朝"成败兴坏之纪"的思想贯穿于全篇。

【嬴政登位】

秦始皇帝，是秦国庄襄王的儿子。庄襄王曾以人质的身份抵押在赵国，在那里看见吕不韦的妾，很是喜欢，就娶了她，生了始皇。出生后，起名叫政，姓赵。嬴政十三岁那年，庄襄王去世，政继承王位做了秦王。这个时候，秦国的疆域已吞并了巴郡、蜀郡和汉中，跨过宛县占据了楚国的郢都，设置了南郡；往北收取了上郡以东的地方，占据了河东、太原和上党郡；往东到荥阳，灭掉西周、东周，设置了三川郡。吕不韦为相国，李斯为舍人。蒙骜、王齮、麃公等为将军。因为秦王年纪小，刚刚登位，所以把国事委托给大臣们。

秦始皇

【平嫪毐，罢吕相】

嫪毐被封为长信侯，嬴政赐给他山阳的土地，一切大小事情全由他做主。九年（前238），秦王举行表示已经成年的加冠礼，而此时嫪毐作乱的事被发觉，他盗用秦王的大印和太后的印玺，发动京城部队企图攻打蕲年宫，发动叛乱。始皇得知后，命令相国昌平君、昌文君发兵攻击嫪毐。嫪毐等人战败逃走。秦王在全国悬赏捉拿或杀死嫪毐，后来嫪毐等人全部被抓获，于是嫪毐被处以五马分尸的车裂之刑以示众，其家族全被灭。

十年（前237），相国吕不韦因受嫪毐牵连而被罢官。

【统天下，创帝号】

李斯劝说秦王，建议首先攻取韩国，以此来恐吓其他国家，于是秦王派李斯去攻打韩国。大梁人尉缭来到秦国，劝说秦王礼待各国权贵大臣，利用他们打乱诸侯的计划，以防他们联合起来进行出其不意的袭击。秦王听从了他的计谋。

十四年（前233），桓齮将军在平阳攻击赵军，攻占了宜安，又平定了平阳、武城。韩非出使到秦国，秦国采纳了李斯的计谋，扣留了韩非，韩非死在云阳。韩王请求向秦称臣。十八年（前229），秦大举兴兵攻赵，王翦统率上地的军队，攻占了井陉。

二十年（前227），燕太子丹担心秦国军队打到燕国来，十分恐慌，派荆轲去刺杀秦王。事情败露，秦王处荆轲以肢解之刑来示众，然后就派遣王翦、辛胜去攻打燕国。秦军在易水西边击溃了燕军。

二十一年（前226），王贲去攻打楚国。打败燕太子的军队，攻占了燕国的蓟城，拿到了燕太子丹的首级。

二十二年（前225），王贲去攻打魏国，引汴河的水灌大梁城，大梁城墙塌坏，魏王假请求投降，秦军取得了魏国的全部土地。

二十三年（前224），秦王再次

诏令征召王翦去攻打楚国，攻占了陈县往南直到平舆县的土地，俘虏了楚王。

二十五年（前222），大规模举兵，派王贲为将领，攻打燕国的辽东郡，俘获燕王姬喜。回来时又进攻代国，俘虏了代王赵嘉。

二十六年（前221），齐王田建和他的相国后胜派军队防守齐国西部边境，断绝和秦国的来往。秦王派将军王贲经由燕国往南进攻齐国，俘获了齐王田建。

秦王刚统一天下，召集丞相、御史商议帝号。丞相王绾、御史大夫冯劫、廷尉李斯等都说始皇兴正义之师，讨伐四方残贼之人，平定了天下，又在全国设置郡县，统一了法令，这是自上古以来也不曾有的，五帝也比不上，王何不称为"泰皇"，发教令称为"制书"，下命令称为"诏书"，天子自称为"朕"。秦王说："去掉'泰'字，留下'皇'字，采用上古'帝'的位号，称为'皇帝'。"又下令说："我听说上古有号而没有谥，中古有号，死后根据生前品行事迹加个谥号。这样，就是儿子议论父亲，臣子议论君主了，没有什么意义，我不采取这种做法。从今以后，废除谥法。我就叫做始皇帝，后代就从我这儿开始，称二世、三世直到万世，永远相传，没有穷尽。"

【始皇之治】

秦始皇按照五行相生相克、循环

往复的原理进行推算，认为周朝占有火德的属性，秦朝想要取代周朝，就必须取周朝的火德所抵不过的水德。衣服、符节和旗帜的装饰都崇尚黑色。把数目以十为终极改成以六为终极，符节和御史所戴的法冠都规定为六寸，车宽为六尺，六尺为一步，一辆车驾六匹马。一切事情都依法律决定，刻薄而不讲情义，犯了法的人久久得不到宽赦。

丞相王绾等进言说："诸侯刚刚被平定，燕国、齐国、楚国地处偏远，不给它们设王，就难以镇抚。权宜之计，最好的是请封立各位皇子为王。"廷尉李斯发表意见说各诸侯之间彼此征战，虽是同祖已经疏远。再设置诸侯没有好处。如果各诸侯国都划分成了郡县，对于皇子功臣，用公家的赋税重重赏赐，这样就很容易控制了。始皇听取了他的建议，于是把天下分为三十六郡，每郡都设置守、尉、监，并改称人民为"黔首"；统一法令和度量衡标准；统一车辆两轮间的宽度；书写使用统一的隶书。始皇又派蒙恬北伐匈奴，收复河套以南以北的广大土地，并征发大量民工，将原秦、赵、燕旧时的长城重新连接加固。领土东到大海和朝鲜，西到临洮、羌中，南到门朝北开的地区，往北据守黄河作为要塞，沿着阴山往东一直到达辽东郡。

【泰山封禅】

二十八年（前219），始皇到东方去巡视郡县，登上了邹县峄山。在山上立了石碑，又跟鲁地儒生们商议，想刻石以颂扬秦之德业，又商议在泰山祭天、在梁父山祭地和遥祭名山大川的事情。于是登上泰山，树立石碑，举行祭天盛典，接着在梁父山举行祭地典礼，在石碑上镌刻碑文，歌颂秦之功德。

【焚书坑儒】

始皇在咸阳宫摆酒设宴，七十位博士上前献酒颂祝寿辞。博士齐人淳于越上前指责郡县制，企图说服秦始皇遵复古法，恢复西周以来的分封制，以使国家稳定，天下太平。始皇把他们的意见下交群臣议论。丞相李斯认为历代社会动乱、天子威逊，都是因为国家没有统一的法律和法规可循，以至诸侯并起，四海分裂，其根源在于各种儒家学说和私学的存在，使人心不一，思想混乱。他建议始皇消灭私学，除《秦记》之外的史书一律烧毁，除秦博士官所藏《诗》《书》、百家语外，都要将书交到所在的郡，然后烧毁，医药、占卜、种植之类的书除外。有敢在一块儿谈议《诗》《书》的处以死刑示众，以古非今的满门抄斩。官吏如果知道而不举报，以同罪论处。如果有人想要学习法令，就以官吏为师。秦始皇下诏说："可以。"

侯生与卢生认为秦律残暴，于是商议后逃跑了。始皇听说二人逃跑十分恼怒，认为这些人的言行诽谤于他，企图以此加重他的无德，妖言惑众，扰乱民心。于是派御史去一一审查，这些人辗转告发，结果一个供出一个，始皇亲自把他们从名籍上除名，一共四百六十多人，全部活埋在咸阳。

【沙丘政变】

三十七年（前210）十月，始皇外出巡游。左丞相李斯跟随，少子胡亥一同巡游。秦始皇到达平原津时害了病，后来愈来愈厉害，就写了一封信给公子扶苏，说："回咸阳来参加丧事，在咸阳安葬。"然而信存放在中车府令兼掌印玺事务的赵高办公处，没有交给使者。七月丙寅日，始皇在沙丘平台去世。丞相李斯认为皇帝在外地逝世，恐怕皇子们和各地乘机制造变故，发起叛乱，于是就对此事严守秘密，不发布丧事消息。棺材放置在既封闭又能通风的辒凉车中，百官像平常一样向皇上奏事。只有胡亥、赵高和五六个曾受宠幸的宦官知道始皇已经死了的事。赵高过去曾经教胡亥写字和狱律法令等事，与胡亥交情甚好。于是二人与李斯密谋商量拆开那封已封好的信，谎称李斯在沙丘接受了始皇遗诏，立皇子胡亥为太子。接着，又写了一封信给公子扶苏、蒙恬，列举他们的罪状，赐他们自杀。然后继续往前走，从井陉到达九原。因为正赶上是暑天，皇上的尸体在辒

秦始皇陵兵马俑

凉车中发出了臭味，就下令随从官员们往车里装一石有腥臭气的腌鱼，以掩饰臭味，让人分不出尸臭和鱼臭。

一路行进，从直道回到咸阳，发布治丧的公告。皇太子继承皇位，这就是二世皇帝。九月，把始皇安葬在郦山墓中。

【赵高专权，指鹿为马】

二世皇帝元年（前209），二世二十一岁，赵高担任郎中令，执掌朝廷大权。

秦二世按照赵高的建议，借机会查办郡县守尉中的有罪者，并把他们杀掉，这样，在上可以使皇上的威严震天下，在下可以除掉皇上一向所不满意的人，不给大臣谋算的机会。于是，六个皇子被杀死在杜县。大臣们

进谏的被认为是诽谤，一些大官们为保住禄位而屈从讨好，百姓震惊恐惧。秦的施法更加严酷。

七月，戍卒陈胜等造反，陈胜自立为楚王。函谷关以东的山东各郡县，年轻人因为受尽秦朝官吏之苦，都杀掉了他们的领导者，起来造反，以响应陈胜，联合起来讨伐秦朝。

赵高劝说二世道："先帝登位治理天下时间很久，因此群臣不敢做非分之事，也不敢进言邪说。现在陛下正年轻，刚登皇位，怎么能跟公卿在朝廷上议决大事呢？如果议政时有错误，就会让群臣看到自己的弱点。天子之所以称自己为'朕'，朕的意思本来就是不让别人听到他的声音。"于是二世常居深宫之内，只跟赵高一个人商议各种事情。从此，公卿很少有机会朝见皇上，各地起义的人更多了。二世对右丞相冯去疾、左丞相李斯、将军冯劫进谏非但不听，还认为他们不能平定起义，不配身处高位。于是把冯去疾、李斯、冯劫下交给狱吏，审讯追究

三人的其他罪过。冯去疾、冯劫说："将相不能受侮辱。"自杀了。李斯结果被囚受刑。

二世三年（前207），各地起义愈演愈烈，而秦军节节战败。八月，赵高想要谋反，恐怕群臣不顺从他，就先设下试验，带来一只鹿献给二世，说："这是一匹马。"二世笑着说："丞相错了，把鹿说成是马。"问左右大臣，左右大臣有的沉默，有的故意说成是马迎合赵高，有的说是鹿，赵高就在暗中假借法律陷害那些说是鹿的人。从此以后，大臣们都畏惧赵高。

【专权杀二世】

后来，项羽在钜鹿城下俘虏了王离等人并继续前进，章邯等人的军队多次败退，燕国、赵国、齐国、

楚国、韩国、魏国都自立为王，全部背叛了秦朝官吏而响应诸侯，诸侯都率兵西进。沛公率领几万人屠灭了武关，派人来跟赵高秘密接触。赵高害怕二世发怒，诛杀加害自身，就谎称有病不去朝见皇上，同时暗中跟他的女婿咸阳县令阎乐、他的弟弟赵成商量另立天子，改立公子婴。赵高就让郎中令做内应，谎称有大盗，命令阎乐召集官吏发兵追捕，又劫持了阎乐的母亲，安置到赵高府中当人质。派阎乐带领官兵一千多人在望夷宫殿门前，斩了卫令，带领官兵径直冲进去，一边走一边射箭，郎官宦官大为吃惊，被杀死的有几十人。阎乐走上前去历数二世的罪状说：“你骄横放纵，肆意诛杀，不讲道理，天下的人都背叛了你，怎么办你自己考虑吧！”二世说：“我可以见丞相吗？”阎乐说：“不行。”二世说：“我希望得到一个郡做个王。”阎乐不答应。又说：“我希望做个万户侯。”还是不答应。二世又说：“我愿意和妻子儿女去做普通百姓，跟诸公子一样。”阎乐说：“我是奉丞相之命，为天下人来诛杀你，你即使说了再多的话，我也不敢替你回报。”于是指挥士兵上前。二世自杀。

赵高召集所有的大臣和公子，把杀死二世的情况告诉了他们，并立二世兄长的儿子婴为秦王。子婴怕赵高杀死二世又加害于自己，于是后来在斋宫杀了赵高。子婴做秦王四十六天，

楚将沛公打败秦军进入武关，接着就到了霸上，派人去招降子婴。子婴用丝带系上脖子，驾着白车白马，捧着天子的印玺符节，在轵道亭旁投降。项羽灭掉秦王朝之后，把原来秦国的地盘划成三份各自为王，就是雍王、塞王、翟王，号称三秦。秦朝终于灭亡了。

论赞

太史公曰：秦国地势有高山阻隔，有大河环绕，形成坚固防御，是个四面都有险要关塞的国家。从穆公以来，一直到秦始皇，二十多个国君，经常在诸侯中称雄。难道代代贤明吗？这是地位形势造成的呀！

秦王满足一己之功，不求教于人，一错到底而不改变。二世承袭父过，因循不改，残暴苛虐以致加重了祸患。子婴孤立无亲，自处危境，却又柔弱而没有辅佐，三位君主一生昏惑而不觉悟，秦朝灭亡，不也是应该的吗？

然而后来秦统一了天下，以天下为家，以殽山和函谷关为宫殿，谁想到一个普通人带头发难，就使得秦之宗庙被毁，国家灭亡，皇子皇孙死在他人手中，让天下人耻笑，这是因为什么呢？这是因为不施行仁义，夺取天下跟守住天下的形势就不同啊！

19

项羽本纪

项羽，秦末轰轰烈烈的农民大起义中的盖世英雄，他力拔山，气盖世，勇猛善战，叱咤风云，为"近古以来未尝有"。但他也性情暴戾，优柔寡断、只知用武不懂计谋，才有四面楚歌、垓下之围，终于铸就了一个英雄的悲剧，令人叹惋。

【少年项羽】

项籍，字羽，下相人，他们家是楚国的将门之后，被封在项地，所以姓项。项羽的叔父是项梁，而项梁的父亲是项燕，项燕曾经是楚国大将，在秦楚战争中被王翦所杀。作为世家子弟，项梁从小就多方面锻炼项籍，请来大儒教他识字，学不了几天就不学了；又请来剑客教他剑术，项籍也不好好学。项梁很生气，就骂项籍，项籍回答："学写字，只能够用来记姓名；学剑术，只能打败一两个人。我要学习那能打败万人的真本事。"项梁就教项籍兵法，可项籍刚刚明白一点儿兵法的大意，又不肯学了。

后来项梁杀了人，为躲避仇家，带着项籍一起逃到吴中郡。吴中郡本地有名望的士大夫，本事都比不上项梁，每当地方有大规模的徭役或大的丧葬事宜需要人出面组织协调，都是项梁出面。他偷偷地用兵法战术来组织宾客和青年们，借此了解他们的才能和应变能力。项籍身高八尺有余，

项羽

项羽自立为西楚霸王，与刘邦争天下失败，最终自刭于乌江。

力气大，能举起千斤鼎，才能超过常人，吴中当地的年轻人都把他当老大，很惧怕他。

秦始皇巡游天下时路过会稽郡，项梁和项籍一块儿去看。秦始皇意气风发，威赫一时，项籍说："我可以取代那个人！"项梁吓得急忙捂住他的嘴，说："小声，别乱说，说这样的话是要满门抄斩的！"经此一事，项梁才隐隐了解到项籍不一般的志向，对他更另眼相看。

秦二世元年（前209）七月，陈涉等在大泽乡起义。当年九月，会稽郡守殷通与项梁密谋商议起兵反秦。项籍斩下了郡守的头，挂了郡守的官印，召集原先所熟悉的豪强官吏，向

他们说明起事反秦的道理，于是就发动吴中之兵起事了。项梁派人去接收吴中郡下属各县，共得精兵八千人。

此时，广陵人召平为陈王去巡行占领广陵，没有收服。后听说陈王兵败退走，秦兵又快要到了，就渡过长江假托陈王的命令，拜项梁为楚王的上柱国。项梁就带领八千人渡过长江向西进军，进攻秦军。听说陈婴已经占据了东阳，于是项梁同陈婴合兵西进。项梁渡过淮河向北进军，黥布、蒲将军也率部队归属于项梁。这样，项梁总共有了六七万人。

这时候，秦嘉已经立景驹做了楚王，驻扎在彭城以东，想要阻挡项梁西进。项梁于是出兵攻打秦嘉。秦嘉战死，部队投降。景驹逃跑到梁地，死在那里。

项梁接收了秦嘉的部队，驻扎在胡陵，准备率军西进攻秦。秦将章邯率军到达栗县。在此之前，项梁曾派项羽另外去攻打襄城。项籍攻下襄城之后，把那里的军民全部活埋了，然后回来向项梁报告。项梁听说陈王确实已死，就召集各路别将来薛县聚会，共议大事。这时，沛公也在沛县起兵，应召前往薛县参加了聚会。

居鄡人范增建议立楚国后代为王，这样才能举兵成功，功成天下。项梁就到民间寻找楚怀王的嫡孙熊心，袭用他祖父的谥号立他为楚怀王，项梁自己号称武信君。

项梁自东阿出发西进，等来到定陶时，已两次打败秦军，项羽等又杀

了李由，因此更加轻视秦军，渐渐显露出骄傲的神态。宋义于是规谏项梁不可轻敌，项梁不听，秦朝果然发动了全部兵力来增援章邯，攻击楚军，在定陶大败楚军，项梁战死。

章邯打败项梁军队以后，渡过黄河北进攻赵，大败赵军。张耳为国相，逃进了钜鹿城。章邯命令王离、涉间包围了钜鹿。

【破釜沉舟战钜鹿】

楚军在定陶战败以后，怀王心里害怕，从盱台前往彭城，合并项羽、吕臣的军队亲自统率。他任命沛公为砀郡长，封为武安侯，统率砀郡的军队。经齐国使者高陵君举荐，楚怀王召见宋义，跟他商计军中大事，任命他为上将军，项羽为鲁公，任次将，范增任末将，去援救赵国。部队进发抵达安阳，停留四十六天不向前进。项羽建议迅速引兵渡河，赵、楚二军里应外合，出其不意，击败秦军。宋义却不以为然。项羽大怒，就在军帐中斩下了他的头。这时候，将领们都畏服项羽，没有谁敢抗拒，一起立项羽为代理上将军。

项羽首先派遣当阳君、蒲将军率领二万人渡过漳河，援救钜鹿。后又亲自率领全部军队渡过漳河，把船只全部弄沉，把锅碗全部砸烂，把军营全部烧毁，只带上三天的干粮，以此向士卒们表示一定要决死战斗，毫无退还之心。部队抵达前线，与秦军交战多次，阻断了秦军所筑甬道，大败

秦军，杀了苏角，俘虏了王离。这时，楚军的强大居诸侯之首，前来援救钜鹿的诸侯各军筑有十几座营垒，没有一个敢发兵出战。到楚军攻击秦军时，他们都只在营垒中观望。楚军战士无不以一当十，士兵们的杀声震天，诸侯军人人胆战心惊。在打败秦军以后，项羽召见各诸侯将领，当他们进入军门时，一个个都跪着用膝盖向前走，没有谁敢抬头仰视。自此，项羽真正成了诸侯的上将军，各路诸侯都隶属于他。

【鸿门宴】

项羽带兵西行，要去夺取平定秦地。到了函谷关，听说沛公已经攻下了咸阳，项羽非常生气，就派当阳君等去攻打函谷关。当时，沛公的军队驻扎在霸上，没能跟项羽相见。沛公的左司马曹无伤派人告诉项羽说："沛公想在关中称王，让秦王子婴为相，珍奇宝物都已经占为己有了。"项羽大为恼怒。范增劝项羽，说沛公有天子的瑞气，赶快进攻，不要错失良机。

楚国的左尹项伯，是项羽的叔父，一向与跟随沛公的留侯张良交好。项伯连夜驱马跑到沛公军中，私下会见了张良，把事情全部告诉了他，想叫张良同他一起离开。张良说他是为韩王来护送沛公的，今若逃走就是不仁义。张良于是进入军帐，把项伯的话全部告诉了沛公。沛公大惊。张良出去请进项伯。沛公捧着酒杯向项伯献酒祝寿，又订下了儿女婚约。沛公说：

"我进驻函谷关以后，连秋毫那样微小的东西都没敢动，而且登记了官民的户口，查封了仓库，只等着将军的到来。我之所以派将守关，是为了防备其他盗贼进入和一些意外的变故。我们日夜盼望着将军的到来，哪里敢谋反啊！请您翔实地将我的话跟项将军转告，我是绝不敢忘恩负义的。"项伯点点头，对沛公说："明天可千万早点来向项王道歉。"沛公应允。于是项伯连夜赶回军营，把沛公的话一一报告了项王，又说："如果不是沛公先攻破关中，您怎么敢进关呢？如今人家有大功反而要攻打人家，这是不符合道义的，不如因此好好善待他。"项王答应了。

第二天一早，沛公带着一百多名骑兵来见项王，到达鸿门，向项王赔罪。项王说："这都是您的左司马曹无伤说的，不然，我怎么会这样！"项王当日就让沛公留下一起喝酒。项王、项伯面朝东坐，亚父范增面朝南坐。沛公面朝北坐，张良面朝西陪侍着。范增好几次对着项王递眼色，又好几次举起身上佩戴的玉玦向他示意，项王只是沉默着，并无反应。范增起身出去，叫来项庄说："君王为人心肠太软，你进去上前献酒祝寿，然后请求舞剑，趁机刺击沛公，把他杀死在坐席上。"项庄进来，献酒祝寿完毕后对项王说："君王和沛公饮酒，军营中没有什么可用来娱乐的，就让我来舞剑吧。"项王说："好。"项庄就拔剑起舞，项伯也拔剑起舞，常用身体掩护沛公，项庄没有办法刺杀沛公。见此情景，张良走到军门，找来樊哙，说明情况。樊哙带着宝剑拿着盾牌闯了进来，挑开帷帐面朝西站定，怒目而视项王，头发根根竖起。项王伸手握住宝剑，挺直身子问："这位客人是干什么的？"张良说："是沛公的护卫樊哙。"项王说："真是位壮士！赐他一杯酒！"手下的人给他递上来一大杯酒。樊哙拜谢，起身站着喝了。项王说："赐他一只猪肘！"樊哙把盾牌反扣在地上，把猪肘放在上面，拔出剑来边切边吃。项王说："好一位壮士！还能再喝吗？"樊哙说："我连死都不在乎，一杯酒又有什么可推辞的！那秦王有虎狼一样凶狠之心，杀人无数，毫不知倦。给人加刑，好像唯恐用不尽，天下人都叛离了他。怀王曾经和诸将约定说'先击败秦军进入咸阳者，为关中王'。如今沛公先进入咸阳，连毫毛那么微小的财物都没敢动，封闭秦王宫室，把军队撤回到霸上，等待大王您的到来；特地派遣将士把守函谷关，防止盗贼和变故。沛公如此劳苦功高，而您却听信小人的谗言，杀害有功之人。这是走秦朝灭亡的老路，我私下认为大王

您不会采取这种做法！"一番话说得项王无言以对。一会儿，沛公起身上厕所，就把樊哙叫了出来。

沛公出来后对樊哙说："现在我出来，没有来得及告辞，怎么办？"樊哙说："干大事不必拘泥小的礼节，

鸿门宴·刘凌沧

讲大节无须避讳小的责备，如今人家好比是刀子砧板，而我们好比是鱼肉，还告辞干什么！"于是沛公让张良留下来向项王致歉，独自一人骑马，樊哙、夏侯婴、靳强、纪信等四人手持剑盾，跟在后面徒步奔跑，从骊山而下，顺着芷阳抄小路回到军营。张良进去致歉说："沛公不胜酒力，喝得多了点，不能跟大王告辞了。谨让臣下张良捧上白璧一双，玉斗一对，恭敬地献给大王与大将军足下。"项王问道："沛公在什么地方？"张良答道："听说大王有意责怪他，他就一个人脱身走了，现在已经回到军营。"项王接过白璧，放在座位上。亚父接过玉斗，扔在地上，拔出剑来撞碎了，说："唉！这小子不足以共谋大事，夺取项王天下的，一定是沛公了。我们这班人就要成为俘虏了！"沛公回到军中，立即杀了曹无伤。

【彭城大战】

鸿门宴后不久，项羽率兵西进，屠戮咸阳城，杀了秦降王子婴，烧了秦朝的宫室，劫掠了秦朝的财宝、妇女，大火三个月都不熄灭。

项王派人向怀王报告入秦的情况。怀王说："按照以前的约定办。"于是项王给怀王一个徒具虚名的尊贵称号——义帝。项王打算自己称王，先将手下诸将相封为王，并说："起义之初，暂立诸侯的后代为王，目的是讨伐秦朝。然而，身披坚甲，手持利刃，带头起事，暴露山野，三年在外，灭掉秦朝，平定天下，都是靠各位将领和我项籍的力量啊！虽说义帝没有什么战功，但分给他土地让他为王，也是应该的。"诸将都说："好。"于是就分封天下，立诸将为侯王。项王、范增担心沛公据有天下，然而鸿门之会已经和解了，又不乐意违背当初的约定，怕诸侯背叛，于是暗中谋划道："巴、蜀两郡道路险阻，秦朝流放的人都居住在蜀地。"因此就立沛公为汉王，统治巴、蜀、汉中之地，建都南郑。项王自立为西楚霸王，

🔶 戏剧中的项羽形象

《霸王别姬》是京剧中的经典剧目之一，主角是西楚霸王项羽与他的爱妃虞姬。

统治九个郡，建都彭城。

汉元年（前206）四月，诸侯受封已毕，在大将军的旗帜下罢兵，分别前往各自的封国。项王出了函谷关，来到自己的封国，派人去让义帝迁都，说："古时候帝王拥有的土地是纵横各千里，而且一定要居住在河流的上游。"让使者把义帝迁徙到长沙郴县去。使者催促义帝起程，左右群臣渐渐叛离了他，项王于是秘密派衡山王、临江王把义帝截杀于大江之中。

这时候，汉王率军顺原路返回关中，平定了三秦，项羽听说汉王已经兼并了关中，将要东进，齐国、赵国又都背叛了自己，非常生气。于是用以前的吴县令郑昌为韩王，抵挡汉军。命令萧公角等攻打彭越，彭越打败了萧公角等。汉王派张良去夺取韩地，并送给项王一封信说："汉王失去了做关中王的封职，所以想要得到关中，若能遵循以前的约定，就立即停下来，不再向东进。"又把齐、梁二地的反叛书送给项王，说："齐国想要跟赵国一起灭掉楚国。"楚军因此就放弃了西进的打算，向北去攻打齐国了。项王向九江王黥布征调部队。黥布推托有病，不肯亲自去，只派部将率领几千人前往。项王因此怨恨黥布。汉二年冬天，项羽向北到达城阳，田荣也带领部队来与项羽决战。田荣没有打胜，逃到平原，平原的百姓把他杀了。项羽于是北进，烧平了齐国的城市房屋，全部活埋了田荣手下投降的士兵，掳掠了齐国的老弱妇女。项羽夺取齐地直到北海，杀死了许多人，毁灭了许多地方。齐国人聚集起来，一起造项羽的反。这时候，田荣的弟弟田横收集了齐军逃散的士卒共有几万人，在城阳反击楚军。项王因此而停下来，但一连打了几仗都没打下。

这一年春天，汉王率领五个诸侯国的兵马，共五十六万人，向东出兵讨伐项羽。四月，汉军全部进入彭城，掳掠那里的财宝、美人，每天大摆酒席会宾客。项王引兵西行奔向萧县，从早晨开始，一边攻打汉军，一边向东推进，打到彭城时已是中午时分，汉军大败。汉军四处逃散，纷纷掉进谷水、泗水，楚军杀了汉兵十多万人。汉兵向南逃入山地，楚军又追击到灵壁东面的睢水边上。汉军后退，由于楚军的逼挤，士卒十余万人都掉进睢水，睢水被堵塞得都不能向前流动了。楚军把汉王里外围了三层。这时，狂风从西北方向刮起，摧折树木，掀毁房舍，飞沙走石，刮得天昏地暗，向着楚军迎面扑来。楚军大乱，队阵崩溃，这样，汉王才得以带领几十名骑兵仓皇逃离战场。汉王在路上遇见了孝惠帝和鲁元公主，就把他们带上车，一块儿西逃。汉王等人到处寻找太公、吕后，没有找见却遇楚军。项王一直把他们留置在军中当做人质。此战之后，刘邦和项羽的军队在今荥阳相持不下。

【划鸿沟为界】

楚、汉长久相持，胜负未决，军旅疲惫。项王对汉王说："天下纷乱多年，皆因你我两人的缘故。我希望跟汉王决战，一决雌雄。再不要让百姓老少白白受苦啦。"汉王笑着回绝说："我宁愿斗智，不能斗力。"并且，汉王一桩桩地列举了项王的罪状，项王很生气，要和汉王决战。汉王不听，项王埋伏下的弓箭手射中了汉王。汉王受了伤，跑进成皋。

项王听说淮阴侯韩信已经攻克了河北，打败了齐、赵两国，而且准备向楚军进攻，就派龙且前去迎战。此时，汉骑将灌婴也赶来了，楚

📀 编钟·秦

军大败，杀了龙且。项王听到龙且军败，心里害怕。这时候，彭越又返回梁地，断绝了楚军的粮食。此刻的汉军重整旗鼓，士卒气盛，粮草充足，而项王士卒疲惫，粮食告绝。汉王派侯公去劝说项王，项王才跟汉王定约，平分天下，鸿沟以西的地方划归汉，鸿沟以东的地方划归楚。项王同意了这个条件之后，立即放回了汉王的家属。之后，就带上队伍罢兵东归了。

【四面楚歌】

汉王也想撤兵西归，张良、陈平劝道："汉已占据天下的大半，诸侯又都归附。而楚军已兵败粮绝，这正是上天亡楚的大好机会，不如索性趁机把它消灭。如果现在将其放走而不打他，这就是所谓的'养虎给自己留下祸患'。"汉王听从了他们的建议，于是派出使者联合韩信、彭越共同进攻项羽。于是韩信从齐国起兵，刘贾的部队从寿春与他同时进发，屠戮了城父，到达垓下。大司马周殷叛离楚王，以舒县的兵力屠戮了六县，发动九江兵力，随同刘贾、彭越一起会师在垓下，逼向项王。

项王的部队在垓下修筑了营垒，兵少粮尽，汉军及诸侯兵把他团团围了好几层。深夜，听到汉军在四面唱着楚地的歌，项王大惊，说："难

道汉已经完全取得了楚地？为何楚国人这么多呢？"项王夜起，在帐中饮酒。有美人虞与骏马骓一直跟随在项王身边。这时候，项王不禁慷慨悲歌，自己作诗吟唱道："力气能将山拔起啊，英雄气概举世无双，时运不济呀骓马不再往前闯！骓马不往前闯啊可怎么办，虞姬呀虞姬，怎么安排你呀才妥当？"唱了几遍，美人虞姬在一旁应和。项王眼泪一道道流下来，左右侍者也都跟着流泣，没有人能抬起头来看他。

【乌江自刎】

于是项王骑上马，部下壮士八百多人骑马跟在后面，趁夜色突围向南奔出，飞驰而逃。天快亮的时候，汉军才发觉，命令骑将灌婴带领五千骑兵去追赶。项王渡过淮河，部下壮士能跟上的只剩下一百多人了。项王到达阴陵，迷了路，误陷大沼泽地中。汉军骑兵追赶上来的有几千人。项王自己估计不能逃脱了，对他的骑兵说："如今终于被困在这里，这是上天要灭亡我，绝不是作战的过错。但我也要打个漂亮的仗！"于是把骑兵分成四队，面朝四个方向。汉军把他们包围了几层。项王高声呼喊着冲了下去，汉军像草木随风倒伏一样溃败了。骑兵们都被他的英猛而折服。

这时候，项王想要向东渡过乌江。乌江亭长正停船等在岸边，希望项王尽快渡江，再次在江东称雄。项王笑了笑说："上天要灭亡我，我还渡乌

江干什么？纵使江东父老兄弟怜爱我让我做王，我又有什么脸面去见他们？"于是项王将战马送与亭长，在斩杀汉追兵数百人后举剑自刎。王翳拿下项王的头，其他骑兵互相践踏争抢项王的躯体，由于相争而被杀死的有几十人。

项王已死，楚地全都投降了汉王，项氏宗族各旁枝，汉王都不加杀戮。

论赞

太史公曰：我听周生说舜的眼睛是两个瞳仁儿，又听说项羽也是两个瞳仁儿。项羽难道是舜的后代吗？不然为何他的发迹那么迅速啊！秦朝搞乱政令，陈涉首先发难，各路豪杰纷纷而起，你争我夺，不计其数。然而项羽并非有权势可以凭借，兴起于民间，只用三年，就率领诸侯灭掉了秦朝，划分天下土地，封王封侯，自号为"霸王"。他的地位虽然并不长久，但近古以来如此的人还不曾有过。至于项羽舍弃关中之地，思念楚国建都彭城，放逐义帝而自立为王，又怨愤诸侯背叛自己，这时候想成大事可就难了。他自夸战功，自认聪明却不肯师法古人，认为霸王的功业要靠武力征伐诸侯治理天下，结果五年之间就丢了国家，身死东城，但仍不觉悟不自责，实在是太错误啊！而他竟然拿"天要亡我，不是用兵的过错"这句话来自我解脱，难道不很荒谬吗？

卷八

高祖本纪

刘邦表面上没有什么雄才大略，也缺乏英雄气质，但谁也没有想到，秦末的大规模农民起义，最终没有成就陈胜和吴广，也没有成就西楚霸王项羽，而在如此激烈残酷的角逐中，结果却成就了大汉的一统江山。这是历史的偶然，抑或必然？

▶【早年高祖】

高祖，沛郡丰邑县中阳里人，姓刘，字季。他的父亲是太公，母亲是刘媪。高祖高鼻子而有龙的面相，一脸漂亮的胡须，左腿上有七十二颗黑痣。他仁厚爱人，喜欢施舍，心胸豁达。成年以后，他当了泗水亭的亭长，喜欢喝酒和女色，常常去赊酒喝，喝醉了躺倒就睡，身上常有龙出现。

🔴 铜马和坐俑·西汉

高祖曾经到咸阳去服徭役，有一次秦始皇出巡，他站在人群里看到了秦始皇，长叹一声说："唉，大丈夫就应该像这样！"

单父人吕公与沛县县令交好，为躲避仇人，所以投奔到县令这里来作客，后就在沛县安了家。沛中的豪杰、官吏们听说县令有贵客，都来祝贺。萧何当时是县令的属官，掌管收贺礼的事宜，他对那些送礼的宾客们说："送礼不满千金的，让他坐到堂下。"

高祖做亭长，向来就瞧不起这帮官吏，于是在进见的名帖上谎称"贺钱一万"，其实他一个钱也没带。名帖递进去了，吕公见了大为吃惊，忙起身到门口去迎接他，见高祖的相貌，就非常敬重他，把他领到堂上坐下。

吕公说："我从年轻的时候就喜欢给人相面，经我相面的人多了，没有谁能比得上你刘季的面相，希望你好自珍重。我有一个女儿，愿意许给你做妻子。"酒宴结束后，吕媪对吕公的决定大为恼火。吕公说："这不是女人家所懂得的。"还是把女儿嫁给刘季了。吕公的女儿就是吕后。

高祖做亭长时，喜欢戴用竹皮编成的帽子，他让掌管捕盗的差役到薛地去制作，经常戴着，等到显贵的时候仍旧常戴着，人们所说的"刘氏冠"，就是指的这种帽子。

【斩蛇起兵】

高祖以亭长的身份为沛县押送壮丁到郦山，半路上逃掉了很多人。高祖估计等到了郦山就会全逃光了，于是走到丰西大泽中时，就停下来饮酒，夜里就把所有的壮丁都放了。高祖说："你们都逃命去吧，从此我也要远远地走了！"壮丁中有十多个愿意跟随他一块走。高祖乘着酒意，夜里抄小路通过沼泽地，让一个人在前边先走。那人回来报告说："前边有条大蛇挡在路中间，还是回去罢。"高祖已经大醉，说："大丈夫走路，有什么可怕的！"于是赶到前面，拔出剑来把大蛇斩成两截，道路打开了。

秦二世元年的秋天，陈胜等在蕲县起事，自称为王，许多郡县都杀了他们的长官来响应他。沛县县令也想率领沛县的人响应陈涉，又怕众人不听从命令，于是听取狱掾曹参、主吏萧何的建议，派樊哙去召回逃亡的刘季，以威胁众人听从起义的命令。

沛令在樊哙走后后悔了，害怕刘季来了会发生什么变故，就关闭城门，据守城池，不让刘季进城，而且想要杀掉萧何、曹参。萧何、曹参害怕了，越过城池来依附刘季，以求保护。于是刘季在帛上写了字射到城上去，向沛县的百姓宣告说："天下百姓为秦政所苦已经很久了。现在各位虽然为沛令守城，但是各地诸侯纷纷起义，马上就要屠戮到沛县。如果现在沛县父老一起把沛令杀掉，从年轻人中选择可以拥立的人立他为首领，来响应各地诸侯，那么你们的家室就都可以保全。不然，全县老少都要遭到屠戮，一败涂地啊！"于是沛县百姓率领县中子弟一起杀掉了沛令，打开城门迎接刘季。于是刘季做了沛公。

【入关灭秦】

秦二世三年（前207），楚怀王看到项梁的军队已被打败，就把都城从盱台迁到彭城，把吕臣、项羽的军队合并在一起亲自率领。项羽为次将，范增为末将，向北进兵救赵。怀王命令沛公向西攻取土地，进军关中。和诸将相约，谁先进入函谷关平定关中，谁就在关中做王。

怀王手下的老将们都说项羽这个人敏捷勇猛，却又很奸猾，不如改派忠厚老实的人，施行仁义，率军西进，使秦地降服。于是怀王派了沛公率领大军向西去夺取土地，一路收集陈胜、项梁的散兵。沛公率兵西进，进入函谷关；向北进攻平阴，横渡黄河渡口；

又向南进军，与秦军在洛阳东面交战，后攻取了南阳郡，又听取张良进谏攻取宛城。于是沛公率兵继续西进，所经过的城邑没有不降服的。到了丹水，高武侯鳃、襄侯王陵也在西陵归降了。沛公又回转来攻打胡阳，遇到了鄱君的别将梅鋗，就跟他一起攻下了析县和郦县。赵高杀了秦二世之后，派人来求见，想和沛公定约在关中分地称王，沛公认为其中有诈，就用了张良的计策，派郦生、陆贾去游说秦将，并用金钱利益进行引诱，又乘机前去偷袭武关，攻了下来。又在蓝田南面与秦军交战，增设疑兵旗帜，命令全军，所过之处，不得掳掠，秦地的人都很欢喜。秦军逐渐被瓦解，后双方又在蓝田的北面交战，秦军大败。沛公的军队于是乘胜追击，终于彻底打败了秦军。

【约法三章】

汉元年（前206）十月，沛公的军队在各路诸侯中最先到达霸上。秦王子婴在轵道旁投降。于是沛公向西进入城阳。沛公想留在秦宫中休息，樊哙、张良劝阻，于是下令把秦宫中的贵重宝器财物都封好，然后退出来驻扎在霸上。沛公召来各县的百姓和豪杰，对他们说："父老们苦于秦朝的苛政厉法已经很久了，批评朝政得失的要灭族，窃窃私语的要处以死刑。我和诸侯们约定，谁先进入关中谁就在这里做王，所以我应当做关中王。现在我和父老乡亲们约定，律法只有

三条：杀人者处死刑，伤人和抢劫者依法治罪。其余凡是秦朝的法律全部废除。所有官吏和百姓都像往常一样，安居乐业。总之，我到这里来的目的就是要为父老们除害，不会对你们有任何侵害，请不要害怕！再说，我之所以把军队撤回霸上，就是等着诸侯们到来，共同制定一个规约。"完毕后，随即派人和秦朝的官吏一起到各县镇乡村去巡视，向民众讲明情况。秦地的百姓都很欢喜，争着送来牛羊酒食慰劳士兵。沛公推让不肯接受，说："仓库里的粮食很多，并不缺乏，不想让大家破费。"人们更加高兴，唯恐沛公不在关中做王。

【刘邦称帝】

鸿门宴后，项羽自立为西楚霸王，统治梁地、楚地的九个郡；又违背当初的约定，改立沛公为汉王，统治巴蜀、汉中之地，建都南郑。

四月，各路诸侯在项羽的大将军旗帜下收兵，回各自的封地去。汉王也前往封国，军队过去以后，在陡壁上架起的栈道就全部烧掉，一是防备诸侯或其他强盗偷袭，也是向项羽表示没有东进之意。韩信劝说汉王立即决策，率兵东进，与诸侯争权夺天下。八月，汉王采用韩信的计策，顺原路返回关中，平定了雍地，向东挺进咸阳。

二年（前205），汉王向东夺取土地，塞王司马欣、翟王董翳、河南王申阳都归降了汉王，把攻占的土地设置为陇西、北地、上郡、渭南、河上、

中地等郡；在关外设置河南郡。汉王下令各路将领，领一万人或者献出一郡之地降汉的，封给他一万户。修筑河上郡的要塞。原先供秦上层统治者游玩打猎的园林，都允许人们去耕种。正月，俘虏了雍王章邯的弟弟章平。大赦天下。

🌀 刘邦在汉中时的王宫

二月，下令废除秦的社稷，改立汉的社稷。

汉王跟项羽互相对峙，持续了一年多。汉王请求讲和，项王不答应。汉王于是用陈平的计策，让陈平拿黄金四万斤，用以离间项羽和范增之间的关系。项羽便对亚父范增产生了怀疑。范增当时劝项羽务必攻下荥阳，见他猜疑自己后非常愤怒，就托辞年老，希望项羽准许他告老还乡，结果还没有到彭城就死了。

五年（前202），高祖和诸侯军共同进攻楚军，与项羽在垓下决战，大败楚军于垓下。项羽战败逃走，汉王派骑将灌婴追杀项羽，杀了八万楚兵，终于平定了楚地。于是，汉王按照鲁公这一封号的礼仪，把项羽葬在穀城。然后回师定陶，驱马驰入齐王韩信的军营，夺了他的兵权。

正月，诸侯及将相们共同尊请汉王为皇帝。汉王说："我听说皇帝的尊号，只有贤能的人才能拥有，空言虚语，不是我所求的，我承担不了皇帝的尊号。"大臣们再三劝说。甲午日，汉王在汜水北面登临皇帝之位。

【大宴群臣，论得天下】

高祖在洛阳南宫摆设酒宴。高祖说："各诸侯将领，你们不能欺瞒我，只管说真心话。我之所以能取得天下，是为什么呢？项羽之所以失去天下，又是为什么呢？"高起、王陵回答说："陛下傲慢而且好侮辱别人，而项羽仁厚而且爱护别人。然而，陛下派人攻城略地，所攻下和降服的地方就

🔊 刘邦入关中·宋·赵伯驹

分封给人们，与天下人同享利益；而项羽却妒贤嫉能，有功的就嫉恨人家，有才能的就怀疑人家，打了胜仗却不给人家表功，夺得了土地却不分给别人利益，这就是他失去天下的原因。"高祖说："你们只知其一，不知其二。要说运筹帷幄之中，决胜于千里之外，我比不上张子房；镇守国家，抚慰百姓，供给粮饷，畅通粮道，我不如萧何；联兵百万，战必胜，攻必取，我比不上韩信。这三个人都是人中的豪杰，我却能够使用他们，这就是我能够取得天下的原因所在。项羽虽有范增却不信用，这就是他被我擒获的原因啊！"

【衣锦还乡】

高祖回京途中，路过沛县，就停留下来。在沛宫置备酒席，把老朋友和父老子弟都请来一起喝酒唱歌。高祖在歌声中起舞，心中激动感伤，洒下行行热泪。高祖对沛县父老兄弟说："远游的赤子总是思念着故乡。我虽然建都关中，但是将来死后，我的魂魄还是喜欢和思念故乡。而且，我开始是以沛公的身份起兵讨伐暴秦的，终于取得天下，我要把沛县作为我的汤沐邑，免除沛县百姓的赋税徭役，世世代代不必纳税服役。"沛县的父老兄弟及同宗亲族都十分高兴，尽情欢宴，叙谈往事，取笑作乐。高祖走的那天，沛县城里全空了，百姓都捧着美酒礼物前来送行。高祖又停下来，搭起帐篷痛饮三天。

【病榻问相】

高祖讨伐黥布的时候，被飞箭射中，在回来的路上生了病，而且越来越厉害。吕后为他请来医生。高祖问医生自己的病情。医生说："可以治好。"于是高祖骂他说："我一个区区平民，手提三尺之剑，最终取得天下，这难道不是由于天命吗？人的命运上天早已决定，纵然你是扁鹊，又有什么用呢？"说完，并不让他治病，而是赏给他五十斤黄金打发走了。不久，吕后问高祖："陛下百年之后，如果萧相国也死了，谁能接替他做相国呢？"高祖说："曹参可以。"吕后又问曹参以后的事，高祖说："王陵可以。不过他略显愚而刚直，陈平可以帮助他。陈平有大智慧，但是难以独自担当重任；周勃内敛厚道，缺少文才，但是安定刘氏天下的缺他不可，可以让他担任太尉。"吕后再问以后的事，高祖说："以后的事，也就不是你所能知道的了。"

四月甲辰日，高祖在长乐宫逝世。过了四天还不发布丧事消息。吕后和审食其商量说："那些将领先前和皇帝同登记在册的平民百姓，后来北面称臣，这些人就常常流露出不满意不服气的样子，现在又要事奉年轻的新皇帝了，如果不全部族灭他们，天下就安定不了。"有人听到了这个话，告诉了将军郦商。郦将军去见审食其，说："我听说皇帝已驾崩四天了还不发布丧事消息，而且要杀掉所有的将领。如果真的这样做，天下可就危险了。陈平、灌婴率领十万大军镇守荥阳，樊哙、周勃率领二十万大军平定燕地和代地，如果他们听说皇帝驾崩了，诸将都将遭杀戮，必定把军队联合在一起，回过头来进攻关中。那时候大臣们在朝廷叛乱，诸侯们在外面造反，覆亡的日子就举足可待了。"审食其进宫把这告诉了吕后，于是吕后就在丁未日发布高祖逝世的消息，吕后大赦天下。

丙寅日，在长陵安葬皇帝。下棺安葬完毕，太子来到太上皇庙。大臣们都说："高祖起事于平民，平定乱世和天下，使之归于正道，是汉朝的开国皇帝，功劳最高。"献上尊号称为高皇帝。太子继承皇帝之号，就是孝惠帝，又下令让各郡国诸侯都建高祖庙，每年按时祭祀。

论赞

太史公曰：夏朝的政治忠厚。忠厚的弊病就是使得百姓粗鄙无礼，所以殷朝用恭敬代之。恭敬的弊病是使得百姓相信鬼神，所以周朝以礼仪代之。礼仪的弊病是使得百姓不诚恳。所以要救治不诚恳的弊病，只能用忠厚。由此看来，夏、殷、周三代的治国之道好像是在转圈，终而复始。至于周朝到秦朝之间，其弊病在于过分讲究礼仪。秦朝的政统不但没有改变这种弊病，反而使刑法更加残酷，这难道不是错误的吗？汉朝的兴起，虽然继承了前朝政治的弊病却有所改变，使老百姓不至于倦怠，这是符合天道的循环了。汉以十月为岁首，规定诸侯在每年的十月进京朝见皇帝。规定车服制度，皇帝乘坐的车驾用黄色的缎子做车盖的衬里，车前横木的左上方要插用旄牛尾或野鸡尾做的装饰。高祖葬在长陵。

33

齐太公世家

《**齐**太公世家》记载了姜姓齐国自西周初太公建国至公元前379年齐康公身死国灭，总计近千年的历史。齐国是春秋时代中原的一个重要诸侯国，因为有着优越的地理位置以及几代明君贤臣的治理，终于成为"春秋五霸"之一的泱泱大国。本篇在艺术上有两个特色：一、取材有法、详略得当；二、人物形象刻画生动立体，真正达到了"略小取大，举重明轻"的真实再现，人物形象可亲可信的艺术高度。

【文王渭滨遇吕尚】

太公望吕尚，是东海边上人。其先祖曾做四岳之官，辅佐夏禹治理水土有功。舜、禹时被封在吕地，有的被封在申地，姓姜氏。夏、商两代，申、吕有的封给旁支子孙，也有的后代沦为平民，吕尚就是其远代后裔。吕尚本姓姜，由于以其封地之名为姓，所以叫吕尚。

吕尚曾经穷困，年老时，借钓鱼求见周西伯。西伯在外出狩猎之前，占了一卦，卦辞说："所获之物，非龙非螭，非虎非熊；所得的乃是成就霸王之业的辅臣。"西伯于是出猎，果然在渭河的北岸遇到太公，与太公谈论后西伯大喜，说："您就是令周兴旺的圣人啊！"因此称吕尚为"太公望"，二人一同乘车而归，尊为太师。

姜太公像

周西伯昌从姜里脱身回国后，暗中和吕尚谋划推行德政以推翻商纣政权的计策，其中很多是用兵的计谋和奇计。西伯又讨伐了崇国、密须和犬夷，大规模建设丰邑。天下三分之二的诸侯都归向周，这些多半是太公谋划的结果。

文王去世后，武王即位。十二年，武王又将征伐商纣，占卜一卦，龟兆显示不吉利，风雨突至，群臣恐惧，只有太公强劝武王进军，武王于是出兵。十一年正月，在牧野誓师，进伐商纣。商灭亡。

【太公封齐】

此时武王已平定商纣，成为天下之王，把齐国营丘封给师尚父。太公到齐国后，修明政事，顺其风俗，简化礼仪，开放工商之业，发展渔、盐业优势，因而人民多归附齐国，齐成为大国。到周成王年幼即位之时，管蔡叛乱，淮夷也叛离周朝，成王派召康公诏令太公说："东至大海，西至黄河，南至穆陵，北至无棣，各方诸侯，如有罪过，命你讨伐。"齐因此有可以征讨各国的权力，形成大国，定都营丘。

【襄公被杀】

襄公元年（前697），襄公原来还是太子时曾与夷仲之子公孙无知争斗，即位以后，就降低无知的俸禄和车马服饰的等级，无知心中怨恨。

十二年（前686），当初，襄公派连称、管至父驻守葵丘，约定七月瓜熟时去，第二年瓜熟时派人去替换他们。他们前去驻守一年，瓜熟时期已过，襄公仍不派人去替换。有人为他们要求派人，襄公不答应。所以二人很生气，与公孙无知策划叛乱。冬十二月，襄公到沛丘打猎，遇到野猪袭击，襄公从车上摔下伤了脚，鞋子也掉了。回去后把管鞋的叫茀的人鞭打三百下。无知、连称、管至父等人听说襄公受伤，就带人来攻袭襄公宫。正遇管鞋的茀出宫，说："先不要进去打草惊蛇，不然就不容易攻进去了。"茀又让他们验看他的伤痕，无知相信。他们等在宫外，让茀先进去探听。过了很久也不见动静，无知等害怕，就攻进去。茀反而和宫中人以及襄公的亲信反攻，结果全被杀死。无知进宫后，不见襄公，突然发现门后露着一双脚，开门一看，正是襄公，就杀死襄公，无知自立为齐君。

【捐嫌任管仲】

桓公元年（前685）春，齐君无知到雍林游玩。雍林有人曾与无知有怨，所以趁机偷袭杀死无知。

当初，襄公将鲁桓公灌醉杀死，与鲁夫人通奸，乱执刑罚，沉迷女色，欺辱大臣，他的诸弟害怕祸及上身，因此次弟纠逃亡到他母亲的家乡鲁国。管仲、召忽辅佐他。次弟小白逃亡到莒国，鲍叔牙辅佐他。小白从小与大夫高傒交好。无知被杀后，众臣商议立君之事，高氏、国氏抢先暗中从莒国召回小白。鲁国闻知无知已死，也派兵护送公子纠返齐，并命管仲另带军队阻挡莒国通道，管仲射中小白衣带钩。小白假装死了，管仲派人飞报鲁国。鲁国护送公子纠的行进速度就放慢了，六天后才到齐国，而小白已先入齐国，高傒立其为君，这就是桓公。

桓公即位时，派兵攻鲁，本欲杀死管仲。鲍叔牙说："跟从您，这是我的荣幸，您终于成为国君，而我已无法再帮助您提高。您如果只想治理齐国，有高傒和我就足够了；如果想成就霸王之业，没有管夷吾不行。夷吾所居之国，其国必强，您不能失去这个人才。"于是桓公听从此言，就假装召回管仲以报仇雪恨，实际是想任他为政。管仲心里明白，所以要求返齐。鲍叔牙迎接管仲，一到齐国境内就给管仲除去桎梏，让他斋戒沐浴而见桓公。桓公用厚礼任管仲为大夫，主持政务。

【桓公始霸】

桓公得到管仲后，与鲍叔牙、隰朋、高傒共同治理齐国，制定五家连兵制，发展商业、渔业和盐业，用来赡慰劳民，奖励贤士，齐国举国欢腾。

二年（前684），齐国伐灭郯国，郯国国君逃亡到莒国。当初，齐桓公逃亡国外，经过郯国时，曾对桓公无礼，所以讨伐它。

五年（前681），桓公征伐鲁国，鲁军眼看失败。鲁庄公请求献出遂邑来求和，桓公允诺，与鲁人在柯地盟会。将要盟誓之际，鲁国的曹沫用匕首劫持齐桓公要求归还鲁国土地，桓公被迫答应。后来，桓公后悔，想不归还鲁国被占领土并杀死曹沫。管仲说："如果被劫持时答应了人家的要求，然后又背弃诺言，就会在诸侯中失去信义，也就失去了天下人的支持，不能这样做。"桓公于是就把曹沫三次战败所丢的全部领土归还给鲁国。

诸侯闻知，都认为齐国有信用而愿意归附。七年（前679），诸侯与齐桓公在甄地盟会，从此，齐桓公成为天下诸侯的霸主。

【割地献物】

二十三年（前663），山戎侵伐燕国，燕向齐国求救。齐桓公派兵救燕，接着讨伐山戎，到达孤竹后才班师而回。燕庄王送桓公到齐国境内。桓公说："除了天子，诸侯之间相送不出自己国境，我不能对燕无礼。"于是把燕君所到过的齐国领土用沟分开送给燕国，让燕君重修召公之政，向周王室进贡。诸侯听说后，都服从齐国。

【蛆虫爬尸】

此时，周王室衰微，天下只有齐、楚、秦、晋四国强盛。而其中只有齐国能够召集中原诸侯盟会，齐桓公又彰显出宏大盛德，因此各国诸侯无不宾服而来会。

四十一年（前645），管仲、隰朋都去世了。管仲病重时，齐桓公问："你死后，群臣之中谁可做相国？"管仲说："知臣莫如君。"桓公说："易牙怎样？"回答说："他杀死自己的儿子来迎合国君，不合人情，不能用。"桓公问："开方怎样？"回答说："他抛弃双亲来迎合国君，不合人情，不可接近。"桓公说："竖刀怎样？"回答说："阉割自己来迎合国君，不合人情，不可亲信。"管仲死后，桓公不听管仲之言，还是亲近任用这三人。三人专权。

桓公病时，五公子各自结党要求立为太子。桓公死后，他们就互相争斗，导致宫中无人，也没人敢去把桓公尸体入殓。桓公尸体被丢在床上六十七天，蛆虫爬满尸体以致爬出门外。十二月，无诡即位，才将桓公装棺并向各国报丧。

【崔庆之乱】

庄公六年（前548），庄公与崔杼之妻通奸，多次去崔杼家，还把崔杼的冠赏赐别人。崔杼十分恼怒。庄公曾经鞭打宦官贾举，贾举又被任为内侍，于是替崔杼寻找报仇的机会。五月，崔杼装病不上朝，庄公探望崔杼病情，接着追嬉崔杼妻子。这时，贾举把庄公的侍从拦在外面而自己进入院子，把院门从里边关上。崔杼的徒众手执兵器一拥而上。庄公跳墙想逃，被人射中大腿，反坠墙里，于是被杀。晏婴把庄公的尸体枕放在自己的大腿上抚尸而哭，起来三次顿足以示哀痛后走出院子。有人对崔杼说："一定要杀死晏婴！"崔杼说："他深得众望，放过他我们会争取民心。"

丁丑日，崔杼立庄公的异母弟杵臼为君，这就是景公。景公即位后，崔杼为右相，庆封为左相。二人怕国内动乱不稳，就与国人盟誓说："谁不服从崔庆就得死！"晏子仰天长叹说："我做不到，我只跟从忠君利国的人！"于是他不肯参加盟誓。庆封想杀晏子，崔杼说："他是忠臣，不要杀他。"

景公元年（前547），当初，崔杼有儿子成和强，其母死后，崔杼又娶了东郭氏之女，生了明。东郭氏女让她前夫之子无咎、自己的弟弟东郭偃做崔氏家族的相。成犯了罪，无咎和东郭偃要求严惩成，把明立为太子，又不允许成告老回崔邑。成、强在崔杼家中杀死无咎、东郭偃，家人都奔逃。崔杼大怒，去见庆封。庆封说："让我为您杀掉成、强。"于是庆封派崔杼的仇人卢蒲嫳攻打崔氏，杀死成、强，崔氏一族全灭，崔杼之妻自杀。崔杼无家可归，也自杀了。庆封当上相国，大权在握。三年（前545）十月，庆封外出打猎。田、鲍、高、栾四家族联合谋划消灭庆氏。此年秋，齐人移葬庄公，而把崔杼尸体示众于市以泄民愤。

【冤杀简公】

简公即位后，让监止执政。因为田成子与监止曾有过隙，田成子怕他加害，在上朝时总戒备地回头看他。大夫田鞅向简公进言说："田、监不能并存，你要选择其中一个。"简公不听。

四年（前481）春天，监止有次晚朝，田逆杀人，监止正遇上，就把田逆逮捕进宫。田氏宗族这时正非常团结，就让被囚禁的田逆伪装病重，借机由家人探监送酒给看守，看守醉后被杀掉，田逆逃脱。监止与田氏在田氏宗祠盟誓将此事和解。当初，田豹想给监止做家臣，让大夫公孙向监止荐举，正逢田豹服丧就作罢了。以后终于做了监止家臣，而且受到监止的宠任。监止对田豹说："我要把田氏全部驱逐而让你当田氏之长，可以吗？"田豹回答说："我只不过是田氏族中的疏远旁支，而且田氏族中不服从您的不过几个人，何必全都驱逐呢？"接着田豹告知田氏。田逆说："他正得君主宠任，你田常如不先下手，必遭其祸。"田逆就住在国君宫中以便接应。

夏五月壬申日，田常兄弟乘四辆车见简公。监止正在帏帐之中，出来迎接他们，他们一进去就把宫门关闭。宦官们抵抗田氏，田逆杀死宦官。简公正与妻妾在檀台上饮酒，田常把他带至寝宫。简公拿起戈要反击，太史子余说："田常不是要谋害您，而是要为您除害。"田常出宫住进武库，听说简公还在发怒，就想逃到国外，并说："哪儿没有国君！"田逆拔剑说："犹豫迟疑，是坏事的祸根。这儿的人谁不是田氏成员？你如怯懦出逃不顾大家，我要不杀死你，祖宗不饶。"田常才留下。监止跑回家，聚集徒众进攻宫城大小各门，都未成功，就出逃而走。田氏之众追赶。丰丘有人抓住监止并报告，田氏在郭门把监止杀死。田常要杀大陆子方，田逆为他求情被赦免。以简公的名义在路上截车，驰出雍门。田豹曾给他车，不要，说："田逆为我说情，田豹给我车辆，人

家会以为我与田氏有私交。我是监止的家臣而与仇家有私交，有何面目逃亡去见鲁、卫的士人呢？"

庚辰日，田常在徐州逮捕简公。简公说："我要是早听田鞅之言，就不会落到今天这个地步。"甲午日，田常在徐州杀死简公。

【田氏代齐】

田常立简公之弟骜为齐君，就是平公。平公即位后，田常为相国，专擅齐国大权，划割齐国安平以东广大国土为田氏封疆范围。

二十五年（前456），平公去世，其子宣公积即位。宣公于五十一年（前405）去世，其子康公贷即位。田会在廪丘叛乱。康公二年（前403），韩、赵、魏开始成为诸侯。十九年（前386），田常曾孙田和开始成为诸侯，把康公流放到海滨。二十六年（前379），康公死，吕氏祭祀断绝。田氏终于占有齐国，到齐威王时，在天下称强。

论赞

史公曰：我到齐国，看到齐国的土地西起泰山，东连琅邪，北至大海，沃土连绵两千里，其人民心胸阔达而又内敛多智，这是他们天性所致。由于太公的圣明，打好了国家的根基，而桓公的盛德和善政，又召集诸侯会盟，成为霸主，难道不是顺理成章的事吗？恢弘博大啊，确实是大国的风貌！

鲁周公世家

本篇详细记述了西周开国重臣周公的生平事迹，并展现了鲁国三十四代君主历时一千余年的历史发展脉络。周公是中国政治史和文化史上的一个极为重要的人物。他帮助周武王开创了周王朝八百年的基业，制定了"礼乐行政"，对民族的融合及传统文化的形成具有重要的意义。同时，太史公运用对比的手法，将周公的礼仪治国与后期统治者的荒淫、残暴进行了对比，揭示了鲁国灭亡的根本原因。

【周公吐哺】

周公旦是周武王的弟弟。文王还在世时，旦作为儿子就很孝顺，忠实仁厚胜过其他兄弟。武王即位后，旦经常辅佐武王处理很多政务。武王九年，东征至盟津，周公随行辅助。十一年，讨伐暴纣，军至牧野，周公辅佐武王，发布了动员战斗的《牧誓》。灭商后，武王封纣子武庚禄父，命管叔、蔡叔辅助他；封周公于少昊故墟曲阜，就是鲁公。但武王并不让周公去自己的封国，而是留在朝廷辅佐武王。

🔸周公像

武王去世后，成王幼小，尚在襁褓之中。周公怕天下人听说武王死而背叛，就登位代成王处理政务，主掌国家大权。管叔和他的弟弟们在国中散布流言说："周公将对成王不利。"周公就告诉太公望、召公奭说："我之所以不避嫌疑代理国政，是怕天下人背叛周室，没法向我们的先王太王、王季和文王交代。武王早逝，成王年幼，我只是为了稳定周朝的基业才这样做的。"于是终究辅佐成王，而让儿子伯禽代他到鲁国受封。周公告诫伯禽说："我是文王的儿子、武王的弟弟、成王的叔父，在天下人中我的地位也不算低了，但我洗一次头要三次握起头发，吃一顿饭要三次吐出正在咀嚼的食物，停下来接待贤士，唯恐失去天下贤人。你到鲁国之后，千万不要因为自己是有封国的国君而对人傲慢啊！"

【管蔡之乱】

管叔、蔡叔和武庚等人果然率领淮夷造反。

周公奉成王的命令，举兵东征，写了《大诰》。于是诛斩管叔，杀了武庚，流放了蔡叔；收服殷的遗民，封康叔于卫，封微子于宋，让他奉行殷的祭祀；平定淮夷及东部其他地区，两年的时间全部完毕。诸侯都以周王室为宗主。

成王七年二月，成王在镐京朝拜武王庙，然后又到丰京朝拜文王庙，命太保召公先到洛邑勘察地形。三月，周公去洛邑营造成周京城，并进行占卜，得象大吉，于是在洛邑建立了国都。

【周公逃亡】

成王长大后，能够独立处理国事了。于是周公就把政权还给成王，成王临朝执政。周公代替成王治理天下时，面向南方接受诸侯朝拜。七年之后，还政于成王，周公面向北站在臣子的位置上，但仍谨小慎微，恭敬从事。

当初，成王幼小时生了病，周公就剪下自己的指甲沉入河中，向神祷告说："王年幼没有见识，冒犯神命的是旦。"又把祷告册文藏于秘府，成王病果然痊愈。到成王执政后，有

人污蔑周公，周公逃亡到楚国。成王打开秘府，发现周公当年的祈祷册文，泪流满面，于是立即恭敬地迎回周公。

周公归国后，怕成王年轻而为政荒淫不桀，就写了《多士》《毋逸》来告诫成王。此时，天下虽已安定，但周朝的官职制度尚未完善，于是周公写了《周官》，划定百官职责；写了《立政》，为百姓谋利，百姓欢愉。

周公在丰京病重，临终时说："一定要把我埋葬在成周，以表明我不敢离开成王。"周公死后，成王把周公葬于毕邑，伴随文王，来表示成王不敢以周公为臣。

周公死时，其子伯禽早在以前接受封国，就是鲁公。

【隐桓交替】

隐公十一年（前712）冬，公子挥向隐公献媚说："百姓认为您当国君很适宜，您就不要代理而正式做国君吧。我请求为您杀掉子允，您让我当国相。"隐公说："先君有命，我是因为允幼小才代理国政的。现在允已长大成人，我正建菟裘这个

图说：周公辅成王画像石

地方准备养老，然后把国政交还子允。"公子挥害怕子允听到自己的话而杀他，于是向子允说隐公的坏话诬陷他，说："隐公想除掉你，自己正式做国君，你要考虑清楚。请允许我为你杀掉隐公。"子允答应了。十一月，隐公为祭祀钟巫神而在社圃斋戒，住在芴氏家中。公子挥派人在芴氏家杀死隐公，而立子允为鲁君，这就是桓公。

十八年（前694）春，桓公准备外出与夫人一同去齐国。申繻劝谏不要去，桓公不听。齐襄公与桓公夫人私通，桓公知道后大怒，斥责夫人。夫人把此事告诉了齐侯。夏四月，齐襄公宴请桓公，趁桓公酒醉，命公子彭生抱住桓公，折断桓公肋骨，使其死在车中。鲁人对齐人说："我们国君敬畏您的威严，到齐国行两国友睦之礼。今礼成而人未归，罪责无法追究，只求能得到彭生以在诸侯面前洗掉丑闻。"齐人杀掉彭生向鲁解释。鲁人立太子同为君，这就是庄公。庄公的母亲桓公夫人留在齐国，不敢归鲁。

【庆父之乱】

庄公三十二年（前662），当初，庄公修筑的高台正好可以俯瞰到党氏的家里，庄公见其孟女，十分喜爱，许诺立她为夫人，割破胳膊订下盟誓。孟女生子斑。庄公有三个弟弟，老大叫庆父，老二叫叔牙，最小的叫季友。庄公娶齐女哀姜为夫人。哀姜没有子

嗣，她的妹妹叔姜的儿子叫开。庄公因喜爱孟女，想立其子斑为太子。庄公病，问他的弟弟叔牙谁可继承君位。叔牙说："父死子为君，兄死弟为君，这是鲁国常规。现有庆父在，您还担忧什么？"庄公讨厌叔牙想立庆父，无人时又问季友。季友说："我死也要立斑为君。"庄公说："可叔牙想立庆父，怎么办？"季友就以庄公的名义命令叔牙在针巫氏家中待命，派针季强迫叔牙喝毒酒，又对叔牙说："你喝了这个，可以不杀你的后人；不然，你死了，你的后人也会被杀。"叔牙于是饮毒酒而死。八月，庄公死，季友终于立子斑为君。

当初庆父与哀姜私通，庆父想立哀姜妹的儿子开，结果庄斑为国君。十月，庆父派圉人荦在党氏家杀死公子斑。季友逃到陈国。庆父终立公子开，就是湣公。

湣公二年（前660），庆父与哀姜私通越来越严重。哀姜与庆父商量想杀死湣公而立庆父为鲁君。庆父派卜齮在武闱杀死湣公。季友闻知，与湣公弟申从陈至邾，要求鲁人接纳申为鲁君。鲁人想杀庆父，庆父害怕就逃到莒。于是季友拥戴申回到鲁国，立为国君，就是釐公。釐公也是庄公少子。哀姜害怕，逃到邾。季友送礼给莒人索要庆父，庆父被送回后，季友派人杀庆父。庆父要求允许他流亡国外，季友不答应，派大夫奚斯哭着去告诉庆父。庆父听到奚斯的哭声，心中明白，只好自杀而死。

【杀嫡立庶】

文公十八年（前609）二月，鲁文公去世。他有两个妃子：长妃齐女是哀姜，生子恶和视；次妃是敬嬴，很受宠爱，生子俀。俀暗中笼络襄仲。襄仲想立他为国君，叔仲不同意。襄仲又请求齐惠公，此时齐惠公刚即位，想拉拢鲁国，就答应了。冬十月，襄仲杀死恶与视而立俀为鲁君，就是宣公。哀姜回齐国，号哭着经过闹市，说："天哪！襄仲大逆不道，杀嫡立庶！"市上人都跟着哭泣，鲁国人都称她为"哀姜"。从此，鲁国公室衰微，而孟孙氏、叔孙氏、季孙氏三桓之族强盛起来。

【三桓攻伐公室】

成公十八年（前573），成公死，襄公即位。这时的襄公才三岁。十一

🔸 周公庙

周公庙位于陕西岐山北部，原名周公祠，始建于唐初，经历代修葺，规模宏大。现存周公、姜太公、姜嫄圣母等正殿，献殿以及亭台楼榭等殿宇，多为清代建筑。

年（前562），三桓氏分别掌握着鲁国三军。三十一年（前542）六月，襄公死，昭公即位。

季氏与郈氏斗鸡，季氏给鸡装上护甲，郈氏给鸡爪带上金属保护套。季平子一怒之下侵犯了郈氏，郈氏对季平子也怀恨在心。臧昭伯的弟弟臧会曾诬陷臧氏，藏到季氏家里，臧昭伯因此拘禁季氏家人。季平子大怒，把臧氏家臣也拘禁起来。臧氏与郈氏向昭公告难。昭公九月攻伐季氏，进入他的家里。季平子请求说："您听信谗言，不明察我的罪过就来诛伐我，请允许我迁居到沂上。"昭公不答应。

季平子又请求把自己囚禁于郤邑，昭公仍不答应。季平子又请求带五乘车流亡国外，昭公还是不答应。子家驹说："您快答应了吧！季氏掌握政权时间太久了，党徒众多，他们会合谋对付您。"昭公不听。郤氏说："一定要杀死季平子。"叔孙氏家臣戾问他的党徒说："季氏被灭或存在，哪样对我们有利？"大家都说："季氏没了，叔孙氏也不能存在。"戾说："对，马上救季氏。"于是他们击败昭公军队。孟懿子听说叔孙氏战胜，也要杀死郤昭伯。郤昭伯正作为昭公使节派往孟氏，所以孟氏抓住了他。孟孙、叔孙、季孙三家一起讨伐昭公，昭公于是逃亡国外。己亥日，昭公至齐国。齐景公说："我给你两万五千户人及土地来接待你。"子家说："怎么能放弃周公之业而做齐国臣子？"昭公作罢。子家说："齐景公不讲信用，不如早去晋国。"昭公不从。叔孙氏到齐国会见昭公，返回鲁国见到平子，平子叩头至地表示惶愧。开始他们想迎回昭公，孟孙、季孙后又反悔，于是作罢。

昭公二十六年（前516）春，齐伐鲁，占领郓邑让鲁昭公居住。夏季，齐景公想武力护送昭公回国，命部下不得接受鲁国的礼物。鲁大夫申丰、汝贾许诺给齐大夫高龁、子将粟谷五千庾（约合今日二百四十石）。子将就向齐侯说："鲁群臣不服从鲁君，有奇怪现象。宋元公为鲁昭公到晋国求援，想支持昭公回国，死于途中。叔孙昭子请求让鲁君回国，无病而死。

不知是上天抛弃鲁君，还是他得罪了鬼神？请您再等等看吧。"齐景公听从了他的话。

定公十五年（前495），昭公之子定公死，其子将即位，就是哀公。哀公忧虑三桓的强大，想借诸侯的力量削弱他们，三桓也怕哀公发难，因此君臣之间积怨越积越深。哀公想借越国力量攻伐三桓。八月，哀公到有山氏家去。三桓攻哀公，哀公逃亡到卫国，又离卫到邹国，最后到了越国。鲁人又迎哀公回国，哀公最后死于有山氏家。其子宁即位，就是悼公。悼公时代，三桓强盛，鲁国君反如小诸侯，比三桓之族还要卑弱。

顷公十九年（前254），楚伐鲁，在徐州开战。二十四年（前249），楚考烈王伐灭鲁国。顷公逃亡，迁居到都外小邑，沦为平民，鲁国祭祀灭绝。顷公在柯邑死去。

鲁国自周公至顷公，总计三十四代。

卷三十九

晋世家

西 周初，周成王与自己的弟弟叔虞做游戏，用一片一片削成珪状的桐叶封他于唐，称为唐叔虞。据《毛诗谱》记载，叔虞的儿子燮父因尧墟以南有晋水，改称晋侯。本篇所记从成王封叔虞起至晋静公二年（前 376）魏、韩、赵三家分晋止，大约有六个半世纪的历史。

▶【削珪封侯】

晋国的始祖唐叔虞是周武王的儿子，周成王的弟弟。周武王逝世后，周成王即位，唐国发生内乱，周公灭了唐。一天，周成王和叔虞做游戏，成王把一片削成珪状的桐树叶送给叔虞，说："用这个分封你。"史佚于是请求择吉日封叔虞为诸侯。周成王说："我和他开玩笑呢。"史佚说："天子无戏言。只要说了，史官就应如实记录下来，按礼节实施它，并奏乐歌咏它。"于是周成王把叔虞封在唐。唐在黄河、汾河的东面，方圆百里，所以叫唐叔虞。他姓姬，字子于。

▶【申生叹死】

献公五年（前 672），晋献公讨伐骊戎，得到骊姬及其妹妹，对她们十分宠爱。骊姬生下奚齐后，献公打算废掉太子，于是，他让太子申生去驻守曲沃，公子重耳去驻守蒲，公子夷吾去驻守屈。献公与骊姬儿子奚齐就驻守在国都绛。因此，晋国人知道

太子是不能立为国君的了。

二十一年（前 656），骊姬对太子说："君王曾梦见你的母亲齐姜，太子应立即去曲沃祭祀母亲，回来后把胙肉献给父王。"于是太子到曲沃去祭祀母亲，回来后，把胙肉奉献给献公。献公当时出去打猎了，骊姬派人在胙肉上放了毒药。过了两天，献公回宫，厨师把胙肉献给献公，献公正想享用，骊姬在一旁阻止说："胙肉从远方来，应试试它。"厨师把胙肉倒在地上，地面突起；给狗吃，狗死了；给宦臣吃，宦臣也死了。骊姬哭着说："太子怎么这么心狠呢！连自己的父亲都想杀死而取代，何况其他人呢？"太子听说后逃到新城。献公大怒，就杀死了太子的老师杜原款。有人对太子说："往胙肉里放毒药的就是骊姬，太子为什么不去说清楚呢？"太子说："我父亲老了，没有骊姬会睡不安稳、食不甘味。如果我向父亲说明真相，那么他一定对骊姬很生气，这不行。"有人又对太子说：

"那你赶快逃到别的国家去吧。"太子说："带着这样一个罪名，即使逃跑，谁能接纳我呢？我还是自杀吧！"于是，申生便在新城自杀而死。

【借道灭虢国】

二十二年，晋国又向虞借路讨伐虢国。虞国大夫宫之奇劝谏虞君说："不能把路借给晋国，否则晋国会灭掉虞国。"虞君说："晋国与我同姓，它不会攻打我。"宫之奇说："太伯、虞仲都是太王的儿子，太伯逃走，因此没能继承王位。虢仲和虢叔都是王季的儿子，文王的卿士，他们的功勋都记载在册（记勋的典册），保存在朝廷的盟府。如果他一定要灭掉虢国，又怎么会爱惜虞国？况且，晋国与虞国的亲近能胜过桓叔、庄伯家族吗？桓叔、庄伯家族又有什么罪过呢，而晋竟然将他们全部杀死。虞国与虢国的关系就如同嘴唇与牙齿的关系，唇亡则齿寒啊！"虞君不听劝告，答应了晋国的请求。于是，宫之奇带着整个家族离开了虞国。这年冬天，晋国灭掉了虢国，虢公丑逃到周朝京都。晋军返回时，袭击灭亡了虞国，俘虏了虞公和他的大夫井伯百里奚作为秦穆姬的陪嫁人，并派人办理虞国的祭祀。荀息把献公过去送给虞君的屈地出产的名马又献给献公，献公笑着说："马还是我的马，可惜也老了！"

【重耳流亡】

晋文公重耳是献公的儿子，从小就喜好结交贤士，十七岁时就有五个品德高尚、才能出众的朋友：赵衰、狐偃咎犯（文公的舅父）、贾佗、先轸、魏武子。太子申生死后，骊姬进谗言，重耳害怕受同样的祸害，就不辞而别跑回蒲城据守。献公二十二年

🔸 **晋文公复国图·北宋·李唐**
《晋文公复国图》描绘的是公子重耳忍辱负重，最后终于成为晋文公，并让晋国成为春秋五霸之一的故事。

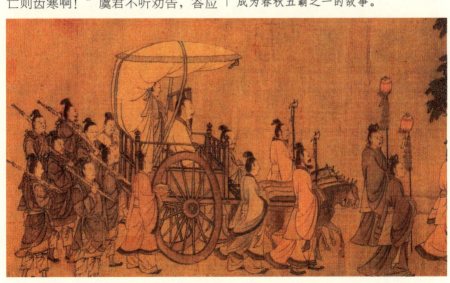

何尊·西周

口径28.8厘米，高38.8厘米。何尊是西周早期第一件有纪年的铜器，是西周前期重要的铜器之一。其铭文有122个字，述及周初重要史实，与成周（洛阳）的兴建有关，对研究西周初年的历史有很重要的意义。

（前655），献公让宦者勃鞮赶快杀死重耳。重耳爬墙逃跑，宦者追赶上来，砍掉了重耳的袖子。重耳就逃到母亲的国家狄。当时重耳四十三岁。

重耳在狄住了五年，晋献公逝世后，里克杀死了奚齐、悼子，想拥立重耳，于是让人迎接重耳回来。重耳怕被杀，因此坚决不敢回晋。后来，晋国又迎接重耳的弟弟夷吾并拥立他为君，这就是惠公。但惠公害怕重耳的存在，就让宦者勃鞮带着勇士去谋杀重耳。于是，重耳又踏上了去齐国的路途。

重耳到了齐国，齐桓公用厚礼待他，并把同族的一个少女嫁给他，陪送二十辆驷马车。重耳感到很满足，也很喜欢自己的妻子，在齐住了五年也丝毫没有离开的意思。重耳说："人生本来就是寻求安逸快乐的，何必管其他事，我死也要死在齐，不能走。"

他的妻子说："您是一国的公子，走投无路才到此，您的这些随从把您当做自己的生命，您的臣子苦苦等着您回去，而您却贪恋女色，我为您感到羞耻。况且，现在您不努力去追求，何时才是成功之日呢？"她就和赵衰等人用计灌醉了重耳，用车载着他离开了齐国。

重耳路过宋国、郑国、楚国和秦国，受到了很尊贵的礼遇。晋惠公十四年（前637）秋季，惠公于九月逝世，子圉即位。晋国大夫栾枝、郤縠等人都暗中劝在秦国的重耳回晋国。于是秦缪公就派军队护送重耳回晋国。重耳在外逃亡十九年最终返回晋国，这时已六十二岁了。

【封山慰子推】

文公元年（前636）春，秦国护送重耳回到晋国，重耳到武宫朝拜，做了晋国国君，这就是晋文公。怀公圉逃到高梁，重耳派人杀死了怀公。

文公修明政务，对百姓施行恩惠，赏赐逃亡时的随从和有功之臣，功大的封给城邑，功小的授予爵位。

文公还未来得及赏赐完毕，周襄王因弟弟王子带发起动乱逃到郑国，于是向晋国告急。因此，文公赏赐跟随逃亡的随从还未轮到躲藏起来的介子推。介子推也不要求俸禄，他说："上天确实在助文公兴起，可是有几个人却认为是自己的功劳，这不是很荒谬吗？偷了别人的财物，都可以说是盗贼，何况贪天之功而为己功的人呢？"

介子推的随从们很怜悯他，就在宫门口挂了一张牌子，上面写着："龙上天，需五条蛇辅佐。龙深入云霄时，四条蛇都进了自己的殿堂，只有一条蛇独自悲戚，没有找到自己的去处。"文公出宫时看见了这块牌子，说："这是介子推。我正为王室之事担忧，还没时间考虑他的功劳。"于是，文公派人去召介子推，但他已经逃走，进了绵上山中。于是，文公把整座绵上山封给介子推，作为他的封地，并称之为介推田，又起名叫介山，"以此来记载我的罪过，而且表彰能人"。

▶【三家分晋】

灵公十四年（前 607），灵公长成人了，但他非常奢侈，搜刮民脂民膏用彩画装饰宫墙。他从高台上往下弹弹丸，并把人当做活靶，以观赏人们避开弹丸的样子而取乐。厨师没把熊掌煮烂，灵公就发怒，竟杀死厨师，让妇女抬着他的尸体扔出去。赵盾、随会多次劝告，灵公根本不听。

到厉公五年（前 576），郤锜、郤犨、郤至中伤伯宗，晋君将他杀死。伯宗因为直言劝谏才招来如此灾祸，因此厉公再也得不到百姓的信赖。

悼公十四年（前 559），晋国派六卿率领诸侯们讨伐秦国，渡过泾河，把秦军打得大败，直到棫林才离去。

平公十四年（前 544），吴国延陵季子出使来到晋国，曾与赵文子、韩宣子、魏献子谈话，事后说："晋国的政权，终于要落在这三家手中。"

顷公十二年（前 514），晋国公族祁傒的孙子、叔向的儿子，在晋君面前互相诋毁。六卿想削弱国君的力量，便依照刑法杀死了他们全部家族，并把他们的封邑划分为十个县，各自让自己的儿子去做大夫。晋君力量更加弱小，六卿都强大起来。

静公二年（前 376），魏武侯、韩哀侯、赵敬侯灭亡晋国后把晋地分割为三份。静公成为平民，晋国断绝祭祀。

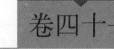

越王勾践世家

越王勾践在会稽之困中被吴王赦免回国后，便卧薪尝胆，亲自耕作，与百姓同甘共苦，终于战胜了吴国，称霸于诸侯。卧薪尝胆的精神也作为传统文化的精华，而被后世传颂。

【夫差复仇】

越王勾践的祖先是夏禹的后裔，是夏朝少康帝的庶出之子，被封在会稽。二十多代后，传到了允常。允常在位时与吴王阖庐因相互攻伐而产生怨恨。允常死后，儿子勾践即位，这就是越王。

越王勾践元年（前495），吴王阖庐听说允常逝世，就兴兵伐越。越王勾践派出敢死的勇士向吴军挑战，勇士们冲入吴军阵地，大叫着自刎身亡。吴兵看得目瞪口呆。越军趁机袭击吴军，在檇李大败吴军，射伤吴王阖庐。阖庐在临死的时候对儿子夫差说："千万不能忘记报复越国。"

勾践三年（前493），勾践听说吴王夫差日夜操练军队，寻机报复越国，便打算先发制人，在吴发兵前去攻打吴。范蠡进谏说："不可，我听说兵器是凶器，攻战者背离道德，先发起战争是最下等的举动。用阴谋去做背德的事，好用凶器，且亲身参与这样的下等事，定会遭到天帝的反对，这样绝对对我们不利。"越王说："我

已经决定了。"于是举兵攻打吴国。吴王获取消息后，动用全国精英强将迎击，在夫椒大败越军。越王带着五千名残兵败将退守到会稽，吴王乘胜追击包围了会稽。

【越王求和】

越王对范蠡说："我没听您的劝告才落到今天的地步，现在怎么办呢？"范蠡说："效法天道的盈而不溢，才能保全自己的功业；懂得人道的崇尚谦卑，才能平定危难；遵循地道而因地制宜，才能节制事理。现在，您谦卑地给吴王送去厚礼，如果他不答应，您就亲自前往事奉他，把自己也抵押给吴国。"

勾践说："好。"于是派大夫文种去向吴求和，文种跪在地上边行边叩头说："您的亡国的臣民勾践让我大胆地告诉您的执事人员：勾践请求做您的奴仆，妻子做您的侍妾。"伍子胥对吴王说："上天把越国赏赐给吴国，不要答应他。"文种回来据实以告，勾践想杀死妻子儿女，焚烧宝器，亲

赴疆场拼一死战。文种劝止勾践说："吴国的太宰伯嚭十分贪婪，您可以派我去用重财诱惑、通融他。"于是勾践便让文种带着美女和珠宝玉器去献给太宰伯嚭。伯嚭欣然接受，就带文种去见吴王。文种叩头说："希望大王能赦免勾践的罪过，这样越国所有传世的宝器都会献给您；万一不能得到赦免，勾践就会把妻子儿女全部杀死，烧毁宝器，带领他的五千名士兵与您决一死战，那时，您付出的代价也是相当大的啊！"太宰伯嚭借机劝吴王说："越王已经服服帖帖地当了臣子，如果赦免了他，将对我国有利。"吴王又要答应文种。子胥又进谏说："今天不灭越国，日后必定后悔。勾践贤明，其下又有大夫文种、范蠡等贤能的大臣，如果有朝一日勾践返回越国，必将作乱。"吴王不听子胥的谏言，终于赦免了越王，撤军回国。

勾践像

【卧薪尝胆】

勾践被困在会稽时，曾喟然长叹说："我将在此了结一生吗？"文种说："商汤被囚禁在夏台，周文王被拘禁在羑里，晋国重耳四处逃亡，齐国小白逃到莒，但最后他们都称霸天下。由此可见，我们今天的处境何尝不能

成为一种福分呢？"

吴王赦免了越王，勾践回国后，苦心思虑，把苦胆挂到座位上，坐卧即能仰头看到胆，吃饭时也舔舔苦胆，还说："你忘记会稽的耻辱了吗？"他亲自耕作，夫人亲手织布，吃饭从未有荤菜，也从不穿层叠的华丽的衣服，对贤人谦卑有礼，招待宾客热情诚恳，能救济穷人，悼慰死者，与百姓同甘共苦。越王想让范蠡治理国家，范蠡说："带兵打仗的事，文种不如我；镇定安抚国家，让百姓亲近归附，我不如文种。"于是勾践把国家政务托付给大夫文种，让范蠡和大夫柘稽求和，到吴国做人质。两年后，吴国才让范蠡回国。

【越王称霸】

勾践从会稽回国后七年，始终抚慰自己的士兵百姓，寻机报复吴国。大夫逢同进谏说："国家刚刚败落，今天才又富足，如果我们现在就整顿军队装备，吴国一定会戒备，到时灾难肯定会再次降临到我们身上。再说，凶猛的大鸟袭击目标时，一定先隐藏起自己。现在，吴军压在齐、晋国境上，对楚、越又有深仇大恨，虽在天下声名显赫，实则危害周王室。越国不如结交齐国，亲近楚国，归附晋国，厚

待吴国。这样，我国可以联络他国的力量，让他国攻打吴国，越国便可在它疲倦的时候攻克它。"勾践说："好！"

过了两年，吴王想要讨伐齐国。子胥进谏说："不可。我听说勾践吃饭从不肯炒两样好菜，与百姓共同劳作。此人不死，一定会成为我国的忧患。而齐对吴来说，只像一块疥癣，无足轻重。希望您放弃伐齐，先伐越国。"吴王不听，就出兵攻打齐国，在艾陵大败齐军。大夫文种说："我看吴王当政太骄横了，请您允许我试探一下，向他借粮来揣度一下他对越国的态度。"文种向吴王请求借粮。吴王想借，子胥建议不借，吴王还是借了。越王暗中十分高兴。子胥说："君王不听我的劝谏，再过三年，吴国将成为一片废墟！"太宰嚭在君王面前再三诽谤子胥，吴王开始也不听信谗言，于是就派子胥出使齐国，又听说子胥把儿子委托给鲍氏，吴王大怒，就赐给他一把"属镂"剑让他自杀。子胥大笑道："一定要挖出我的眼睛挂在吴国都城东门上，以便让我能亲眼看着越军进入都城。"然后自刎而死。于是吴王重用嚭执掌国政。

第四年春天，吴王到北部的黄池会合诸侯，吴国的精锐部队全部随从，只剩下老弱残兵和太子留守吴都。勾践再次问范蠡是否可以攻打吴国。范蠡说："可以了。"于是越王派出熟悉水战的士兵两千人，训练有素的士兵四万人，近卫军六千人，军官一千人攻打吴国。吴军大败，越军杀死吴国的太子。吴国使者向吴王告急。吴王正在黄池会合诸侯，怕天下人听到这个惨败消息，就坚守秘密。吴王在黄池与诸侯订立盟约后，就派人带上厚礼请求与越国求和。越王估计自己也不能灭亡吴国，就与吴国讲和了。

这以后四年，越国又攻打吴国。吴国军民疲惫不堪，精锐士兵都在与齐、晋之战中死亡。所以越

🗡 越王勾践剑·春秋

剑长55.7厘米，柄长8.4厘米，剑宽4.6厘米，剑首外翻卷成圆箍形，内铸有间隔只有0.2毫米的11道同心圆，剑身上布满了规则的黑色菱形暗花花纹，剑格正面镶有蓝色玻璃，背面镶有绿松石。靠近剑格的地方有两行鸟篆铭文，共8个字——"越王鸠潜（一说鸠浅，是勾践的通假），自乍（作）用剑"。

国大败了吴军，包围吴都三年，越国又把吴王围困在姑苏山上。吴王命公孙雄脱去上衣跪着行走，请求与越王讲和，说："以前我在会稽得罪您，我不敢违抗您的命令，如能够与您讲和，就撤军回国了。今天您投玉足前来讨伐孤臣，我对您唯命是从，希望您像当初我对您那样，赦免夫差的罪过吧！"勾践不忍心，想答应吴王。范蠡说："当初在会稽，是上天把越国赐给吴国，吴国不要；今日是上天把吴国赐给越国，难道越国可以违抗天命吗？您忘记会稽的苦难了吗？"吴国使者伤心地哭着走了。勾践怜悯他，就派人对吴王说："我安置您到甬东，统治一百家。"吴王说："我已经老了，不能事奉您了！"说完便自杀身亡。自尽时，他捂住自己的脸说："我没脸见子胥！"越王安葬了吴王，杀死了太宰嚭。

勾践平定了吴国后，就向北渡过黄河，在徐州与齐、晋诸侯会合，向周王室进献贡品。周元王赏赐胙肉给勾践，称他为"伯"。勾践离开徐州，渡过淮河南下。越军在长江、淮河以东畅行无阻，诸侯们都来道贺，越王号称霸王。

【鸟尽弓藏】

范蠡离开了越王，从齐国给大夫文种发了一封信，说："飞鸟尽，良弓藏；狡兔死，走狗烹。越王是长颈鸟嘴，只可以与之共患难，不可以与之共享乐，你为何不离去？"文种看过信后，声称有病不再上朝。有人中伤文种将要作乱，越王就赐给文种一把剑，说："你教给我七条攻伐吴国的计策，我只用三条就打败了吴国，那四条还在你那里，你替我到先王面前尝试一下那四条吧！"于是，文种持剑自杀。

勾践逝世。到无强时，越国向北攻打齐国，向西攻打楚国，与中原各国争胜。楚威王发兵迎击越军，大败越军，杀死无强，把原来吴国一直到浙江的土地全部攻取。越国因此分崩离析，各族子弟们竞争权位，有的称王，有的称君，流居在长江南部的沿海，服服帖帖地向楚国朝贡。

七代后，君位传到闽君摇，他辅佐诸侯推翻了秦朝。汉高帝又恢复摇做了越王，继续越国的奉祀。东越、闽君都是越国的后代。

论赞

太史公曰：夏禹的功劳很大，疏导了九条大河，安定了九州大地，一直到今天，整个九州都平安无事。到了他的后裔勾践，辛苦劳作，深谋远思，终于灭亡了强大的吴国，向北进军中原，尊奉周室，号称霸王。这大概也有夏禹的遗风吧。

孔子世家

孔子创造的儒学是中国古代文化的核心。孔子在中国文化史上享有崇高的地位，在世时就有人尊奉他为"圣人"，死后更是为人所崇仰，将其视为万世师表。孔子一生的事迹很多，太史公突出其中的重点事迹，有条不紊地记述。在人物刻画方面，引用孔子的许多言论或与弟子的对话，从而使得孔子的形象更加亲切感人。

【少年孔子】

孔子出生在鲁国昌平乡的陬邑。他是宋国人孔防叔的后裔。防叔生伯夏，伯夏生了叔梁纥。叔梁纥年老时娶颜姓少女生了孔子。鲁襄公二十二年（前551），孔子诞生。他出生时的头顶是凹下去的，所以取名叫丘，字仲尼，姓孔氏。

孔子出生不久叔梁纥就死了，埋葬在防山。等孔子的母亲死后，他腰间还系着孝麻带守丧时，季孙氏举行宴会款待名士，孔子前往。季孙氏的家臣阳虎拦住他说："季氏招待名士，没有请你啊。"孔子退了出来。

孔子家境贫穷，长大之后，曾做过管理仓库和牧场的小吏，又升任主管营建工程的司空。不久，他离开了鲁国，在齐国受到排斥，在宋国、卫国遭到驱逐，又在陈国和蔡国之间被围困，最后又返回了鲁国。孔子身高九尺六寸，人们都称他为"长人"，觉得他与一般人不一样。

【景公问政】

齐景公向孔子请教如何为政，孔子说："国君要有国君的样子，臣子要有臣子的样子，父亲要有父亲的样子，儿子要有儿子的样子。"景公听了后说："对极了！"改日景公又向孔子请教为政的道理，孔子说："为政最重要的是节俭。"景公听了很高兴，打算把尼谿的田地封赏给孔子。晏婴劝阻说："儒者这种人，巧言善辩，不能用法律来约束；他们傲慢任性，自以为是，不能任为下臣；他们重视丧葬，不惜倾家荡产，不能让这种做法形成民风；他们四处游说乞求官禄，不能用来治理国家。自从那些圣贤去世以后，周王室衰微，礼崩乐坏已经很久了。现在孔子讲究装饰，制定繁复的礼节，这些就是几代人也学不完，搞不清楚的。您如果想用这些东西来改变齐国的风俗，这恐怕不是引导百姓的好办法。"之后，齐景公虽然很有礼貌地接见孔子，可不再问起有关礼的问题了。齐国的大夫中有人想害孔子，景公又对孔子说：
"我已年老了，不能用你了。"于是，孔子就离开齐国，返回
了鲁国。

▶【夹谷之会】

鲁定公十年（前500）的春天，齐国大夫黎鉏对景公说："鲁
国起用了孔丘，势必危及齐国。"于是齐景公就派使者与鲁国
在夹谷约定会晤。孔子以大司寇的身份，兼办会晤典礼事宜。
仪式行过之后，齐国的官员请示说："请演奏四方各族的舞乐。"
于是齐国的乐队有的头戴羽冠，身披皮衣，有的手执矛、戟、剑、
楯等武器喧闹着一拥而上。孔子赶忙跑过来，一步一阶快步
登台，还差一级台阶时便扬起衣袖一挥，说道："我
们两国为和好而来相会，为什么在这里演奏夷狄的
舞乐？"主管官员叫乐队退下，他们却不肯动，

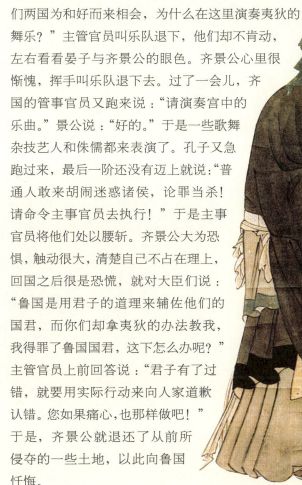

左右看看晏子与齐景公的眼色。齐景公心里很
惭愧，挥手叫乐队退下去。过了一会儿，齐
国的管事官员又跑来说："请演奏宫中的
乐曲。"景公说："好的。"于是一些歌舞
杂技艺人和侏儒都来表演了。孔子又急
跑过来，最后一阶还没有迈上就说："普
通人敢来胡闹迷惑诸侯，论罪当杀！
请命令主事官员去执行！"于是主事
官员将他们处以腰斩。齐景公大为恐
惧，触动很大，清楚自己不占在理上，
回国之后很是恐慌，就对大臣们说：
"鲁国是用君子的道理来辅佐他们的
国君，而你们却拿夷狄的办法教我，
我得罪了鲁国国君，这下怎么办呢？"
主管官员上前回答说："君子有了过
错，就要用实际行动来向人家道歉
认错。您如果痛心，也那样做吧！"
于是，齐景公就退还了从前所
侵夺的一些土地，以此向鲁国
忏悔。

🔴孔子像·唐·吴道子

【周游列国】

鲁定公十四年（前496），孔子五十六岁，他由大司寇担任理相，面有喜色。孔子参与国政三个月，贩卖猪、羊的商人就不敢漫天要价了；男女行人都分开走路；掉在路上的东西也没人捡；四方的客人来到鲁国，用不着向官员们求情送礼，也能得到满意的照顾，宾至如归。

齐国听说后很害怕，害怕鲁国一旦称霸，那么最先被吞并的便是齐国。于是就从齐国挑选了八十个美貌女子，身上有花纹的马一百二十匹，一起送给鲁君。季桓子接受了齐国送来的礼物，一连三天不问政务。孔子于是离开了鲁国，到了卫国。过了不久，有人向卫灵公说了孔子的坏话，卫灵公就派公孙余假用兵仗监视孔子的出入。孔子害怕在这里获罪，就离开了卫国。

孔子从曹国到宋国，与弟子们在大树下演习礼仪。宋国的司马桓魋想杀死孔子，就把树砍掉了。孔子只得离开这个地方。弟子们催促他说："我们快走吧！"孔子说："既然上天把传道德的使命赋予我，桓魋他又能把我怎么样？"

孔子到了郑国，与弟子们失散了，一个人站在外城的东门。郑国人有人看见了就对子贡说："东门有个人，他的额头像唐尧，脖子像皋陶，肩膀像郑子产，可是腰以下比禹短三寸，一副狼狈不堪的样子，像一条丧家狗。"子贡见面把原话告诉了孔子。

孔子高兴地说："他形容我的相貌不一定对，但说我像条丧家狗，真是对极了！"

孔子又回到了卫国。卫灵公听说孔子来了，高兴地亲自到郊外迎接。但卫灵公年纪大了，懒得处理政务，也不起用孔子。孔子长叹了一声说："如果有人起用我，一年时间就差不多了，三年就会大见成效。"

孔子又从陈国移居蔡国。后二年，孔子从蔡国前往叶地。叶公问孔子为政的道理，孔子说："为政的道理在于招纳远方的贤士，使近处的人归服。"有一天，叶公向子路问孔子的情况，子路不回答。孔子听说后就对子路说："仲由，你为什么不对他说：'他这个人呀，学习起道理来不知疲倦，教导起人来不知厌烦，发愤学习时忘了吃饭，快乐时忘了忧愁，就连衰老将到来也不知道。'"

【孔子归鲁，开始著述】

孔子离开鲁国十四年后又回到鲁国。

孔子的时代，周王室衰微，礼崩乐坏，《诗》《书》也残缺不全了。孔子探究夏、商、西周三代的礼仪制度，编定了《书传》的篇次，上起唐尧、虞舜，下至秦穆公，依次整理编排。他又订正了诗乐，使《雅》《颂》都恢复了原来的曲调。

古代流传下来的《诗》有三千多篇，到孔子时，他把重复的删掉了，选取其中合于义的用于礼义教化。三百零五篇诗孔子都能演奏歌唱，以求合于《韶》《武》《雅》《颂》这些乐曲的音调。孔子也完成了被称为"六艺"的《诗》《书》《礼》《乐》《易》《春秋》的编修。

孔子晚年喜欢钻研《周易》，他详细解释了《彖辞》《系辞》《说卦》《文言》等。孔子读《周易》十分刻苦，以至把编穿书简的牛皮绳子也弄断了多次。

孔子用《诗》《书》《礼》《乐》作教材教育弟子，就学的弟子大约三千人，至于像颜浊邹那样的、多方面受到孔子的教诲却没有正式入籍的弟子就更多了。

孔子教育弟子有四个方面：学问、言行、忠恕、信义。为弟子订四条禁律：不揣测、不武断、不固执、不自以为是。他认为需要特别谨慎处理的是：斋戒、战争、疾病。他教育弟子，不到人家真正遇到困难、烦闷发急的时候，不去启发、开导他。孔子说："三个人同行，其中必定有可以做我老师的人。"又说："不修明道德，不探求学业，听到正直之理不去学习，对缺点错误不能改正，这些是我忧虑的问题。"

▶【孔子逝世】

孔子逝世时七十三岁，葬在鲁城北面的泗水岸边，弟子们都在心里为他服丧三年。他的弟子和一些鲁国人，相继前往墓旁居住的有一百多家，因此那里被命名为"孔里"。鲁国世世代代相传，每年都定时到孔子墓前祭拜，而儒生们也来这里讲习礼仪，举行仪式。孔子故居的堂屋以及弟子们所居住的内室，后来被改成庙，收藏孔子生前穿过的衣服、戴过的帽子，使用过的琴、车子和书籍等，直到汉代，二百多年间没有废弃。高祖刘邦经过鲁地，用牛、羊、猪三牲俱全来祭祀孔子。诸侯、卿大夫、宰相一到任，常常是先去拜祭孔子墓，然后才去就职处理政务。

论赞

太史公曰：《诗经》中说："像高山一样让人瞻仰，像大道一样让人因循。"虽然我不能达到这种境地，但是心里很向往。我读孔子的书，可以想到他的为人。到了鲁地，参观了孔子的庙堂、车辆、衣服、礼器，目睹了读书人按时到孔子旧宅中演习礼仪的情景，我怀着崇敬的心情不愿离去。自古以来，天下的君王直到贤人已经够多了，但大多是活着的时候很尊贵，死了就什么都不是了。孔子为一介平民，他的名声和学说已经传了十几世，读书的人都尊崇他为宗师。从天子到王侯，全国谈六艺的人都把孔子的学说作为判断的最高标准，可以说，孔子是至高无上的人了。

卷四十八

陈涉世家

《陈涉世家》记述的是秦末轰轰烈烈的农民起义中的领袖陈涉、吴广的事迹，全篇按照时间的顺序，将起义的原因、经过和结局进行了真实与完整的记述。按《史记》体例，"世家"是王侯的传记，陈涉不属王侯，之所以把他列入"世家"，是因为太史公在《太史公自序》中说："秦失其政，而陈涉发迹，诸侯作难，风起云蒸，卒亡秦族。天下之端，自涉发难。"同时，也表明了他对陈涉的历史地位及起义作用的重视和肯定。

【大泽乡起义】

陈胜是阳城人，字涉。吴广是阳夏人，字叔。陈涉年轻的时候曾被人雇用耕田，一次在田埂上休息时，他失意地叹息了好一会儿，说："假如将来我们之中谁富贵了，千万不要彼此忘记。"和他一起的伙伴们都笑着说："你我都是被人雇来耕田的，哪能富贵呢？"陈涉叹息着说："唉，燕子、麻雀这类小鸟怎么能理解大雁、天鹅的远大志向呢！"

秦二世元年（前209）七月，征调平民百姓去防守渔阳，共有九百人驻扎在大泽乡。陈胜、吴广都在此次征发的行列之中，并当了屯长。恰逢天下大雨，道路被阻，他们估计已经误了规定的到达渔阳的期限，按照法律规定，这是该杀头的。陈胜、吴广就商量说："如今逃走也是死，起义干一番大事业也是死，同样是死，为国家大事而死好不好？"陈胜说："天下受秦王朝的残酷统治已经很久了，苦不堪言。我听说二世皇帝是始皇帝的小儿子，本不应该由他来继位，名正言顺的应该是公子扶苏。扶苏因为屡次规劝皇上，皇上派他到外地

🔵 陈胜像

驻守。如今听说他并没有罪过却被二世皇帝杀害了。项燕原是楚国的将军，屡立战功，爱护士兵，楚国人都很爱戴他。有的人说他已经死了，有的人说他逃亡在外躲藏了起来。假如现在我们冒用公子扶苏和项燕的名义，向天下人发出起义的号召，应该会有很多人响应。"吴广同意。于是他们去占卜吉凶。占卜的人知道他们的意图，说道："无论你们做什么事，都能成。但是你们向鬼神问过吉凶了吗？"陈胜、吴广很高兴，揣度占卜人所说的向鬼神问吉凶的意思，说："这是叫我们先在众人中树立威望。"于是他们就用朱砂在一块白绸子上写了"陈胜王"三个字，塞进鱼肚子里。戍卒买鱼吃，发现了鱼肚中的帛书，感到很奇怪。陈胜又暗中派吴广到附近的一座草木丛生的古庙里，在夜里点起篝火，模仿狐狸的声音喊道："大楚兴，陈胜王。"戍卒们在半夜听到这种叫声，都十分惊恐。第二天早晨，戍卒们议论纷纷，都指指点点地看着陈胜。

吴广一向很关心别人，戍卒中很多人愿意为他效劳。押送队伍的县尉喝醉了酒，吴广故意多次扬言要逃跑以激怒县尉当众侮辱自己，借以激怒众人。县尉果然鞭打吴广，又拔出佩剑来，吴广奋起夺剑杀死了县尉。陈胜帮他一起杀死了两个县尉，然后召集属下号召说："大家在这里遇上大雨误了期限，这是要杀头的。即使侥幸没被杀头，但将来戍边死去的肯定也得十之六七。再说，大丈夫不死

便罢，死就要名扬后世，王侯将相难道都是祖传的吗？"大家听了都异口同声地说："我们甘愿听从调遣。"于是，大家露出右臂作为标志，号称大楚。他们又筑起高台宣誓，用县尉的头作祭品。陈胜自立为将军，吴广做都尉。首先进攻的是大泽乡，攻克后又攻打蕲县，一连进攻铚、酂、苦柘、谯几个地方，所向披靡。他们一面进军，一面不断扩充士兵的数量，扩大队伍。等行进到陈县的时候，已拥有兵车六七百辆，骑兵一千多，步卒好几万人。起义军占领陈县后，陈胜下令召集掌管教化的三老和地方豪杰都来开会议事，并自立为王，国号为张楚。

【逐鹿天下】

此时，各郡县忍受秦朝暴政之苦很久的人，都逮捕了各自的官吏，宣判了他们的罪状，并杀死他们来响应陈涉。于是陈涉就以吴广为代理王，率领各将领向西进攻荥阳。他又命令陈县人武臣、张耳及陈馀去攻取赵国的辖地，命汝阴人邓宗攻占九江郡。这时，楚地几千人聚集在一起起义的，多得不计其数。

周文是陈县有名的贤人，曾是项燕军中的占卜望日官，他自称懂得用兵之法，陈王就授予他将军印，带兵西去攻秦。一路上，他召集兵马，到达函谷关时，有战车千辆，士兵几十万人，驻扎在戏亭。秦王朝派少府章邯赦免了在骊山服役的罪人及家奴所生的儿子，全部调来攻打张楚的大

军。楚军大败。周文失败后逃出了函谷关，在曹阳驻留了两三个月。章邯又追来把他打败了，再逃到渑池驻留了十几天。章邯又来追击，把他打得惨败。周文自杀，他的军队也跟着溃败了。

将军田臧等一起谋划说："周文的军队已经被打败，而我们包围荥阳城久攻不下，如果秦国的军队到来，我们一定会被打得大败。不如留下少量足以守住荥阳的部队，把其余精锐的军队全部用来迎击秦军。现在代理王吴广骄横，又不懂用兵之计，这样的人无法同他议事，不如杀了他，否则我们的计划就会被搞坏。"于是他们假冒陈王的命令杀死了吴广，把他的头献给了陈王。陈王就赐给田臧楚令尹的大印，任命他做上将军。田臧就派部将李归等人驻守荥阳城，自己带了精锐的部队西进到敖仓迎战秦军。双方交战时，田臧战死，军队溃散。章邯领兵趁机到荥阳城下来攻打李归，打败了他们，李归等人战死。

阳城人邓说领兵驻扎在郏城，被章邯部将所带的一支部队击败，邓说率军溃逃到陈县。铚人伍徐率兵驻扎在许县，也被章邯的军队击溃了。伍徐的军队都溃散逃到了陈县。陈王杀了邓说。

【功败垂成】

陈胜刚刚自立为王时，陵县人秦嘉、铚县人董緤、符离人朱鸡石、取虑人郑布和徐县人丁疾等都单独起兵反秦，他们领兵把东海郡守名叫庆的围困在郯城。陈王听说后，就命武平君畔做将军，率领郯城下的各路军队。秦嘉拒不接受这个命令，而自立为大司马，不想隶属于武平君畔，又对他的军吏说："武平君年轻，不懂军事，不要听他的！"接着就假托陈王的命令杀死了武平畔。

章邯打败伍徐以后，又进攻陈县，陈王的上柱国房蔡赐战死了。章邯又领兵进攻驻守在陈县西面的张贺部队。陈王亲自出来督战，结果楚军还是战败，张贺阵亡。

十二月，陈王退到了汝阴，回到下城父时，他的车夫庄贾杀了他投降秦军。陈胜死后安葬在砀县，谥号为隐王。

陈王从前的侍臣吕臣将军组织了一支青巾裹头的"苍头军"，从新阳起兵攻打陈县，攻克后，杀死了庄贾，又以陈县为楚都。

当初，陈王刚到陈县的时候，曾命令铚县人宋留领兵去平定南阳，再进兵武关。宋留攻占了南阳之后，传来了陈王被杀的消息，于是南阳又被秦军夺了回去。宋留不能进入武关，就往东到了新蔡，不料又遇上了秦军，宋留带着部队投降了秦军。秦军押解宋留到了咸阳，将他五马分尸示众。

秦嘉等人听说陈王的军队已经兵败逃走了，就立景驹做了楚王，率兵到了方与，准备在定陶附近袭击秦军。于是派公孙庆出使齐国去会见齐王田儋，想联合他一同进兵。齐王说："听说陈王战败了，至今生死不明，楚国怎么能不来向我请示就自立为王呢？"公孙庆说："齐国不请示楚国而立王，楚国为什么要向齐国请示才能立王呢？何况楚是首先起义反秦的，理当号令天下。"田儋杀死了公孙庆。

秦的左右校尉率领部队再次进攻陈县，并占领了它。将军吕臣失败逃跑后，重新集结兵马，并与当年在郡阳为盗后被封为当阳君的黥布所率领的军队联合起来，又攻击秦左右校尉的军队，在青波把他们打败了，再度以陈县为楚都。这时正好项梁立楚怀王的孙子名叫心的做了楚王。

陈胜称王总共六个月的时间，以陈县为国都。一位曾与他一起被雇佣给人家耕田的伙计听说他做了王，就来到陈县敲着宫门说："我要见陈涉。"守宫门的长官把他捆绑起来，不肯为他通报。等陈王出门时，他拦路呼喊陈涉的名字。陈王召见了他，与他同乘一辆车子回宫。走进宫殿，看见殿堂房屋、帷幕帐帘之后，客人说："夥颐！陈涉大王的宫殿好高大漂亮啊！"楚地人把"多"叫做"夥"，所以天下流传"夥涉为王"

的俗语就是从陈涉开始的。这客人在宫中进进出出越来越随意放肆，常常跟人讲陈涉从前的一些旧事。有人就对陈王说："您的客人愚昧无知，胡说八道，这有损您的威严。"于是，陈王就把来客杀死了。从此，陈王的故旧知交都纷纷自动离去，没有再亲近他的人了。陈王任命朱房做中正，胡武做司过，专门督察群臣的过失。将领们攻占了地方回到陈县来，稍不服从命令就被抓起来治罪。这两个人严厉地寻找群臣的过失以表示对陈王的忠心。但凡是他们两个不喜欢的人，一旦有错，不交给负责司法的官吏就擅自予以惩治。陈王却很信任他们。将领们因为这些，就不再亲近依附他了。这就是陈王之所以失败的原因。

陈胜虽然已经死了，但他所封立派遣的王侯将相终于灭掉了秦王朝，这都是陈涉首先起义反秦的结果。汉高祖时，在砀县安置了三十户人家为陈涉看守坟墓，至今仍按时杀牲祭祀他。

论赞

褚先生曰：地形险要阻塞，是为了便于防守，武器装备和法律规章，是为了治理国家。单凭这些还是不足依恃。古代的圣王把仁义作为根本，把修筑城池要塞和制定法律作为枝叶，难道不是这样吗？

卷五十三

萧相国世家

萧何是刘邦的重要谋臣，他为西汉的建立和政权的巩固立下了卓越功勋，做出了重大贡献。司马迁运用对比的手法，写刘邦率军进入咸阳后，将领们忙于争夺金银财物，而萧何却首先搜集保存秦王朝的文献档案，为刘邦统一天下创造了条件。在楚汉相争期间，萧何留守关中，建设后方基地，多次使刘邦转危为安。"成也萧何，败也萧何"又是其复杂行事的历史流传，被后世人传诵。

【佐主霸业】

萧相国萧何，沛县丰邑人。他精通法律，是沛县县令手下的官吏。

汉高祖刘邦还是平民时，萧何常常以官吏的身份保护他。刘邦当了亭长，萧何常常帮助他。刘邦以官吏的身份到咸阳服徭役，官吏们都送他三百钱，只有萧何送他五百钱。

秦朝的御史到泗水郡督察工作时，萧何跟着他的属官办事，事情做得有条不紊。秦朝的御史打算入朝进言征调萧何，萧何辞谢才没被调走。

等到刘邦起义做了沛公，萧何常常作为他的助手督办公务。沛公进了咸阳，将领们纷纷奔向府库，争抢金银财物，唯独萧何一进入宫室就收取秦朝官吏掌管的律令、户籍档案等重要文献材料，将它们珍藏起来。沛公做了汉王，任命萧何为丞相。项羽和诸侯军队进入咸阳，屠杀焚烧了一通就离去了。汉王之所以能够详尽地了解天下的险关要塞、户口的多少、各地各方面的强弱、人民的疾苦等，就是因为萧何完好地保存了秦朝的文献档案的缘故。萧何还向汉王推荐韩信，汉王任命韩信为大将军。

【遣子安主】

汉王领兵东进平定三秦，萧何以丞相的身份留守治理巴蜀，抚慰民众，为军队供给粮草。汉二年（前205），汉王与各诸侯攻打楚军，萧何留守关中，事奉太子，治理栎阳。制定法令、规章或建立宗庙、社稷、宫室、县邑，萧何总是先禀报汉王，得到同意、准许后才施行；如果来不及禀报，有些事就酌情处理，等汉王回来再向他据实以报。汉王军队中多次有人弃军败逃而去，萧何常常征发关中士卒，补充军队的缺额，并征集粮草补给前方军队。因此，汉王专门委任萧何处理关中政事。

史记 世家

汉三年（前204），汉王与项羽对峙于京县、索城之间，汉王多次派遣使者慰劳萧何。鲍生对丞相说："汉王在前线风餐露宿，却多次派使者来慰劳您，这是在怀疑您呢！您不如派遣您的兄弟子孙中能打仗的人都到军营中效力，汉王必定更加信任您。"于是萧何听从了他的策略，汉王十分高兴。

【论功行赏】

汉五年（前202），高祖已经打败了项羽，平定了天下，于是论功行赏。高祖认为萧何的功劳最大，封他为侯，给予的食邑最多。功臣们都说："我们身披战甲，手执兵器，多的身经百战，少的交锋十几回合，攻占城池，夺取地盘，战功不等。而萧何却没有这样的汗马功劳，只是舞文弄墨，发发议论，封赏反倒在我们之上，这是什么原因？"高帝说："诸位懂得打猎吗？"群臣回答说："懂得。"高帝又问："知道猎狗吗？"群臣说："知道。"高帝又说："打猎时，追咬野兽的是猎狗，但发现野兽踪迹的却是猎人。而今大家仅能捉到野兽而已，功劳不过像猎狗。至于萧何，他的功劳却如同

猎人。再者，诸位只是个人追随我，多的不过一家三两个人。而萧何让自己本族里的几十个人都来随我打天

🔶 **汉殿论功图·明·刘俊**

绢本设色，纵165厘米，横106.5厘米，此图画法工细严谨，设色淡雅，人物衣纹较为粗重，直挺的线条和海涛的细劲曲线形成对比，背景的单纯润柔和人物的丰满形成一定的对比。取材于"汉殿论功"的典故。汉高祖刘邦初立，功臣在殿上争功邀赏，致拔剑砍殿柱。叔孙通乃说高祖召鲁地诸生，规定朝仪，高祖大喜，以为如此始知皇帝之尊。

下，功劳是不可忘记的。"群臣都不敢再言语了。

排列位次时，高祖认为萧何常常在自己最危急的时候征调百万大军开往前线支援自己，又征调粮草供给军队长久作战，且一直保全关中等待着自己回归，这是万世不朽的功勋。于是便确定萧何为第一位，特许他带剑穿鞋上殿，上朝时可以不按礼仪小步快走。

【辞赏释疑】

汉十一年（前196），陈豨反叛，高祖亲自率军到邯郸征讨他。平叛尚未结束，淮阴侯韩信又在关中谋反，吕后采用萧何的计策杀了他。高祖听说淮阴侯被杀，于是拜丞相萧何为相国，加封五千户，并令五百名士卒、一名都尉做相国的卫队。许多人都前来祝贺，唯独召平表示哀悼。召平对萧相国说："您的祸患要来了。皇上常年风吹日晒地统军在外，而您留守朝中，从未遭受过战争的劳苦，但高祖反而增加您的封邑并设置卫队，这是因为淮阴侯刚刚谋反，设置卫队保护您并非是宠信您，

🌀 **羽人·西汉**
陕西西安出土。羽人高15.3厘米，呈坐姿，长耳上耸赤膊，肩生毛羽。汉朝时人认为人升仙得道，即体生毛羽，且发短耳长，耳朵要出乎头巅，所谓羽化升仙，故仙人也称羽人。这件西汉铜羽人像，正是汉代仙人的生动写照。

而是对您有所怀疑。希望您辞封赏不受，把家产和资财全都捐助给军队，那么皇上心里就会很高兴。"萧相国听从了他的谋略。高祖果然非常欢喜。

【自污免祸】

汉十二年（前195）的秋天，黥布反叛，高祖亲自率军去征讨他，又多次派人来询问萧相国在做什么。有一个门客劝告萧相国说："您灭族的日子不远了。您位居相国，功劳已经位居第一，还能够再加功吗？您在关中深得民心，十多年如一日，与百姓关系和谐，深受爱戴。皇上之所以屡次询问您的情况，实在是害怕您震撼关中。如今您何不多买田地，采取低价、赊借等手段来败坏自己的声誉，这样，皇上的心才会安定。"于是相国听从了他的计谋，高祖又非常高兴。

【相国之死】

高祖平叛黥布回来，民众拦路上书，状告相国低价强买百姓田地房屋。高祖回到京城，把民众的上书交给相国，说："你自己向百姓谢罪吧。"相国趁这个机会为民众请求说："长安一带土地狭窄，上林苑中有

很多废弃荒芜的空地，希望可以让百姓们进去耕种收粮，留下秸秆做禽兽的饲料。"高祖大怒，说："你接受了商人们那么多的财物，然后就为他们请求占用我的上林苑！"于是就把相国交给廷尉，用镣铐囚禁了他。几天以后，一个姓王的卫尉事奉高祖时问道："相国犯了什么弥天大罪，陛下把他拘禁得这样严酷？"高祖说："我听说李斯辅佐秦始皇时，有了功绩归于主上，出了差错自己承担。如今相国大量地收受奸商钱财而为他们请求占用我的苑林，以此向民众讨好，所以把他铐起来治罪。"王卫尉说："在自己职责范围内为百姓请求有利于他们的事，这是宰相分内的事，陛下怎么能怀疑相国收受商人钱财呢！况且陛下与楚军相持数年，陈豨、黥布反叛时，陛下又亲自带兵前往平叛，当时相国留守关中，只要他动一动脚，函谷关以西的地盘就不归陛下您所有了。相国不趁此时机为己谋利，现在却要贪图商人的钱财吗？再说，秦始皇正因为看不到自己的过错而失去天下，李斯分担过错，哪里又值得效法呢？陛下为什么怀疑宰相到如此浅薄的地步！"高祖听后不太高兴。当天，高祖派人持节赦免释放了相国。相国年纪大了，一向谦恭谨慎，入见高祖时赤脚步行谢罪。高祖说："相国算了吧！相国为民众请求苑林土地，我不答应，我不过是像桀、纣一样的君主，而你则是个贤相。我之所以把你用镣铐拘禁起来，是想让百姓们知道

我的过错。"

萧何一向与曹参不和，到萧何病重时，孝惠皇帝亲自去探视他的病情，问道："您如果不在了，谁可以接替您呢？"萧何回答说："知臣者莫过于君主。"孝惠帝说："曹参怎么样？"萧何叩头说："陛下找到合适的人选了，我死而无憾了！"

萧何购置田地住宅必定选在贫苦偏僻的地方，建造宅第修筑围墙。他说："我的后代贤能，就学习我的俭朴；后代不贤能，（这种房屋）可以不被有权势的人家所夺取。"

孝惠二年（前193），相国萧何去世，谥号为文终侯。

萧何的后代因为犯罪而失去侯爵封号的有四世，每次断绝了继承人时，天子总是再寻求萧何的后代，续封为酂侯，功臣中没有谁能够跟萧何这种情况相比。

论赞

太史公曰：在秦朝时，相国萧何仅仅是个平常的文职小官吏，并无什么惊人的作为。等到汉室兴盛，仰仗帝王的余光，萧何尽职尽责，因为民众痛恨秦朝苛法，所以就顺应历史潮流，为民除旧革新。韩信、黥布等因谋反都已被消灭，而萧何的功勋更显得尊贵。他的地位为群臣之首，声望显于后世，能够跟周朝的闳夭、散宜生等人媲美了。

留侯世家

本文以张良献计献策佐主平天下为主线，记述了他忠良而峥嵘的一生。青年时代，张良是一个血气方刚的豪侠式人物，不惜散尽家财行刺秦始皇为韩国报仇。追随刘邦之后，表现出了高超的政治远见和谋略，是刘邦智囊团中的核心人物，立下了汗马功劳。刘邦对张良"运筹策帷帐中，决胜千里外"的评价，是对古今军师最高的赞赏。本篇在写实中又夹杂了一些传奇性的描写，从而使得张良的生平更具有传奇色彩。

🍂 圯桥进履

张良（？～前186），字子房，战国时韩国人，西汉杰出的军事谋略家，汉高祖刘邦的谋臣，汉王朝的开国元勋之一，与萧何、韩信同被称为汉初三杰，被封留侯，谥文成侯。

【偶得兵书】

留侯张良的先人是韩国人。祖父开地做过韩昭侯、宣惠王、襄哀王的相。父亲张平做过釐王、悼惠王的宰相。张良的父亲死后二十年，秦国灭亡了韩国。张良家有奴仆三百人，他的弟弟死了不厚葬，而用全部财产寻求勇士刺杀秦王，为韩国报仇。

张良曾经找到一个大力士，造了一个一百二十斤重的铁椎。秦始皇到东方巡游，张良与大力士在博浪沙这个地方袭击秦始皇，误中了副车。秦始皇大怒，在全国大肆搜捕，捉拿刺客。张良改名换姓逃藏到下邳。

张良闲时在下邳桥上徘徊，有一个穿着粗布衣裳的老人走到张良面前，故意把他的鞋甩到桥下，说："小子，下去把鞋捡上来！"张良有些惊讶，本想打他一顿，但见他年老，于是忍耐着下去把鞋捡上来。老人说："给我把鞋穿上！"张良就跪着替他穿上。老人把脚伸出来穿上鞋后就笑着离去了，走了约有一里路后又返回来，说："五天以后天刚亮时，在这里等我。"五天后的拂晓，张良赶到那里，老人已先在那里，生气地说："跟老年人相约反而后到，为什么？"老人离去前说："五天以后早早来见。"五天后鸡一叫，张良就去了。老人又先在那里，又生气地说："又来晚了，这是为什么？"老人离开时又说："五天后再早点儿来。"五天后，张良不到半夜就去了。过了一会儿，老人也来了，高兴地说："像这样才对。"老人拿出一部书说："你读了这部书就可以做帝王的老师了。十年以后就会发迹。十三年后，小伙子你到济北找我，谷城山下的黄石就是我。"说完便走了，从此再也没有见到这位老人。天亮时张良一看老人送的书，原来是《太公兵法》。张良觉得这部书非同寻常，经常拿出来翻看。

【追随刘邦】

十年后，陈涉等人起义反秦。景驹自立为代理楚王，驻在留县。张良聚集了一百多个青年，打算前去跟随他，半道上遇见了沛公，便归附了他。沛公任命张良做厩将。张良多次根据《太公兵法》向沛公献策，沛公很赏识他，经常采用他的计谋。

沛公想用两万人的兵力攻打秦朝峣关的军队，张良劝告说："秦军还很强大，不可轻视。我听说峣关的守将是屠户的儿子，市侩容易被利益诱惑。希望您先留守军营，给五万人预备充足食物，在各个山头上增挂旗帜，叫郦食其带着贵重的宝物利诱秦军的将领。"秦军的将领果然背叛秦朝，打算跟沛公联合向西袭击咸阳。张良说："这只是峣关的守将想反叛罢了，恐怕部下的士兵们不肯听从，为防有变，不如趁着他们懈怠时攻打他们。"沛公于是率兵攻打秦军，大败敌兵，然后进驻到了咸阳，秦王子婴投降了沛公。

沛公进入秦宫，想留下住在宫里。张良说："正因秦朝残暴无道，所以沛公才能够来到这里。现在刚刚攻入秦都就想要享受安逸，这就是人们所说的'助纣为虐'。"沛公于是回军驻在灞上。

【运筹帷幄】

汉三年（前204），项羽把汉王围困在荥阳，事况紧急，汉王惊恐，与郦食其商议削弱楚国的势力。郦食其说："昔日商汤讨伐夏桀，封夏朝后人于杞国。周武王讨伐商纣，封其后人于宋国。如今秦朝失德政而侵伐诸侯各国，灭了六国的后代，使他们没有立足之地。陛下如果能重新封立六国的后裔，使他们接受您的印信，这样六国的君臣百姓一定都对您的恩德感戴不尽，归顺服从，陛下就可以面南称霸，楚王必定衣冠整齐恭恭敬敬地前来朝拜。"汉王说："好。赶快刻制印信，先生就可以带着印信出发了。"

世家

史记

🔴 张良庙

　　郦食其还没有动身，张良进来谒见汉王。汉王正在吃饭，就把事情告诉了张良。张良说："我请求大王允许我用您面前的筷子为您筹划一下形势。"接着说："昔日商汤讨伐夏桀而封其后代于杞国，那是估计能置桀于死命。当前，陛下能置项籍于死命吗？"汉王说："不能。"张良说："这是不能那样做的第一个原因。周武王讨伐商纣而封其后代于宋国，那是估计到能得到纣王的脑袋。现在陛下能得到项籍的脑袋吗？"汉王说："不能。"张良说："这是不能那样做的第二个原因。武王攻入殷都后，在商容所居里巷的大门上表彰他，释放囚禁的箕子，重修比干的坟墓。如今陛下能重新修筑圣人的坟墓，向有才智的人致敬吗？"汉王说："不能。"张良说："这是不能那样做的第三个原因。周武王曾发放钜桥粮仓的存粮，散发鹿台府库的钱财，用来赏赐贫苦的民众。陛下能散发仓库的财物来赏赐穷人吗？"汉王说："不能。"张良说："这

是不能那样做的第四个原因。周武王灭商后，弃兵车，改为乘车，倒置兵器，盖上虎皮，向天下表明不再动用武力。现在陛下能停止战事，推行文治，不再打仗了吗？"汉王说："不能。"张良说："这是不能那样做的第五个原因。周武王在华山的南面放牧战马，以示没有用它们的地方了。现在陛下能让战马休息而不再用吗？"汉王说："不能。"张良说："这是不能那样做的第六个原因。周武王在桃林的北面放牧牛，以示不再运输作战粮草。现在陛下能放牧牛群不再运输粮草吗？"汉王说："不能。"张良说："这是不能那样做的第七个原因。且说天下游说的人离开亲人，舍弃祖坟，跟随您四处奔走，只是期盼着得到一方小小的封地。假如恢复六国，拥立其后代，天下游说之人各自回去事奉他们的主人，陛下同谁一起夺得天下呢？这是不能那样做的第八个原因。现在能做的就是削弱楚国的势力，不让六国被封的后代重新屈服楚国，否则，陛下怎能使他们臣服呢？如果真的采用这位客人的计谋，您的大事就不能成了。"汉王饭也不吃了，吐出口中的食物，骂道："这个蠢书呆子，差点坏了老子的大事！"于是赶快下令销毁那些印信。

　　汉六年（前201）正月，论功行赏。张良不曾有战功，高帝说："出谋划策于营帐之中，决定胜负在千里之外，

这就是子房的功劳。让张良自己从齐国选择三万户作为封邑。"张良说："当初我在下邳起事，而与您在留县会合，这是上天的旨意。陛下采用我的计谋，经常生效只是侥幸，我只愿受封留县就足够了，不敢接受三万户。"于是封张良为留侯，同萧何等人一起受封。

【巧助太子】

皇上想废掉太子，立戚夫人生的儿子赵王如意。吕后派人胁迫留侯出个主意。留侯说："这件事用口舌来争辩是很难的。在天下，皇上敬重而不能招致而来的有四个人。这四个人都认为皇上对人傲慢，所以躲藏在山中，不肯做汉朝的臣子。如果您能不惜金银玉帛让太子写一封言辞恭敬的信，再派口才好的人恳切地聘请，他们应当会来。来了以后以贵宾相待，有机会让皇上见到他们，皇上肯定会因为他们的贤能而对太子刮目相看。这对太子是一种帮助。"于是吕后照留侯所说迎请这四个人。

汉十二年（前195），皇上病重，愈想更换太子。等到安闲的时候设置酒席，太子在旁侍候，那四人跟随在太子旁边，眉须洁白，衣冠华美。皇上诧异地问："他们是干什么的？"四个人向前对答，各自说出姓名，叫东园公、角里先生、绮里季和夏黄公。皇上大惊道："我访求各位好几年了，各位都躲避着我，现在你们为何出现在这里呢？"四人说太子为人仁义孝顺，谦恭有礼，因此前来相助。皇上说：

"烦劳诸位好好调理、保护太子吧！"皇上最终没更换太子，原本是留侯招致这四个人发生了效力。

留侯曾说："我家世代为韩相，到韩国灭亡，不惜万金家财替韩国报仇，天下为之震动。如今我凭借三寸之舌为帝王老师，封邑万户，位居列侯，这对一个平民来说是至高无上的，我张良已经很满足了。我愿丢弃世间的事情，打算随赤松子去遨游。"张良于是学辟谷之术，行道引轻身之道。正值高帝驾崩，吕后感激留侯，便竭力劝他进食，说："人生一世，时光有如白驹过隙一样迅速，何必自己苦行到这种地步啊！"留侯不得已，勉强听命进食。八年以后，留侯去世，定谥号为文成侯。他儿子张不疑袭封为侯。

陈丞相世家

> **陈**丞相陈平是刘邦的重要谋臣之一，在刘邦入秦及楚汉相争的过程中，他的谋略起到了非常大的作用。太史公从他的谋略入手，重点描述了陈平的谋略能"救纷纠之难，振国家之患"的积极作用，同时，也对陈平为汉高祖出谋划策擒获韩信而保一己之身的行为进行了批判。

▶【少年陈平】

陈丞相陈平是阳武县户牖乡人。年轻时家中贫寒，喜欢读书，有田地三十亩，同哥哥陈伯住在一起。陈平长大成人该娶亲了，富有的人家没有谁肯把女儿嫁给他。有个叫张负的富人，他的孙女嫁了五次，丈夫都死了，没有人敢再娶她。陈平却想娶她。因为陈平家贫，就给人家帮忙料理丧事贴补家用。一次，张负跟着陈平到了陈家。陈家住在靠近外城城墙的偏僻小巷子里，拿一张破席就当门了，但门外却留下很多贵人的车轮痕迹。张负回家后对儿子张仲说："我打算把孙女嫁给陈平。"张仲说："陈平既穷又不从事生产劳动，所有的人都耻笑他，为什么偏把女儿嫁给他？"张负说："哪有像陈平这样仪表堂堂的人会长久卑贱呢？"张负终于将孙女嫁给了陈平。陈平娶了张家女子之后，越来越富裕了，交往的人也越来越多。

陈平所居的库上里（先秦以二十五家为"里"）祭祀土地神，他做主持切割分配祭肉的人，把祭肉分得很公平。乡亲们都说："好，陈家孩子真会做分割祭肉的人！"陈平说："唉，假如让我主宰天下，也会像这次分肉一样呢！"

▶【易主投汉王】

陈胜起兵后在陈县称王，陈平投奔魏王魏咎做了太仆。陈平向魏王进言，魏王不听，加上有人说他的坏话，陈平只好逃走。

过了多时，陈平前往投奔在黄河边上的项羽，项羽赐给他卿一级的爵位。汉王回军平定三秦向东进军，殷王反叛楚国。项羽于是封陈平为信武君，让他率领魏王咎留在楚国的部下前去，攻打降服了殷王。项王派项悍任命陈平为尉，赏给他黄金二十镒。不久，汉王又攻下殷地，项王大怒，准备杀掉前次平定殷地的将领。陈平害怕被杀，便派人送还项王赏给他的黄金和官印，只身拿着宝剑抄小路逃走。

陈平于是与众人通过魏无知的引荐，到修武投降汉军。汉王赐给他们饮食，说："吃完后，到客舍去休息吧！"陈平说："我有要事前来，所说的话不能拖过今日。"于是汉王就跟他交谈并很喜欢他，当天就任命陈平为都尉，让他做参乘，主管护军一职的工作。

周勃、灌婴等都诋毁陈平说："虽然陈平是个美男子，只不过像帽子上的美玉罢了，他的内里未必有真东西。听说陈平在家时曾与嫂嫂私通；在魏王那里做事不能容身，逃亡出来归附楚王；归附楚王不得势，又逃来投奔汉王，而大王又如此器重他。我们听说陈平接受了将领们的钱财，钱给得多的就得到好处，给得少的就处境糟糕。陈平是一个反复无常的乱臣，望大王明察。"汉王召来陈平责问道："先生几次易主，如今又来跟从我，讲信用的人是这样三心二意吗？"陈平说："我在魏王、项王那里，魏王不能采用我的建议，项王不能信任人，所以我才离开。听说汉王重用人才，所以才来归附。我空身而来，不接受钱财便没有办事的费用。如果我的计谋确有可以采纳的，望大王采用；如果没有

值得采用的，钱财都还在，请允许我封好送回官府，并请辞回家。"汉王于是向陈平道歉，丰厚地赏赐了他，任命他为护军中尉，监督全体将领。将领们也不再说什么了。

【巧计离间】

后来，楚军加紧进攻，把汉王围困在荥阳城。陈平用了很多黄金在楚军中进行离间活动，在众将中扬言钟离昧等劳苦功高的将领因为始终不能划地封王，所以他们意图

拂袖女舞俑·西汉

西汉繁荣时期，乐舞艺术得到蓬勃的发展，长袖舞就是当时所盛行的舞蹈之一。这两件陶俑长袖舒展飘扬，面含微笑，翩翩起舞，再现了中国汉代舞蹈艺术的无穷魅力，给人以优美的艺术享受。

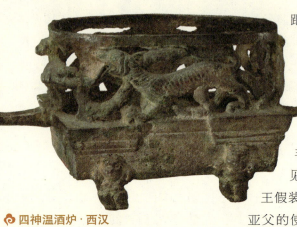
四神温酒炉·西汉

跟汉王联合起来消灭项王，瓜分楚国的土地，各自为王。项羽果然猜疑起来，不再信任钟离昧等人。项王又派遣使者到汉军那里打探。汉王备下丰盛的酒宴，命人端进。见到楚王的使者进来，汉王假装吃惊地说："我还以为是亚父的使者，原来竟是楚王的使者！"又让人把酒肴端走，换上粗劣的饭菜给楚王的使者。使者回去以后，把这些情况禀告给项王。项王果然大大地怀疑起亚父范增。范增建议快速攻下荥阳城，项王不信任他，不肯听从。范增于是告老还乡，还没到达彭城，就因背上毒疮发作而死。陈平夜里让两千名妇女出荥阳城东门，吸引楚军注意，楚军发动攻击，陈平就与汉王从荥阳西门出城逃离。汉王随即进入关中，收集败散的士兵再次东进。

【功成封赏】

汉六年（前201），有人告发楚王韩信谋反。将领们说："赶紧发兵活埋他。"高祖问陈平，陈平一再推辞后说："如今陛下的军队不如楚国精锐，将领的才干又赶不上韩信，如果发兵攻打他，这就促使他同我们作战，对陛下您的安危很不利啊。"高祖说："那怎么办？"陈平说："南方有个云梦泽，陛下假装出游云梦，在陈县会见诸侯。韩信听到天子怀着善意出游，必然会到郊外迎接陛下。拜见时，陛下趁机将他拿下。"高祖觉得他的主意不错，于是便随即出发，果然在云梦拿下了韩信，平定了楚地。

高祖回到洛阳后，与有功之臣剖符确定封赏。当时与陈平剖符，世代相传而不断绝，封为户牖侯。陈平辞谢说："这不是我的功劳。"皇上说："我采用了先生的计谋，克敌制胜，这不是功劳是什么呢？"陈平说："不是魏无知，我怎么能入朝为官呢？"皇上说："先生真是不忘本啊。"于是又赏赐了魏无知。

此后，陈平曾以护军中尉的身份跟从高祖征讨陈豨和黥布。他一共出过六次奇计，每次都增加了封邑。他的奇计有的颇为隐秘，世间无人得知。

【出任丞相】

孝惠帝六年（前189），相国曹参去世，安国侯王陵被任命为右丞相，陈平为左丞相。

两年后，孝惠帝去世。吕太后想立吕氏宗族的人为王，问王陵，王陵说："不行。"又问陈平，陈平说："可以。"吕太后发怒，于是假意提升王陵为皇帝的太傅，实际上不重用他。王陵于是称病辞职，闭门不出，始终不朝见皇帝，七年后去世。吕太后就调任陈平为右丞相，任命辟阳侯审食其为左丞相。

吕媭常因从前陈平为高祖出谋划策捉拿樊哙，多次进谗言说："陈丞相不理政务，每天只会饮美酒，玩弄妇女。"陈平听说后，饮酒作乐日益严重。吕太后闻知，暗自高兴。她当着吕媭的面对陈平说："俗语说'小孩和妇女的话不可信'，就看你对我怎么样了。不要怕吕媭说你的坏话。"

吕太后立吕氏宗族的人为王，陈平假装顺从这件事。等到吕太后去世，陈平跟太尉周勃合谋，诛灭了吕氏宗族，拥立孝文皇帝即位。陈平是此事的主要策划者。审食其也被免去左丞相一职。

【事奉文帝】

孝文帝即位后，陈平想把右丞相的尊位让给周勃，于是托病引退。孝文帝赏赐陈平黄金千金，加封食邑三千户。后来周勃自知才能与陈平相去甚远，于是托病请求免去右丞相的职位，陈平独自担任整个丞相的职务。

孝文帝二年（前178），丞相陈平去世，谥号为献侯。他的儿子共侯陈买接替侯位。陈买的儿子陈恢为侯二十三年去世，他的儿子陈何接替侯位。陈何为侯二十三年时，犯了抢占他人妻子的罪，处以死刑，封国被废除。

当初陈平曾经说过："我经常使用诡秘的计谋，这是道家所禁忌的。我的后代如果被废黜，也就止住了，终归不能再兴起，因为我暗中积下了很多祸因。"此后陈平的曾孙陈掌靠着是卫家亲戚的关系，希望能够接续陈家原来的封号，但终究未能实现。

论赞

太史公曰：丞相陈平年少时喜欢黄帝、老子的学说。当他在砧板上分割祭肉的时候，志向已经很远大了。他曾经彷徨于楚、魏之间，最终归附高祖。他常常想出妙计，解救危难，消除国家的祸患。到了吕后执政时期，事有多变，但陈平却能自免于祸，安定汉室，保持自身荣耀的名望，被称为贤相难道不是善始善终的事吗！假如没有才智和谋略，谁能做到呢？

管仲 晏婴列传

这是管仲、晏婴两位大政治家的合传，太史公给予了他们充分的赞赏。二人虽隔百余年，但他们都是齐人，都是名相，又都为齐国作出了卓越的贡献，故合传为一。本文通过鲍叔牙和晏子知贤、荐贤和让贤的故事，探讨了对待贤人应该采取的态度的问题。

【管仲拜相】

管仲，名夷吾，是颍上人。他年轻时常和鲍叔牙交往，鲍叔牙知道他贤明、有才干。管仲家贫，经常占鲍叔牙的便宜，但鲍叔牙始终对他很好，没有什么怨言。后来，鲍叔牙扶持齐国公子小白，管仲扶持公子纠。小白立为齐桓公后，他让鲁国杀了公子纠，管仲被囚禁。鲍叔牙向齐桓公推荐管仲。管仲被任用，辅助桓公治理国家。桓公凭借着管仲而称霸，并以霸主的身份多次会合诸侯，使天下归之于一，这都是管仲的智谋。

【鲍叔牙举贤】

管仲说："我当初贫困时，曾和鲍叔牙一起做生意，分钱财时自己总是多拿一些，鲍叔牙并不认为我贪财，而是知道我家里穷。我曾经替鲍叔牙谋划事情而使他更加困顿，鲍叔牙不认为我蠢笨，他知道时运有时顺利，有时不顺利。我曾经多次做官都被国君驱逐，鲍叔牙不认为我不行，而是知道我没遇上好时机。我曾经多次打仗却又多次逃跑，鲍叔牙不认为我胆小，而是知道我家里有老母亲要赡养。公子纠失败，召忽为此而死，我被囚禁遭受屈辱，鲍叔牙不认为我没有廉耻，知道我不会为小的过失而感到羞愧，却以身名不闻达于天下而感到耻辱。生养我的是父母，真正了解我的是鲍叔牙啊！"

鲍叔牙推荐了管仲之后，情愿将自身置于管仲之下。他的子孙世世代代在齐国享有俸禄，有封地的达十几代，多为著名的大夫。因此，天下的人不称赞管仲的才能，反而称赞鲍叔牙能够识别人才。

🔸管仲雕像

【管仲相齐】

管仲任齐相执政后，凭借着齐国临海的条件，流通货物，积累财富，国富兵强，与百姓同好恶。

管仲善于化凶为吉，使失败转为成功。他重视分清事物的轻重缓急和利弊得失。齐桓公因怨恨少姬改嫁而向南袭击蔡国，管仲就寻找借口攻打楚国，指责它没有向周王室进贡苞茅。桓公想向北出兵攻打山戎，而管仲就趁机让燕国整顿召公时期的政教。在柯地会盟时，桓公想背弃曹沫逼迫他订立的盟约，管仲却劝他信守盟约。如此，诸侯们纷纷归顺齐国。所以说："懂得给予是为了更好的取得，这是治理国家的法宝。"

管仲的富贵可以跟国君相比，齐国人却不认为他奢侈。管仲逝世后，齐国仍遵循他的政策，从而比其他诸侯国强大。此后百余年，齐国又出了个晏婴。

【事齐三世】

晏平仲，名婴，齐国莱地夷维人。他辅佐了齐灵公、齐庄公、齐景公三代国君，由于节俭，笃行而受到齐国人的尊重。他任齐国宰相时，吃饭不多过两道肉菜，妻妾不穿丝绸衣服。在朝廷上，国君的话与他有关，就正直地陈述自己的意见；与他无关，就正直地去办事。国君行正道，就完全服从命令；不能行正道时，就对命令酌情去顺从。因此，他辅佐三代国君，名声显扬于各国诸侯。

【举贤不避贱】

晏子做齐国宰相时，一次坐车外出，车夫的妻子从门缝里偷偷地看她替宰相驾车的丈夫。她丈夫头上遮着大伞，挥动着鞭子赶着四匹马，神气十足，得意扬扬。回到家里后，妻子就提出与他离婚，车夫吃惊着忙问原因。妻子说："晏子身高不过六尺，却做了宰相，名声在各国显达。但我看他外出时，面部表情都非常深沉，常有那种甘居人下的态度。而你身高八尺，才不过做人家的车夫，神态却自以为挺满足，因此我要求和你离婚。"从此以后，车夫就谦虚恭谨起来。晏子发现了他的变化，感到很奇怪，就问他原因，车夫也如实相告。晏子就推荐他做了大夫。

论赞

太史公曰：管仲是世人皆知的贤臣，然而孔子却小看他，难道是因为周朝衰微，管仲不辅佐贤明的桓公实行王道却助他称霸吗？古语说："顺势助成君子的美德，纠正他的错误，因此君臣百姓之间能亲密无间。"这说的是管仲吧！当初晏子伏在庄公尸体上痛哭，礼成后离去，难道是人们所说的"遇见正义的事不去做就是不够勇敢"的表现吗？至于晏子敢于直言进谏冒犯国君的威严，这就是人们所说的"进就竭尽忠心，退就弥补过失"的人啊！假如晏子还活着，即使我为他挥鞭子赶车，也是十分向往的啊！

老子 韩非列传

这是一篇关于先秦道家和法家代表人物的传记。太史公将老、庄、申、韩合为一传，代表了汉人对道家与法家关系的重要看法。他们的学说虽有联系，但也有许多不同之处。太史公做四人合传，或陈罗胸臆，或纵横概括，或指点评说，汪洋恣肆，是一篇很有气魄的雄文，非大家不能作。

【老子道德】

老子，楚国苦县厉乡曲仁里人，姓李，名耳，字聃，做过周朝掌管藏书室的史官。

孔子前往周都向老子请教礼的学问。老子说："您所说的礼，指人和骨头都已经腐烂了，但他的言论还在。况且，君子时来运转的时候就驾着车出去做官，时运不济时就像蓬草一样随风飘转，身不由己。我听说，精明的商人把货物隐藏起来，表面看上去什么也没有。君子品德高尚，但容貌谦卑得像愚钝的人。抛弃您的骄气和贪欲、做作的情态神色和过大的志向，这些对于您自身都是没有好处的。我能告诉您的，就是这些了。"孔子回去后对弟子们说："鸟，我知道它能飞；鱼，我知道它能游；兽，我知道它能跑。会跑的可以用网捕捉它，会游的可用丝线去钓它，会飞的可以用箭去射它。至于龙，我就不知道该怎么办了，它是乘着风而飞上天的。我今天见到的老子，大概就是龙吧！"

🔸 **老子骑牛出关木雕**

老子研究道德，他的学说宗旨是隐匿声迹，不求闻达。他在周都住了很久，见周朝政治衰微了，于是离开了。到了函谷关，关令尹喜对他说："您就要隐居了，请勉力为我们写一本书吧！"于是老子就撰写了本分为上下篇的书，共五千多字，阐述了道德的本意，然后离去，没人知道他去了哪里。

据说老子活了一百六十多岁，也有的人说活了二百多岁，这都是因为他修道养心而长寿的啊！

社会上尊崇老子学说的人就贬斥儒学，信奉儒家学说的人也贬斥老子学说。"道不同不相为谋"，难道就是在说这种情况吗？老子认为：无为而治，人民自然趋于"化"；清静不挠，人民自然会归于"正"。

【申子重术】

申不害是京邑人，原先为郑国的小官吏，后来研究了刑名法术，就向韩昭侯求官，昭侯任命他做了宰相。他对内修教，对外应对诸侯，前后共十五年。一直到申子逝世，国家富裕，军队强大，没有国家敢侵犯韩国。

申不害的学说源于黄帝和老子。他的著作有两篇，叫做《申子》。

【韩非法治】

韩非是韩国的贵族子弟，他爱好刑名法术学问。他的学说的理论基础本源于黄帝和老子。韩非口吃，口才不是很好，却擅长于著书立说。他和李斯都师从于荀卿，李斯自认为学识比不上韩非。

韩非见韩国逐渐衰弱下去，屡次上书劝谏韩王，但韩王没有采纳他的意见。当时韩非痛恨治理国家不致力于修明其法制，不能凭借君

王的权势驾驭臣子，不能富国强兵寻求任用贤能之士，反而任用夸夸其谈、对国无益的游说之士，且让其地位高于讲求实效的人。他认为儒家用经典文献扰乱国家法制，而游侠依仗武力违反国家禁令。国家太平时，君主就宠信那些徒有虚名的人；形势危急时，就使用那些身披铠甲的武士。现在国家供养的人并不是所要用的，而所要用的人又不是所供养的。他悲叹廉洁正直的人不被邪枉之臣所容，他考察了古往今来的成败得失，所以写了《孤愤》《五蠹》《内外储》《说林》《说难》等十余万字的著作。

然而，韩非深切地清楚游说的困难，他撰写的《说难》一书，讲得非常详细，但是他最终还是死在秦国，不能逃脱游说的祸难。

论 赞

太史公曰：老子推重的"道"讲究虚无，以无所作为来适应各种变化，所以他的书里的很多措辞微妙而不易懂。庄子推演道德，发表推论而不受约束，其要点也来源于自然无为的道理。申子勤奋自勉，推行循名责实。韩非规范行为以法度为准绳，决断事情，明辨是非，用法严酷苛刻而少施恩。他们都本源于道德的理论，而老子的思想学说就更加深远了。

司马穰苴列传

全 文围绕着司马穰苴"文能附众，武能威敌"这条总纲，写他诛杀宠臣庄贾，严明军纪，整饬军队；与士兵同甘共苦，亲睦体恤。逼退燕、晋两国军队，创造了"不战而屈人之兵"的战争神话。

▶【文能附众，武能威敌】

司马穰苴是田完的后裔。齐景公时，晋国攻打齐国的东阿和甄城，而燕国进犯齐国黄河南岸的领土，齐军大败。齐景公为此非常忧虑。于是晏婴就向齐景公推荐田穰苴，说："虽说穰苴是田家之妾所生的儿子，可是他的文才能使众人归顺，武略能使敌人胆怯，希望您能试试起用他。"于是齐景公召见了穰苴，跟他共同商讨用兵之事。齐景公很高兴，立即任命他做了将军，率兵去抵抗燕国和晋国的军队。穰苴说："我向来卑微，是君王把我从平民中提拔起来，置于大夫之上，士兵们不会服从我，百姓也不会信任我，人要是卑贱，权威就树立不起来。我希望能派一位君王宠信、国民尊重的大臣来做监军。"齐景公就答应了他的要求，派庄贾去做监军。

▶【临命忘家，临阵忘亲】

穰苴和庄贾约定说："明天正午在营门相会。"第二天，穰苴率先到达军门，立起计时的木表和沙漏等待庄贾。但庄贾素来骄蛮显贵，认为自己率领军队，自己又做监军，就不着急。亲戚朋友为他饯行，留他喝酒。已至正午，庄贾还没到来。直到日暮时分庄贾才到来。穰苴说："为什么迟到？"庄贾歉意地说："朋友亲戚们给我送行，所以来迟了。"穰苴说："将领从接受命令的那一刻起就应当忘掉自己的家庭；在军队宣布号令后就应当忘掉私人的交情；擂鼓进军，战况紧急的那一刻，就应当忘掉自己

的生命。如今敌人已深侵我国国境，国民骚乱，战士们已在前线战场风餐露宿，国君睡不安寝，食不甘味，全国百姓的生命都系于你一人之身，还谈什么送行呢？"接着把军法官叫来，问道："按照军法，对约定时刻迟到的人该怎么办？"回答说："应当斩首。"庄贾很害怕，派人飞马去报告齐景公，请求搭救。

【军令森严，军法无情】

报信的人还没回来，穰苴就把庄贾斩首了，向三军巡行示众，全军将士皆被震惊。过了好长时间，齐景公派的使者才拿着节符来赦免庄贾。车马飞奔直入军营。穰苴说："将在军队里，国君的命令有的可以不接受。"又问军法官说："驾着车马在军营里奔驰，在军法上是什么罪？"军法官说："当斩。"使者非常害怕。穰苴说："国君的使者不能斩首。"于是就斩了使者的仆从，砍断了左边的夹车木，杀死了左边驾车的马，巡行示众于三军。他又让使者回去向齐景公报告，然后就出发了。

【自知难敌，不战而退】

士兵们无论安营扎寨，挖井支灶，喝水吃饭，探病吃药，田穰苴都亲自过问并抚慰他们。他还把自己专用的将军物资、粮食全部拿出来与士兵平分。他特别照顾体弱多病的士兵。三天后军队重整，准备出战，连病弱的士兵也要求一同奔赴战场，争先奋勇地为他卖命。晋军知道这种情况后，就撤军回国了。燕军得知后，因渡黄河向北撤退而分散松懈，齐国的军队趁势追击他们，收复了所有沦陷的领土，率兵凯旋。齐景公接见了田穰苴，敬重地任命他做大司马。从此，田氏在齐国的地位就一天天地显贵起来了。

后来，大夫鲍氏、高氏和国氏等人嫉妒他，就在齐景公面前诬陷他。齐景公就废了他的官职，穰苴发病而死。田乞、田豹等人因此怨恨高氏、国氏家族的人。此后，等到田常杀死齐简公，就把高氏、国氏家族全部诛灭了。到了田常的曾孙田和，便自立为君，号为齐威王。无论率兵打仗或行使权威，他都效仿穰苴的很多做法，各国诸侯都来齐国朝拜。

论赞

太史公曰：我读《司马兵法》时感到宏大深远。即使是夏、商、周三代的战争也没能完全展示出它的精髓，如现在把《司马穰苴兵法》的文字附在里面，也难免有推崇过分的嫌疑。至于田穰苴，他只不过是为小小的诸侯国统兵作战，怎么能和《司马兵法》相提并论呢？社会上既然多推崇《司马兵法》，因此不多论述，只写这篇《司马穰苴列传》。

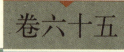

孙子 吴起列传

这是中国古代三位著名军事家孙武、孙膑和吴起的合传。全篇以兵法贯穿其中，分别展示了三位军事家的用兵智慧。诸如孙武执法如山、不苟言笑，吴起求将杀妻等情节颇有戏剧性，又使得人物形象栩栩如生。田忌赛马、围魏救赵等也成为家喻户晓的经典军事故事。

列传

史记

▶【兵圣孙武】

孙子名武，齐国人，因为他精通兵法而被吴王阖庐接见。阖庐说："您的十三篇兵书我都看过了，可用来统率小规模的军队吗？"孙子说："可以。"阖庐说："可以用妇人来试验吗？"回答说："可以。"于是阖庐调集宫中美女百八十人，全部交给孙子调率。孙子把她们分成两队，让吴王最宠爱的两位侍妾分别担任两队的队长，分给每个宫女一支戟。号令宣布完毕后，摆好斧钺等刑具，就击鼓发令叫妇人们向右，她们都哈哈大笑，乱成一团。孙子说："纪律不清楚，口令不熟悉，这是两个队长的过错。"他又重复地多次交代律令，再次击鼓发令让她们向左、右转，妇人们又都笑成一团。孙子说："现在既然任何律令都清清楚楚，不遵照口令行事，那就是队长和士兵的过错了。"于是就要杀掉两队的队长。吴王正站在台上观看，见孙子要杀自己的爱妾，大吃一惊。他急忙派人传达命令说："我已经知道将军很会用兵了，如果没了这两个侍妾，吃东西也不会香，希望你不要杀她们吧！"孙子回答说："我已经接受了为将命令，将在军队里，国君的命令有的可以不接受。"最后还是杀了两个侍妾示众。于是再击鼓发令时，妇人们不论是向左右、向前后、跪倒、

◉孙膑

站起都按照号令、纪律的要求一一来做，再没有人敢嬉笑打闹。从此，吴王知道孙子果然善于用兵，于是任他为将军。后吴国向西打败了强大的楚国，攻克郢都，向北威震齐、晋两国，名扬于诸侯各国。其中，孙子功不可没。

【田忌赛马】

孙子死后，一百多年后有了孙膑。孙膑出生在阿城和鄄城一带，也是孙武的后代子孙。他曾与庞涓一起学习兵法。庞涓事奉魏国以后，当上了将军，却仍自知才能不及孙膑。他秘密地把孙膑找来。孙膑一来，庞涓害怕他比自己更有才能，心里很妒忌他，就假借罪名砍掉他的双脚，又在他的脸上刺字，想让他藏起来见不得人。

齐国的使臣来到大梁，孙膑以犯人的身份偷偷地会见了他，进行游说。齐国的使臣认为他是个难得的人才，就用车偷偷地把他载到齐国。齐国将军田忌很赏识他，用客人的礼仪款待他。田忌喜好跟齐国的贵族赛马，赌注下得很大。孙膑发现他们的马脚力相差无几，可分为上、中、下三等。于是他就对田忌说："你尽管下大赌注，我能让你取胜。"田忌很相信，于是下了千金的赌注。比赛开始前，孙膑对田忌说："现在您用下等马对付他们的上等马，用上等马对付他们的中等马，用中等马对付他们的下等马。"三次比赛完了，田忌一败两胜，赢了齐王的千金赌注。田忌把孙膑推

荐给了齐威王。威王向他请教兵法后，就把他当做老师来看待。

【围魏救赵】

后来魏国攻打赵国，形势十分危急，赵国向齐国求救。齐威王想任孙膑为主将。孙膑辞谢说："受过酷刑的人是不能任主将的。"于是就任命田忌为主将，孙膑为军师，坐在有帷盖的车里出谋划策。田忌想带军队直奔赵国，孙膑说："要解开缠绕的乱丝，不能紧握拳头生拉硬拽；劝解打架的人，不能卷进去胡乱争斗，而要抓住争斗者的要害，其被形势所逼就不得不自行解开。如今魏国攻打赵国，其部队必定在前方精疲力竭，老弱残兵在国内疲惫不堪。你不如趁此火速向大梁进军，占据它的交通要道，袭击它空虚的地方，魏国必定会放弃赵国而回兵自救。这样，我们既可以救赵之围，而又可以坐收魏国战败的成果。"田忌听从了孙膑的意见。魏军果然从邯郸搬兵回国。结果，魏军在桂陵与齐军交战，被打得大败。

【马陵道智斗】

十三年后，魏国和赵国联合攻打韩国，韩国向齐国告急。齐王派田忌率领军队前去救援，径直挺进大梁。魏将庞涓得知，就从韩国迅速撤军回魏国，而此刻齐军已经越过边界向西长驱直入了。孙膑对田忌说："魏军素来凶猛彪悍看不起齐兵，认为齐兵胆小怯懦。善于统军作战的将领要认

清这样的形势而加以引导。"庞涓行军三日，非常高兴地说："我向来知道齐军胆小怯懦，进入我们国境才三天，逃跑的就超过了一半啊！"于是丢下他的步兵，带领精锐部队日夜兼程地追击齐军。孙膑从他的行军速度估计他当晚可以赶到马陵。马陵的道路陡峭狭窄，两旁又多是险隘阻碍，适合埋伏军队。孙膑把一棵树的树皮砍去，在白木上写："庞涓死于此树之下。"于是命令万名善于射箭的齐兵埋伏在马陵道两旁，约定说："夜里看见树下火光亮起就万箭齐发。"当晚，庞涓果然赶到砍去树皮的大树下。他见白木上有字，就点火照树干。上面的字还未读完，齐军伏兵就万箭齐发，魏军大乱。庞涓自知智穷，兵败已成定局，就拔剑自刎了。齐军乘

胜追击，将魏军彻底击溃。孙膑从此名扬天下，后世皆流传他的兵法。

【名将吴起】

吴起是卫国人，善于用兵。他曾经师从于曾子，事奉鲁国国君。齐国人攻打鲁国，鲁君想任吴起为将军。但是吴起娶的妻子却是齐国人，因此鲁君并不信任他。当时，吴起一心想成就功名，就把自己的妻子杀了，以此表明他不亲附齐国。鲁君终于任命他做了将军，率领军队把齐军打得大败。

这时，吴起听说魏国文侯贤明，想去事奉他。后来魏文侯就任用他为主将攻打秦国，夺取了五座城池。

吴起为将领，与最下等的士兵穿一样的衣服，吃一样的饭食，睡觉不铺席子，行军不乘车马，身上背着粮

马陵道

食与士兵们同甘共苦。有个兵卒生了恶性毒疮，吴起亲自为他吮吸脓液。这个士兵的母亲听说后大哭。有人说："你儿子是个无名小卒，将军却亲自替他吮吸脓液，你怎么还哭呢？"那位母亲回答说："不是这样的。以前吴将军替他父亲吮吸毒疮，他父亲在战场上勇往直前，就死在敌人手里。如今吴将军又给我儿子吮吸毒疮，我不知道他又会何时何地死，所以才哭啊。"

魏文侯死后，吴起事奉他的儿子魏武侯。武侯泛舟沿黄河而下，半途对吴起说："山川如此壮阔美好，真是魏国的珍宝啊！"吴起回答说："施德于民才能使国家政权稳固，而与地势的险要无关。昔日三苗氏左临洞庭湖，右临彭蠡泽，由于他不修德义，所以夏禹能灭掉他。夏桀的领土左临黄河和济水，右靠泰山和华山，南边有伊阙山，北面有羊肠坂，由于他不施仁政，所以商汤放逐了他。殷纣的领土左边有孟门山，右边有太行山，北边有常山，南面有黄河流，因为他不施仁德，被武王杀了。如果您不施德政，即便同乘一条船的人也会有可能变成您的仇敌啊！"武侯赞道："讲得好。"

齐相田文死后，公叔出任国相，娶了魏君的女儿，却畏忌吴起。公叔的仆人与他一起设计让武侯对吴起起了疑心，不再信任他。吴起怕招来祸端，于是离开魏国到楚国去了。

楚悼王一直听说吴起是个人才，

吴起刚到楚国就任他做国相。他明确法令，依法办事，精兵简政，停止封地较远的贵族的惯例供给而用来抚养战士。他致力于军事力量的增强，揭穿游说之客的说辞。于是，他向南平定了百越；向北吞并了陈、蔡两国；逼退韩、赵、魏三国的进攻；向西讨伐了秦国。各诸侯国开始忧患于楚国的强大。以前被吴起停止供给的那些封地较远的贵族都对吴起怀恨在心。等悼公一死，王室大臣纷纷作乱攻打吴起，吴起逃到楚王的停尸处，伏在他的尸体上。攻打吴起的人用箭射吴起，同时也射中了悼王的尸体。悼王被安葬后，太子即位。太子让令尹把射杀吴起和射中悼王尸体的人全部处死，由于此事而被灭族的有七十多家。

伍子胥列传

在 这篇列传中，作者着重记述了伍子胥为报杀父兄之仇，弃小义而灭大恨的事迹。伍子胥一生可谓传奇，他为报父兄之仇，不惜四处逃亡。他困窘江岸，沿途乞讨仍片刻不忘心中仇恨，历尽坎坷后，最后不惜掘墓鞭尸，以泄愤恨。难怪太史公感慨："怨毒之于人甚矣哉！"

▶【父兄被害】

伍子胥是楚国人，名员。他的父亲叫伍奢，哥哥叫伍尚。因为祖先事奉楚庄王时直谏而显贵，因此后代子孙在楚国很有声名。

楚平王派伍奢做太子建的太傅，让费无忌做太子的少傅。费无忌并不忠心于太子建。平王派费无忌到秦国为太子建娶亲。他看到秦女长得很美丽，就跑回来对平王说："这是个绝代美人，大王可以自己要了他，另外给太子选个人。"平王就另外给太子择亲，而自己娶了秦女，并十分宠爱。秦女生了儿子轸，这就是后来的昭王。

费无忌向楚平王献媚后，就离开了太子去事奉平王。但是他担心有一天平王死了，太子建即位就会杀了自己，于是他就在平王面前诋毁太子。平王就慢慢地不相信太子，于是派太子去驻守城父，守护边疆。

不久，费无忌又在平王面前不停地说太子建的坏话，他说："因为秦女的事，太子不会对您没有怨恨的情绪，希望大王您能有所防备。太子驻守城父统率军队之后，对外与诸侯交往频繁，这是要入城作乱的迹象啊！"平王就召回他的太傅伍奢来审问。伍奢知道费无忌的所作所为，就说："大王怎么能因小人的谗言就疏远自己的骨肉呢？"费无忌反驳说："大王现在不阻止，一旦他们的阴谋得逞，大王就只能等着被逮捕了！"于是平王大怒，把伍奢囚禁起来，又派城父司马奋扬去杀太子。太子知道了消息就逃走了。

费无忌对平王说："伍奢的两个儿子都很有才能，如果不杀死他们，终有一日会成为楚国的祸患。"平王派人去召伍奢的两个儿子，并说："来，你们的父亲就可以活命；不来，就立即杀死伍奢。"伍尚想去，伍员说："楚王召我们兄弟，并不是想留住父亲的性命，而是用父亲做人质骗我们，他怕我们逃走会成为楚国的祸患。只要我们一去，就要和父亲一起赴死。那样，我们就报不成仇了。不如逃到

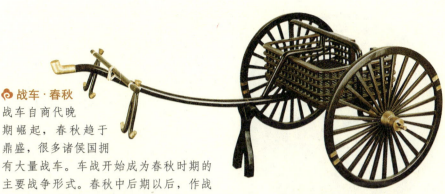

战车·春秋

战车自商代晚期崛起，春秋趋于鼎盛，很多诸侯国拥有大量战车。车战开始成为春秋时期的主要战争形式。春秋中后期以后，作战地域扩大到中原以外地区，这些地区大多不适于车战，于是拥有大量步兵的新型军队开始组成。到了战国，战车进一步衰落，逐渐为步兵、骑兵所取代。

别的国家去，借助别国的力量报仇雪耻。"伍尚说："我知道我们去了也不能保住父亲的性命。可只恨父亲召我们是为了活下去，如果不去，日后我们又不能报仇雪耻，那时就会被天下人耻笑啊！"又说："依你的能力是可以报父亲之仇的，你逃走吧，我去赴死。"伍尚被捕后，伍子胥就逃走了。他听说太子建在宋国，就前去投奔他。楚平王就把伍尚和伍奢一起杀了。

【伍员逃国】

伍子胥到宋国后，正赶上宋国华氏作乱，于是他就和太子建一起逃到了郑国。郑国国君对他们很好。太子建又到了晋国，晋顷公说："太子与郑国相互信任，如果太子做我们的内应，我们从外面攻打进去就肯定能灭掉郑国，那时就把它分封给您。"于是太子回到郑国，等待举事的时机。这时，太子因为一些小恩怨想杀掉一个他的随从，这个人就把太子的计划全部告诉了郑国。郑定公和子产一起杀死了太子建。伍子胥很害怕，就和太子建的儿子胜一起逃到吴国。到昭关时，昭关的官兵要捉拿他们。于是，伍子胥和胜分头逃跑，追兵在后紧追不舍。逃到江边时，江中的船上站着一个渔翁，他知道伍子胥的情况很危急，就将他渡过了江。伍子胥过江后，解下随身宝剑说："此剑价值百金，把它送给您吧！"渔翁拒绝道："按楚国的法令，抓到伍子胥的人要赏给五万石粮食，加封执珪的爵位，我难道是图你百金的宝剑吗？"伍子胥在逃往吴国的路上得了病，只能停下来讨饭吃。到达吴都后，伍子胥就通过公子光将军的关系求见吴王僚。

过了很久，楚国和吴国边邑两地养蚕的女子为争采桑叶而相互厮打，楚平王大发雷霆，于是两国都派出了军队。吴国派公子光攻打楚国，攻克了它的钟离和居巢就班师回国了。伍子胥劝说吴王僚说："楚国是可以攻破的，希望再派公子光去。"公子光对吴王说："伍子胥的父亲和哥哥都是被楚国杀死的，他劝大王攻打楚国，

伍子胥画像镜

浙江省绍兴出土。直径 19.5 厘米。画像中伍子胥识破了越王与范蠡密谋献美人、珍宝灭吴的诡计，便以死谏吴王。

只不过是为了报他的私仇，并不是只要攻打便可以破楚国啊！"伍子胥知道公子光的野心在国内，他想杀死吴王僚而自立为君，对外的军事行动是无法劝说他的，于是就将专诸推荐给了公子光，然后离开朝廷，与胜一起到乡下种田去了。

【扶持吴王】

五年后，楚平王死了。吴王僚派烛庸、盖余二公子领兵袭击正在办丧事的楚国。楚国出兵切断了吴国军队的后路，使吴军不能回国。正当吴国国内空虚，公子光就派专诸暗杀了吴王僚，自立为王，这就是吴王阖庐。阖庐自立后召回伍员，官拜为行人，与他共谋国事。

阖庐四年（前 511），吴国攻打楚国，夺取了六地和灊地。阖庐五年，打败了越国。阖庐六年，楚昭王派公子囊瓦领兵攻打吴国。吴国派伍子胥出战，大败楚军于豫章，夺取了楚国的居巢。

【鞭尸复仇】

阖庐九年（前 506），吴军乘胜追击，五次大战后攻到了郢都。楚昭王逃亡。吴兵进入郢都，伍子胥到处搜寻昭王都没有找到，就挖开楚平王的坟墓，拖出他的尸体用鞭子抽打了三百下。伍子胥和申包胥是很好的朋友，当初伍子胥逃跑时曾对申包胥说："我一定要颠覆楚国。"此时逃到山里的申包胥派人告诉伍子胥说："您这样报仇简直太过分了！我听说：'人数多能够胜天，天道安定也能击破人力。'您曾经作为臣子事奉过平王，如今却连死人也侮辱，难道这不是丧尽天良、毫无天道吗！"伍子胥对来人说："你告诉申包胥：'我就像快要落山的太阳，但是还有很多志向没有完成，不知道何时便死了，还遵循什么做事的伦理！'"于是申包胥跑到秦国去求救，秦国不答应。申包胥站在秦国的朝堂上昼夜不停地哭，七天七夜不绝于耳。秦哀公同情他，就派了五百辆战车去攻打吴国。此时吴国内部发生叛乱，楚昭王见吴国如此就又打回郢都。楚国再次和吴军作战，打败了吴军，吴王就回国了。

【冤死沉江】

又过了五年，吴军攻打越国，阖庐受伤而死。夫差即位后，任用伯嚭做太宰，在会稽山上打败越王。越王派人来求和，伍子胥说："越王勾践为人能含辛茹苦，如今，大王如果不除掉他，日后必有后悔的时候。"吴王不听伍子胥劝告，而采纳了太宰伯嚭的意见和越国讲和了。

太宰伯嚭经常在吴王面前诽谤伍子胥。吴王就派使臣把属镂宝剑赐给伍子胥，让他自杀。伍子胥仰天长叹说："唉！谗言小人伯嚭要作乱，大王反来杀我。是我助你父亲称霸。你还没立为太子时，公子们争着做太子，是我在先王面前冒死相争，否则你无法得到太子的位置。你被立为太子后，还答应分吴国一部分给我，我不敢奢望你报答我，可现在你竟听信小人的谗言来杀害我。"于是他对亲近的门客说："你们一定要在我的坟墓上种植梓树，让它成材后做棺材。挖出我的眼珠悬挂在吴国都城的东门楼上，我要亲眼看着越寇怎样杀入都城，灭掉吴国。"然后伍子胥自刎而死。吴王听说后大怒，就用皮革袋子装了伍

子胥的尸体扔进江里。吴国人同情他，在江边为他修建了祠堂，又把此地命名为胥山。

吴王杀了伍子胥后，就攻打齐国。齐国鲍氏杀了他们的国君悼公辅佐阳生做国君。吴王打算讨伐鲍氏，可是，没有取得胜利，就撤兵回去了。此后二年，吴王召集鲁国、卫国的国君在橐皋会盟。第二年，就势北上，在黄池大会诸侯，来号令周天子。这时，越王勾践袭击吴国，杀死吴太子，打败吴国军队。吴王听到这个消息，就回国了，派出使者用丰厚贵重的礼物和越国媾和。过后九年，越王勾践终于灭掉吴国，杀死吴王夫差，又杀了太宰伯嚭，因为他不忠于他的国君，接受外国的贵重贿赂，私下亲近越国。

论赞

太史公曰：仇恨对于人来说是多么可怕的事！国君尚不能与臣子结下仇恨，更何况地位相同的人呢！如果伍子胥追随他的父亲和哥哥一起死去，和蝼蚁又有什么不同？放弃小义，报仇雪耻，名传于后世，可悲啊！当初伍子胥被困江边的时候，在路上讨饭的时候，他曾有片刻忘记郢都的仇恨吗？所以，他含恨隐忍从而成就功名，不是刚烈的男子能达到这种地步吗？

商君列传

在这篇传记里，主要记述了商鞅事秦变法革新、功过得失以及卒受恶名于秦的史实，倾注了太史公对其刻薄少恩所持的批评态度。商鞅三见孝公，说以强国之术，在列强争雄的战国时代，秦国以一个边陲之地而一跃成为吞并六国的强国，这与商鞅变法的贡献是分不开的。但是，这样一个"治世不一道、便国不法古"的治国能臣，却因残暴落得个车裂族灭的下场。

▶【不被重用】

商君是卫国国君的妾生的儿子，名鞅，姓公孙。公孙鞅年轻时就喜欢刑名法术，作为中庶子事奉魏国国相公叔痤。公叔痤生病，魏惠王亲自前去探望，问："你的病如果好不了，那国家社稷该怎么办呢？"公叔痤回答说："我的中庶子公孙鞅年纪虽轻却有奇才，希望大王能把国家大事托付给他。"又说："如果大王不任用他，就一定要杀掉他，不要让他到别的国家去。"魏王答应了他的要求。惠王走后，公叔痤召来公孙鞅，道歉说："刚才大王问我之后谁能担任国相，我向他推荐了你。但我看大王好像不同意我的建议，我告诉他如果不用你就要杀掉你，现在你赶快离开吧，不然就会马上被擒的。"公孙鞅说："既然大王不肯听你的话任用我，又怎么会听你的话来杀害我呢？"最终他还是没有离开魏国。惠王最终果然没有重用他。

▶【三见孝公】

公叔痤死后不久，公孙鞅听说秦孝公在国内寻访有才能的人，他就西去秦国，利用孝公的宠臣景姓太监求见孝公。孝公召见卫鞅，

🔹 **商鞅方升·战国**

量器，斗为长方形，直壁，后有长方形柄。方升外侧有铭文 32 字，记载秦孝公十八年（前 344），齐国率领卿大夫来秦访问，同年冬，大良造鞅以十六寸五分之一寸为一升。从方升铭文记载可知此为商鞅统一秦国度量所规定的一升容积的标准量具。

卫鞅说了很长时间的治国之法，孝公瞌睡连连，根本听不进去。事后孝公迁怒景监说："你推荐的人只是个说大话的家伙，怎么能任用呢！"景监就去责备卫鞅。卫鞅说："我用尧、舜等五帝治国的方法劝说大王，他的心志不能领会。"过了几天，景监又请求孝公召见卫鞅。卫鞅再见孝公时，又畅谈治国之道，可还是与孝公的心意合不到一起。事后孝公又责备景监，景监也责备卫鞅。卫鞅说："我用夏、商、周三代王的治国之法劝谏大王，而他听不进去。请您求他再召见我一次。"卫鞅又一次见到孝公。会见结束后，孝公对景监说："你的客人不错，我可以与他好好谈谈了。"景监告诉卫鞅，卫鞅说："我用春秋五霸的治国之法游说大王，他的意思好像是准备采纳了。如果真的要再见我，我就知道该说些什么啦。"于是卫鞅又见到了孝公，这次十分投机，孝公听得很认真，在垫席上的膝盖不知不觉地向前挪动了好几次，谈了好几天都不觉得厌倦。

【实施变法】

孝公打算任用卫鞅变更法度，又怕天下人议论自己。卫鞅说："圣人只要能使国家富强，就不必遵循古法；只要能够利于人民，就不必遵循旧礼。"又说："治理国家没有固定的方法，只要有利于国家就没有必要仿效旧法度。所以汤武不遵循古法而能称王于天下，夏殷不改变旧的礼制而

灭亡。反对旧法的人不能完全否定，而遵循旧礼的人不值得称赞。"孝公于是任命卫鞅为左庶长，制定了变法的命令。

孝公下令把十家编为一什，五家编为一伍，各家互相监督检举，若一家犯法则十家一并治罪。明知奸恶而不告发的处以腰斩，告发奸恶的与斩敌首级的封赏一样，藏匿奸恶的与投降敌人的刑罚一样。一家有两个以上的壮丁而不分居的，赋税加倍。有军功的人，按规定标准封爵领赏；因为私利打架斗殴的，视情节轻重处以刑罚。从事农业生产的，粮食与布帛增产免除劳役或赋税。从事工商业因懒惰而贫困的，其妻子全部没收为官婢。在王族中而没有军功的，不得列入家族的名册。明确尊卑爵位等级秩序，各按等级差别占有土地、房产，家臣奴婢的衣裳、服饰，按各家爵位等级决定。有军功的显赫富贵，没有军功的即使很富有也不能显荣。

【南门立木，取信于民】

新法制定好后还未公布，唯恐在百姓中间树立不起威信，于是就在都城市场的南门竖起一根三丈长的木头，招募能把木头搬到北门的百姓，完成的就赏以十金。百姓们都觉得很奇怪，没人敢应募。又宣布："能把木头搬到北门的人赏五十金"。有一个人抱着试试的态度把它搬到了北门，当下就给了他五十金，

商鞅雕像

商鞅（约前395～前338），卫国人。战国时期政治家、思想家，先秦法家代表人物。姬姓，卫氏。又称卫鞅、公孙鞅。

以此表明令出必行，绝不欺骗。事后，新法就颁布了。

【秦强民惧】

新法施行整一年，秦国老百姓到国都说新法不方便的人数以千计。正当这时，太子触犯了新法。卫鞅说："新法之所以不能顺利推行，是因为上层人的触犯。"于是将按新法治太子的罪。太子是国家的继承人不能施以刑罚，于是就处罚了督导他行为的老师公子虔，以墨刑处罚了授予他知识的老师公孙贾。第二天，秦国人就都遵守新法令了。新法推行了十年，秦国百姓都非常高兴，路不拾遗，山中无盗，生活富裕。百姓纷纷为国家打仗献力，不敢为私利争斗，无论乡村或城镇，秩序都很安定。

卫鞅被任命为大良造，带领军队围攻魏国安邑，降服了他们。秦国都城从雍地迁到咸阳，并下令禁止百姓父子兄弟同居一室；把散落的乡镇、村庄合并成县，设置了县令、县丞，总共分为三十一个县；废除井田制，重新划分田塍的界线，鼓励开垦荒地；平衡赋税；统一全国的度量衡制度。秦国富强，周天子把祭肉赐给秦孝公，各国诸侯都来祝贺。

第二年，齐国军队在马陵打败魏军。卫鞅劝孝公说："魏国以往被齐国打得大败，诸侯大多背叛了他，趁此良机刚好攻打魏国。魏国敌不过秦国，一定会向东退。这样，秦国就占据了黄河和崤山的险固，向东就可以制约各诸侯国，这是统一天下的帝王大业啊！"孝公就派卫鞅率领军队攻打魏国。魏惠王的军队数次被齐、秦击溃，就割让了河西土地作为求和的条件献给秦国。卫鞅打败魏军归来，孝公把於、商十五个邑封给了他，封号叫商君。

【忠言逆耳】

商君任秦相十年，很多皇亲贵族都怨恨他。赵良去见商君。商君说："由于孟兰皋的介绍你我才相识，我们交个朋友好吗？"赵良回答说："鄙人不敢奢望。"商鞅说："您认为我对秦国的治理不好吗？当初，秦国的习俗如戎狄一般，如今我改变了秦国的教化，从而使男女有别，分居而住，大造宫殿城府，把秦国营建的像鲁国、魏国一样。您看我治理国家与五羖大夫比，谁更有贤德？"赵良说："那五羖大夫只是楚国偏僻的乡下人，他想去拜见贤明的秦穆公，却没有路费。他就把自己卖给秦国人，穿着粗布短衣给人家喂牛。他出任秦相六七年，出征讨国，功德无量，四方少数民族都前来朝见。五羖大夫出任秦相，累了不坐车，热了不打伞，无论走到哪里都不带随从的车队，更不带武装防卫，这就是他的德行啊！身为秦相不为百姓牟利却大造宫阙，这就称不上为国家建功立业了。刑罚太子的师傅，用严刑酷法残害百姓，这是在积累怨恨和祸患啊！教化百姓比命令百姓更得人心，百姓模仿政府的行为比政府的命令更为迅速。如今您违背情理地建立权威，变更法制，这不是对百姓的教化啊！您又在封地南面称君，每日用新法来约束秦国的贵族子弟，又用酷刑惩罚公子的老师，公子虔已经有八年闭门不出了。这几件事都不得人心。假如您出门不带着装着披甲戴盔的卫士的数十辆车、身强力壮的贴身卫护和手持矛戟的紧身随从，您必定不敢出门。您的处境如此危险。秦王一旦弃用宾客而不能当朝，难道秦国想要您首级的人能少吗？为什么您不把商、於十五邑封地交还给秦国，到偏乡僻壤的地方种菜耕地，这样才是平安之策啊！"但商君没有听从赵良的劝告。

【车裂之祸】

五个月后，秦孝公去世，太子即位。公子虔等人告发商君要造反，派人去逮捕他。商君逃跑到边境关口，进入一家旅店。旅店的主人不知道他的身份，说："商君有令，没有证件的人住店，店主要判连带罪。"商君长叹一口气说："唉！制定新法的遗害竟然报应到了这里！"于是他离开秦国逃到魏国。魏国人怨恨他欺骗公子卬而打败魏军，拒绝收留他，并说："秦国很强大，它的逃犯跑到魏国来不送还是不行的。"于是把商君送回秦国。商君回到秦国后就逃到他的封地商邑，和他的部属一起出动邑中的士兵向北攻打郑国寻求生路。秦国出兵攻打商君，把他杀死在郑国黾池。秦惠王对商君施以五马分尸示众的刑罚，告诫说："不要像商鞅那样谋反！"于是就诛灭了商君全家。

论赞

史公曰：商君的天性本来就是个残暴少恩的人，他当初用帝王之道游说孝公是凭借着浮说，不是他自身的素质。再说他的被任用全是因为国君宠臣太监的推荐，等到任秦相后就刑罚公子虔，欺骗魏将公子卬，不听赵良的忠言，这些足以证明他残暴少恩了。我曾经读过商君开塞耕战的书，与他的为人做事很类似。但他最终还是在秦国落个谋反的恶名，这是有原因的呀！

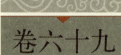

卷六十九

苏秦列传

苏秦为战国纵横家杰出的代表人物，先以连横游说秦国，失败后转而以合纵游说六国。他察六国君王心意，指陈利害，因势利导，慷慨激词。他游说八方，佩六国相印，功成名就。太史公运用多种文法记述苏秦游说六国，或娓娓道来，或峰回路转、跌宕起伏，美不胜收。

▶【初游受挫】

苏秦是东周雒阳人，他曾东到齐国拜师求学，跟随鬼谷子学习。他在外游历多年，穷困潦倒地回到家里。兄弟、哥嫂、妻妾都在背地里讥笑他说："周人的习俗是治理产业，从事工商等盈利事业。如今你舍弃老本行而去干耍嘴皮子的事，就算穷困潦倒了也是应该的呀。"苏秦听后暗自惭愧、伤感，就闭门不出，把自己的书拿出来全部读了一遍，说："一个人既然已经埋头读书，可却不能凭它获得尊荣，即使读再多的书又有什么用呢？"于是他找到一本周书《阴符》，伏案苦读。一年后，他若有所思地说："有了它，就可以游说当世的国君了。"他去求见并游说周显王。可是周显王身边的臣子向来了解苏秦的为人，瞧不起他，因而周显王也不信任他。

于是，他向西到了秦国，打算游说秦惠王。秦国刚刚处死商鞅而憎恶游说的人，所以不用苏秦。

▶【游说六国】

苏秦去燕国游说，等了一年多才见到燕王。他游说燕文侯道："大王知道燕国不被侵犯的原因吗？那是因为赵国遮蔽在燕国的南面，如果秦国想攻打燕国，就要穿越几千里；而赵国如果要攻打燕国，不出半月就会攻到燕国的都城了。所以说秦国攻打燕国，是在千里之外作战；赵国攻打燕国，是在百里以内作战。对百里之内的祸患不重视而忧虑千里之外的敌人，这绝对是一个错误的策略。因此希望大王与赵国合纵，把各国联成一体对抗强秦，那燕国就不会有忧虑了。"

文侯说："您说得很对，您一定要用合纵的办法使燕国相安无事，我愿意举国听从您的安排。"

文侯赞助苏秦车马钱财到赵国。他劝赵肃侯说："秦国最痛恨的就是赵国了。然而秦国为什么对赵国迟迟不敢发兵呢？它是害怕韩国和魏国在后边的暗算。这样，韩国和魏国可算是赵国南边的屏障了。秦国如果攻打韩、魏，没有什么阻隔，就会像蚕吃桑叶一样，韩、魏势必不能抵挡秦国，那么战祸必然会威逼到赵国了。我考察过天下的地图，各诸侯国的土地五倍于秦国，士兵十倍于秦国，不如使韩、魏、齐、楚、燕、赵结成一个整体共同抵抗秦国，那么秦国一定不敢侵犯山东六国了。"赵王听了很高兴，于是让苏秦做了相国，赐了财物去联络各国。

于是苏秦去游说韩宣王道："韩国有坚固的要塞和几十万的部队，而大王却向西事奉秦国，拱手称臣。况且您的土地是有限的，而秦国贪婪是无止境的，用有限的土地去换取无止境的索取，灾祸就会越来越近了，我为大王感到羞耻啊。"

苏秦又游说魏襄王道："魏是强大的国家，王是贤明的国君。现在您竟然有意向西事奉秦国，接受秦国的分封，向它进献贡品。《周书》上说：'细嫩枝节如果不及时砍掉，等长粗壮了就得用斧子了。'事前不考虑清楚，事后必有大难临头。大王如果能听从我的建议，六国合纵，齐心合力，就一定没有强秦侵害的祸患了。"

苏秦又向东方游说齐宣王道："齐国，四面皆有天险，土地纵横两千里，军队几十万，为何要讨好秦国？齐国与秦国相距甚远，秦国是不会轻易攻打齐国的。齐国应与赵国结盟，六国团结一致，互为救援。"

于是，苏秦又向西南去游说楚威王，说：

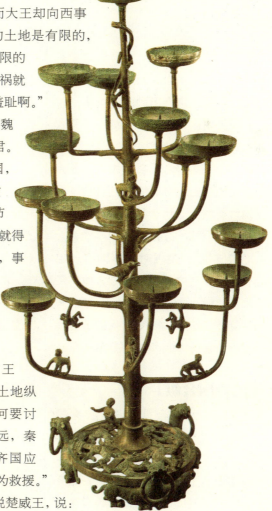

🔥 十五枝连盏灯·战国

灯高 84.5 厘米，河北平山中山王墓出土。全灯像一株枝条茂盛的大树，由长短不同的八节枝干接插而成，伸出的枝条上托圆盘灯盏，共计十五个灯盏。还在灯枝上铸出一群攀枝嬉戏的猴子，圆形灯座上还有两个赤膊的小铜人像，似以食物抛饲群猴，极生动有趣。

● 彩绘透雕漆座屏·战国

屏面横长方形，木质透雕，表面髹漆。屏面居中是一组相对的凤鸟，其左右两侧各有一组对鹿，双鹿间在蟠曲缠绕的长蛇上有一只展翅下窥的鸟，最外侧各是一只面朝外的凤鸟。

"秦国最大的忧患就是楚国，二者不能同时并存。所以，如果大王不接受合纵，秦国一定会出动两支军队，一支从武关出击，一支直下黔中，那么鄢城郢都的局势就动摇了。秦如虎狼，有吞并天下的野心。合纵相亲，各诸侯就会割让土地事奉楚国；连横成功，楚国就要割让土地事奉秦国，这二者，大王要处于哪一方呢？"

楚王说："楚国对抗秦国不一定会胜；在朝廷内和群臣策划，他们又不都可信赖。现在您打算使天下统一，保存处于危境中的国家，我愿恭敬地把整个国家托付给您，听从您的安排。"

【六国合纵】

于是，六国合纵成功。苏秦做了合纵联盟的盟长，并担任了六国的国相。

苏秦北上向赵王报告消息，路经洛阳，车辆马匹满载着行李，各诸侯派来送行的使者很多，像帝王一样气派。周显王听到这个消息，赶快找人清除了道路，并派使臣到郊外迎接。苏秦的兄弟、妻子和嫂子都趴伏在地上，斜着眼不敢抬头看他，非常恭敬地服侍他吃饭。苏秦笑着对嫂子说："以前你对我冷嘲热讽，此刻却为什么对我这么恭敬了呢？"他的嫂子连忙扑趴在地上，弯着身子匍匐到他面前，脸贴着地请罪说："因为您地位尊贵且多金啊！"苏秦喟然叹息说："同样是一个人，富贵了，亲戚就畏惧我，贫贱时，就轻贱我，何况众人呢！如果当初我在洛阳城郭附近有良田两顷，如今，我又怎么能佩戴得上六个国家的相印呢？"

苏秦回到赵国，赵肃侯封他为武安君。苏秦把合纵盟约送到秦国。从此秦国不敢窥伺函谷关以外的国家达十五年之久。

【盟约瓦解】

后来，秦国派使臣犀首欺骗齐国和魏国，和他们联合起来攻打赵国，打算破坏合纵联盟。齐、魏攻打赵国，赵王就责备苏秦。苏秦害怕，请求出使燕国，一定要向齐国报复。

苏秦离开赵国以后，合纵盟约便瓦解了。

【"反间"而车裂死】

有诽谤苏秦的人说："苏秦是个左右摇摆、出卖国家的臣子，他将来肯定会引起乱子。"苏秦生怕获罪，逃到燕国。

燕易王的母亲是燕文侯的夫人，苏秦与她私通。苏秦恐怕被杀，就劝说燕王道："我留在燕国，不能使燕国更加尊贵，如果我在齐国就一定能提高燕国的地位。"燕王说："一切任凭先生所为。"于是，苏秦假装得罪了燕王而逃到齐国。齐宣王任用他为客卿。

齐宣王去世，齐湣王即位，苏秦就劝说齐湣王厚葬宣王，用来表明自己的孝顺；大修宫室，大辟园林，以表明自己得志。其实，苏秦打算的是使齐国败落，从而有利于燕国。燕易王去世后，齐国大夫中与苏秦争宠的人就派人刺杀他，苏秦幸免一死，带着致命的伤逃走了。齐王派人捉拿凶手却没有抓到。苏秦临死的时候对齐王说："我马上就要死了，请您在人来往的大街上把我五马分尸示众，就说：'苏秦为了燕国在齐国谋乱。'这样，一定可以抓到刺杀我的凶手。"齐王就按他的话做了，那个凶手果然自动出来了，齐王就把他杀了。燕王听到这个消息说："齐国为苏先生报仇的做法真太好啦！"

苏秦死后不久，他为燕国破坏齐国的大量事实泄露出来。后来，齐国听到这些秘密，就把恼恨迁怒燕国。燕王很害怕。苏秦的弟弟叫苏代，代的弟弟叫苏厉，他们看到哥哥功成名就，遂顺心愿，也都发奋学习纵横之术。等到苏秦死了，苏代就去求见燕王，打算承袭苏秦的旧业。

燕国就派了一位公子到齐国充当人质。苏厉也借着燕国派人质的机会求见齐王。齐王怨恨苏秦，打算把苏厉囚禁起来。燕国质子替他在齐王面前请罪，随后苏厉就委身做了齐国的臣子。燕王派苏代联络各国合纵相亲，就如同苏秦在世时一样，诸侯们有的加入了联盟，有的没加入联盟，而各国人士从此都尊崇苏秦所倡导的合纵联盟。苏代、苏厉都寿终天年，他们的名声在各诸侯国显扬。

论赞

太史公曰：苏秦三兄弟都是因为游说诸侯而名扬天下，他们的学说擅长于权谋应变。而苏秦背负着反间的罪名被处死，被天下人嘲笑，他的学说也被人所不耻。然而关于苏秦的事迹在社会上流传的版本很多，也有很多差异，很多不同时期的事情也全附在他的身上。苏秦出身于民间，却能联合六国合纵相亲，这正表明他有过人的才智。所以，我列出他的事迹，按着时间顺序加以称述，不让他承受恶名。

张仪列传

《张仪列传》与《苏秦列传》堪称姊妹篇。苏秦与张仪同时游说六国；一个合纵以赵为主，一个连横以秦为主，文法也一纵一横。他们都以权变之术和雄辩家的姿态辗转于六国，雄心勃勃，表现出了非凡的雄才大略，成为轰动一时的风云人物。

▶【早年张仪】

张仪，魏国人，曾与苏秦一起拜师于鬼谷子先生学习游说之术，苏秦自认才学比不上张仪。

张仪完成学业后就去游说诸侯。他曾陪着楚相喝酒，席间，楚相丢了一块玉璧，门客们怀疑张仪，说："张仪贫穷，品行恶劣，一定是他偷了玉璧。"于是他们把张仪拘禁起来，拷打了几百鞭。张仪始终闭着嘴不承认，那些人只好放了他。他的妻子悲愤地说："唉！要是您不读书游说，又怎么能受人侮辱至此呢？"张仪说："你看看我的舌头还在不在？"他的妻子笑着说："还在呀！"张仪说："这就够了。"

▶【得助入秦】

此时，苏秦说服了赵王而得以去各国结缔合纵相亲的联盟，可是他怕秦国趁机攻打各诸侯国，破坏盟约的结缔，又考虑着没有合适的人可以派去秦国。他派人劝说张仪到他那里去谋求发展。于是，张仪前往赵国，呈上名帖请求会见苏秦。苏秦告诉门人不给他通报，却又让他不能离去。几天后，苏秦才接见了他。苏秦让他坐在堂下，赐给他仆人、侍妾吃的饭菜，还屡次羞辱他说："凭着您的才能，却让自己潦倒到这种地步，难道我不能推荐您让您富贵吗？只是您不值得推荐罢了。"说完就把张仪打发走了。张仪自己认为与苏秦是好友，投奔他能够求得好处，却没想到遭到了羞辱，气愤中又想到诸侯中没有谁值得事奉，只有秦国能侵扰赵国，于是就到秦国去了。

苏秦派人暗中跟随张仪，和他投宿同一客栈，不露声色地接近他，还送给他车马、财物等一切他需要的东西，却不说是谁给的。于是张仪才有机会拜见了秦惠王。惠王任用他做客卿，和他策划攻打诸侯的计划。

这时，苏秦的门客要告辞离去，张仪极力挽留。门客说："真正了解您的是苏先生啊！他担心秦国攻打赵国而破坏合纵联盟，也认为只有您才能掌握秦国的大权，所以激怒先生，又派我暗中给您帮助，这都是他的策略啊！"张仪说："哎呀，这些权谋本来都是我研习过的，而我却没有察觉到，我没有苏先生高明啊！"张仪任秦国宰相以后，写信警告楚国宰相说："当初我陪着你喝酒时，我并没偷你的玉璧，你却鞭打我。你要牢牢地守护住你的国家，不然我就要偷你的城池了！"

几年后，惠王任用张仪为国相，把少梁改名叫夏阳。张仪出任国相四年，正式拥戴惠王为王。过了一年，张仪担任秦国的将军，夺取了陕邑，修筑了上郡要塞。

【游说楚国】

秦国想要攻齐，然而齐、楚两国缔结了合纵相亲的盟约，于是张仪前往楚国出任国相。楚怀王空出上等的客房，亲自到宾馆安排张仪的住宿。张仪游说楚王道："大王如果能听我的意见，就和齐国断绝关系，解除盟约，我请求秦王献出商、於一带六百里的土地，让秦女做大王的侍妾，秦国和楚国之间娶妇嫁女，永远结为兄弟。这样，向北可削弱齐国，而西方的秦国也就能得到好处了。"楚王非常高兴地答应了，就把相印授予了他，还赠送了他大量财物。于是，楚国就和齐

国断绝了关系，废除了盟约，派了一位将军跟随张仪到秦国去交接土地。

【六百里变六里】

张仪回到秦国后，假装没拉住车上的绳索跌下来受了伤，三个月都没上朝。楚王听说后，说："张仪是因为我与齐国断交还不彻底吧？"于是他就派勇士借了宋国的符节，到北方的齐国辱骂齐王。齐王大怒，斩断符节而委屈地和秦国结交。秦、齐建立了邦交后张仪才上朝。他对楚国的使者说："我有秦王赐给的六里封地，愿把它献给楚王。"楚国使者说："我奉楚王的命令，来接收商、於之地六百里，没有听说过六里。"使者回报楚王，楚王怒不可遏，想立即出兵攻打秦国。陈轸劝道："与其攻打秦国，不如割让土地贿赂秦国，再与他合兵攻打齐国，从齐国夺回土地补偿我们

彩绘鹿鼓·战国

95

编磬·战国

编磬是成组悬挂在磬架上按谱敲击的成套乐器。此编磬出土于魏国墓，从该组编磬可看出该墓主人地位之高。

的损失，这样，大王的国家还可以存留下去。"楚王听不进劝告，还是出兵并派将军屈匄攻打秦国。秦、齐两国共同攻击楚国，杀死楚军八万官兵，并杀死屈匄，夺取了丹阳、汉中的土地。楚国又派出更多的军队去袭击秦国，在蓝田展开大战，楚军大败，于是又割让两座城池和秦国讲和。

【再入楚国】

秦国要挟楚国，想得到黔中一带的土地，要用武关以外的土地交换。楚王说："我不愿交换土地，但只要得到张仪，我就愿献出黔中地区。"秦王不忍开口遣送张仪。张仪却主动请求前往。

张仪一到，楚怀王就把他囚禁起来，要杀死他。靳尚让楚王的爱妃郑袖劝说楚王放走张仪。于是郑袖日夜在怀王的耳边讲情说："臣子只是各自为他们的国家效力。现在土地还没有交给秦国，秦王就派张仪来了，这

表示对大王尊重到了极点。大王还没有回礼却杀张仪，秦王一定发怒出兵攻打楚国。我请求您让我们母子二人搬到江南去，不要像鱼肉一样被秦国欺凌。"楚怀王后悔了，就赦免了张仪，像过去一样优待他。

【游说各国】

张仪从囚禁中放出来不久，还没离去，就听说苏秦死了，于是游说楚怀王说："秦国的土地占了天下的一半，军队的实力可以抵挡四方的国家，四境险要。而且，那些合纵的国家要与秦国相较量，无异于驱赶着羊群进攻凶猛的老虎。如今，大王不亲附老虎而去亲附绵羊，我私下认为大王的打算错了。当今，天下强大的国家只有秦国和楚国，不可能两个国家都存在下去。如果大王不去亲附秦国，秦国就会出动军队先占据宜阳，韩国的土地也就被切断不通，韩国必然要到秦国称臣，魏国就会闻风而动。秦国进攻楚国的西边，韩国、魏国进攻楚国的北边，国家怎么会不危险呢？"楚王最终答应了张仪的建议，和秦国相亲善。

张仪离开楚国，就借此机会前往

韩国，游说韩王说："韩国地势险恶，人民生活穷困，土地不足九百里，现有的军队不过二十万罢了。而秦国武装部队就有一百多万，战车千辆，战马万匹，秦兵与山东六国的兵力相比，如同勇猛的大力士孟贲和软弱的胆小鬼。所以我替大王策划，不如帮助秦国削弱楚国。假如大王向西臣事秦国进攻楚国，就会转移了自己的祸患而使秦国高兴，没有比这计策更适宜的了。"韩王听信了张仪的策略。

张仪向东游说齐王说："天下强大的国家没有超过齐国的，但秦国与齐国比较，就如同齐国同鲁国比较一样，秦强而齐弱。如今秦、楚两国嫁女娶妇，结成兄弟盟国。韩国献出宜阳，魏国献出河外，赵国在渑池朝拜秦王，割让河间来事奉秦国。假如大王不臣事秦国，秦国就会驱使韩国、魏国进攻齐国的南方，赵国的军队全部出动，渡过清河直奔博关，国家一旦被进攻，即使是想要臣事秦国，也不可能了，因此希望大王仔细地考虑它。"齐王就答应了张仪的建议。

张仪离开齐国，向西游说赵王说："大王信赖倡导合纵联盟的原因，是凭靠着苏秦。苏秦迷惑诸侯，把对的说成错的，把错的说成对的，他想要反对齐国，而自己让人家在刑场上五马分尸。天下诸侯不可能统一是很明显的了。如今，楚国和秦国已结成了兄弟盟国，而韩国和魏国已向秦国臣服，成为东方的属国，齐国奉献出盛产鱼盐的地方，这就等于斩断了赵国

的右臂。斩断了右臂而和人家争斗，失去他的同伙而孤立无援，想要国家不危险，怎么可能办到呢？"赵王答应了张仪的建议，张仪才离去。

张仪向北到了燕国，游说燕昭王说："大王最亲近的国家，莫过于赵国。赵王凶暴乖张，六亲不认，大王是有明确见识的，那还能认为赵王可以亲近吗？现在的赵国对秦国来说，如同郡和县的关系，不敢胡乱出动军队攻打别的国家。如今，假如大王事奉秦国，秦王一定高兴，赵国也不敢轻举妄动，这就等于西边有强大秦国的支援，而南边解除了齐国、赵国的忧患，所以希望大王仔细地考虑它。"燕王听信了张仪的建议。

张仪回报秦王，还没走到咸阳而秦惠王去世了，武王即位。武王听了大臣们说张仪的坏话，开始疏远他。于是诸侯们都纷纷背叛了连横政策，又恢复了合纵联盟。

张仪死在了魏国。

樗里子 甘茂列传

本篇是樗里子和甘茂的合传，并附甘茂之孙甘罗的事迹。樗里子和甘茂在用兵方面颇有功绩，但在秦的境遇却大不相同。樗里子是惠王的兄弟，故秦王对他深信不疑。甘茂则是由楚入秦的"羁旅之臣"，得不到秦王的真正信任，最后乃遭谗言逃往齐国。

【智囊樗里子】

樗里子名叫疾，是秦惠王同父异母的弟弟。樗里子能言善辩，足智多谋，秦人都叫他"智囊"。

秦惠王八年（前330），秦王封樗里子为右更爵位，派他带兵攻打魏国的曲沃，他将那里的人全部驱逐，夺取城池，将曲沃之地全部并入了秦国。秦惠王二十五年（前313），樗里子被封为将军攻打赵国，俘虏了赵国将军庄豹，夺下了蔺邑。第二年，他又协助魏章攻打楚国，打败楚将屈匄，夺取了汉中。秦王赐封樗里子，封号是严君。

♦ 虎噬鹿器座·战国

通高21.9厘米，长51厘米，河北平山中山王墓出土。器座造型为一猛虎口噬小鹿，虎体呈"S"状动感曲线，表现出虎的强大与凶残，鹿的柔弱和悲惨。借动物间生与死的搏斗，使强暴者的胜利与被害者死亡前的挣扎交织在一起，具有感人的艺术魅力。

秦惠王死后，太子武王即位，任命樗里子和甘茂为左右丞相。秦王派甘茂进攻韩国，一举拿下宜阳，同时派樗里子率领百辆战车进抵周朝都城。周王派士兵列队迎接他，看那意思很是恭敬。楚王得知后怒不可遏，就责骂周王，因为周王不应当这么敬重秦国的不速之客。对此，游腾替周王劝说楚王道："现在秦国，是个如虎似狼的国家，派樗里子带着百辆战车进入周都，居心叵测，周王是以仇犹、蔡国的教训来看待这件事的，所以派手持长戟的兵卒位于前面，让佩带强弓的军士列在后面，表面说是护卫樗里子，实际上是把他看管起来，以防不测。"楚王听后才高兴起来。

秦武王死后，昭王即

位，樗里子更加受到尊重了。

【蒲城之战】

昭王元年（前306），樗里子率兵攻打卫国的蒲城。蒲城的长官很害怕，便请求胡衍帮助。胡衍便去对樗里子说："您攻打蒲城，是为了秦国呢，还是为了魏国？如果是为了魏国，那很好；如果是为了秦国，那就不算好事了。卫国之所以能成为一个国家，就是因为蒲城的存在。现在您攻打它，它一定会被迫投向魏国，到那时整个卫国就会屈服于魏国了。魏国原本兵力薄弱，现在攻打蒲城使卫国并入魏国，魏国必定强大起来。魏国强大，也势必会对贵国的城邑造成威胁啊。您的此次行动若有害于秦国而让魏国得利，秦王定要加罪于您。"听了这番话，樗里子若有所思地说："怎么办才好呢？"胡衍说："您先不要攻打蒲城，我试着替您到蒲城将您的意思转告，让卫国国君不忘您的恩德。"樗里子说："好吧。"胡衍进入蒲城，蒲城长官听了胡衍的话，拜了又拜，献上黄金三百斤。因此，胡衍从蒲城得到重金而使自己在卫国成了显贵。这时，樗里子已解围撤离了蒲城，回兵去攻打魏国城邑皮氏，皮氏没投降，便又撤离了。

【临终预言】

昭王七年（前300），樗里子死去，葬在渭水南边章台之东。他临终前曾预言说："一百年之后，这里会有天

子的宫殿夹着我的坟墓。"樗里子嬴疾的家在昭王庙西边渭水之南的阴乡樗里，因此人们俗称他为樗里子。果真，到了汉朝兴起，所建长乐宫就在他坟墓的东边，而未央宫则在他坟墓的西边，武库正对着他的坟墓。秦国人有句谚语说："力气大的是任鄙，智谋多的是樗里。"

【羁旅之臣】

甘茂是下蔡人，曾跟下蔡的史举先生学习诸子百家的学说，后来通过张仪、樗里子的引荐才得以拜见秦惠王。惠王很喜欢他，就派他带兵帮助魏章夺取汉中地区。

惠王死后，武王即位。不久，秦公子蜀侯辉和他的辅相陈壮谋反，武王就指派甘茂去平定蜀地。返回秦国后，武王任命甘茂为左丞相，任命樗里子为右丞相。

秦武王三年（前308），武王对甘茂说："我有个心愿，想乘着垂帷挂幔的车子通过三川之地，去看一看周朝都城，就算死了也心满意足了。"甘茂心领神会，便说："请允许我去与魏国相约攻打韩国，并请允许向寿与我一同前往。"武王答应了甘茂的请求。甘茂到魏国后就对向寿说："您回去把出使的情况报告给武王，说'魏国听从我的主张了，但我希望大王先不要攻打韩国'。事成之后全算您的功劳。"

向寿回到秦国，把甘茂的话报告给武王，武王到息壤迎接甘茂。甘茂

到达息壤，武王问他为什么先不要攻打韩国。甘茂回答说："宜阳是个大县，上党、南阳财赋的积贮经时很久了，虽然叫县，其实已经是个郡了。现在大王离开自己所占据的险要关隘，远行千里去攻打它们，取胜是很难的。从前，曾参住在费邑，鲁国有个与曾参同姓同名的人杀了人，有人告诉曾参的母亲说'曾参杀了人'，他的母亲继续织布，神态安然。过了一会儿，一个人又来告诉他的母亲说'曾参杀了人'，他的母亲仍然织布，神情不变。不一会儿，又有一个人告诉他的母亲说'曾参杀了人'，他的母亲扔下梭子，翻墙逃跑了。曾参如此的贤德，他母亲对他如此的深信不疑，但当有三个人怀疑他时，最终还是使得他母亲相信他杀了人。现在我的贤能比不上曾参，大王对我的信任也不如曾参的母亲信任曾参，可是怀疑我的人绝对不是只有三个，我唯恐大王也像曾母投杼一样，怀疑我啊！我是个寄居此地的臣僚。樗里子和公孙奭二人会以韩国国力强为理由，来同我争议攻韩的得失，大王一定会听从他们的意见，这样就会造成大王欺骗魏王而我将遭到韩相公仲侈怨恨的结果。"武王说："我不听他们的，请让我跟您盟誓。"终于，武王让丞相甘茂带兵攻打宜阳，打了五个月却拿不下，樗里子和公孙奭果然提出反对意见。武王将甘茂召回国，打算退兵不攻了。甘茂说："息壤就在那里，您可不要忘记……"武王说："有过盟誓。"于是调集了全部

兵力，让甘茂进攻宜阳，斩敌六万人，终于拿下了宜阳。韩襄王派公仲侈到秦国谢罪，同秦国讲和。

【自托于苏代】

武王终于通过了三川之地到了周都，最后死在那里。武王的弟弟即位，就是昭王。

向寿和公孙奭因事而怨愤甘茂，常在昭王面前说甘茂的坏话。甘茂怕有不测，便停止攻打魏国的蒲阪，趁机逃走。

甘茂在逃往齐国的路上碰到正替齐国出使秦国的苏代。甘茂说："我在秦国获罪，怕遭殃祸便逃了出来，现在还没有容身之地。我听说贫家女和富家女在一起搓麻线，贫家女说：'我没有钱买蜡烛，而您的烛光幸好有剩余，请您分给我一点剩余的光亮，这无损于您的照明，却能使我同您一样享用烛光的方便。'现在我处于困窘境地，而您正出使秦国，大权在握。我的妻儿还在秦国，希望您拿点余光救济他们。"苏代应承下来。苏代到秦国后劝说秦王道："甘茂是个不平常的士人。他在秦国居住多年，连续三代受到重用。如果他依靠齐国与韩国、魏国约盟联合，反过来图谋秦国，对秦国可不算有利呀！"秦王说："那该怎么办呢？"苏代说："大王不如用重礼和丰厚的俸禄把他迎回来，一旦他回来了，就把他安置在鬼谷，终生不准出来。"秦王说："好。"随即赐给甘茂上卿

官位，并派人带着相印到齐国迎接他。甘茂执意不回秦国。苏代对齐湣王说："甘茂可是个贤人。现在秦国已经赐给上卿官位，带着相印来迎接他了。由于甘茂感激大王的恩赐，愿做大王的臣子，因此辞谢不去秦国。现在大王您拿什么来礼遇他？"齐王说："好。"立即安排给甘茂上卿官位，把他留在了齐国。秦国也赶快免除了甘茂全家的赋税徭役来同齐国争着收买甘茂。

【客死魏国】

齐国派甘茂出使楚国，楚怀王刚刚与秦国通婚结亲，因此对秦国很热情。秦王听说甘茂正在楚国，就派使者对楚王说："希望把甘茂送到秦国来。"楚王向范蜎询问说："我想在秦国安排个丞相，您看谁合适？"范回答说："我的能力不够，不知道谁合适。"楚王说："我打算让甘茂去任丞相，合适吗？"范蜎回答道："不合适。那个史举是下蔡的城门看守，大事不能事奉国君，小事不能治好家庭，他以苟且活命，人格低下，节操不能闻达于世，可是甘茂事奉他却很恭顺。因此，以惠王的明智、武王的敏锐及张仪的善辩来说，甘茂能够一一事奉他们，取得十个官位而没有罪过，这不是一般士人能办到的。甘茂的确是个贤才，但不能到秦国任丞相。秦国有贤能的丞相，对于楚国来说不是好事。况且

大王先前曾把召滑推荐到越国任职，他暗地里怂恿章义发难，搞得越国大乱，因此楚国才能够开拓疆域，以厉门为边塞，以江东拓为郡县。我认为大王的功绩所以能够达到如此强大的地步，其原因就是越国大乱，而楚国治理得很好。现在大王只知道把这种谋略用于越国却忘记用于秦国，我认为您派甘茂到秦国任相是个很大的过失。再说，您若打算在秦国安置丞相，那就不如安置向寿这样的人更为合适。向寿与秦王是亲戚关系，少年时与秦王同穿一件衣服，长大后同乘一辆车子，因此能够直接参与国政。大王如果安置向寿到秦国任相，那就是楚国的好事了。"于是楚王派使臣去请求秦王让向寿在秦国任相。秦国终于让向寿担任了丞相。甘茂最终也没能够再到秦，后来死在魏国。

🔴 **银首人俑灯·战国**

灯高66.4厘米，河北平山中山王墓出土。铜人立姿，人首银制，面带笑容，身穿饰卷云纹长衣。

【甘罗请缨】

甘茂有个孙子叫甘罗，甘茂死的时候，他才十二岁，事奉秦国丞相文信侯吕不韦。

秦始皇派刚成君蔡泽到燕国，三年后燕国国君喜派太子丹到秦国做人质。秦国准备派张唐去燕国任相，打算跟燕国一起进攻赵国来扩张河间一带的领地。张唐对文信侯说："我曾经为昭王进攻过赵国，因此赵国怨恨我，现在去燕国必定要经过赵国，我不能去。"文信侯听了不高兴，可又不能勉强他。甘罗说："请允许我说服他去燕国。"文信侯呵斥道："走开！我亲自去请他他都不去，你怎么能让他去？"甘罗说："项橐七岁就做了孔子的老师。如今，我已经满十二岁了，您还是让我试一试。何必这么急着呵斥我呢？"于是文信侯就同意了。

甘罗去拜见张唐说："您的功劳与武安君白起相比，谁的大？"张唐说："我的功劳可比不上他。"甘罗又说："应侯范雎在秦国任丞相时与现在的文信侯相比，谁的权力大？"张唐说："应侯不如文信侯的权力大。"甘罗接着说："应侯打算攻打赵国，武安君故意让他为难，结果武安君刚离开咸阳七里地就死在杜邮。如今文信侯亲自请您去燕国任相而您执意不肯，我不知您要死在什么地方了。"张唐说："那就依着你这个童子的意见前往燕国吧。"于是让人整治行装，准备上路。

甘罗对文信侯说："请允许我为张唐赴燕先到赵国打个招呼。"赵襄王到郊外远迎甘罗。甘罗对赵王说道："大王听说燕太子丹到秦国做人质的事吗？"赵王回答说："听说了。"甘罗又问："听说张唐要到燕国任相吗？"赵王回答说："听说了。"甘罗接着说："燕太子丹到秦国来，说明燕国不欺骗秦国。张唐到燕国任相，表明秦国不欺骗燕国。燕、秦两国互不相欺，目的就是要攻打赵国来扩大自己在河间一带的领地。大王不如先送给我五座城邑来扩大秦国在河间的领地，我请求秦王送回燕太子，再帮助强大的赵国攻打弱小的燕国。"赵王立即亲自划出五座城邑来扩大秦国在河间的领地。秦国送回燕太子，赵国有恃无恐便进攻燕国，结果得到上谷三十座城邑，让秦国占有其中的十一座。

甘罗回来后把情况报告了秦王，秦王于是封赏甘罗，让他做了上卿。

论 赞

太史公曰：樗里子因为是秦王的骨肉兄弟而受到尊重本是常理，但秦国人称颂他的才智，因此较多地记录了他的平生事。甘茂出身于平民，名声却显达于诸侯，为强大的齐国、楚国所推崇。甘罗年纪很小，但有妙计一条，因此名垂后世。虽然他算不上品行忠厚的君子，但也是战国名副其实的谋士。当秦国强大起来的时候，天下大兴权变谋诈之术呢！

史记 列传

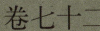

穰侯列传

白话精编二十四史

第一卷

本 篇是战国末期秦国穰侯魏冉的专传。太史公为其立传既着眼于其"苞河山，围大梁，使诸侯敛手而事秦"的功绩，又揭示其最后"身折势夺而以忧死"的原因。这样一位权势赫赫的人何以"一夫开说"而"身折势夺"呢？

【威震秦国】

穰侯魏冉是秦昭王母亲宣太后的弟弟。他的先世是楚国人，姓芈。

秦武王死后没有儿子，所以立武王的弟弟为国君，就是昭王。昭王的母亲原是宫内女官，称为芈八子，等到昭王即位，芈八子才称为宣太后。宣太后并不是武王的生母。武王的母亲是惠文后，死在武王去世之前。宣太后有两个弟弟：她的异父长弟叫穰侯，姓魏，名冉；她的同父弟弟叫芈戎，就是华阳君。昭王还有两个同母弟弟：一个叫高陵君，一个叫泾阳君。诸多人中，魏冉最为贤能，从惠王、武王时就已经任职掌权。武王死后，他的弟弟们争夺王位，只有魏冉有能

力物色并拥立了昭王。昭王即位后，任命魏冉为将军，卫戍咸阳。他曾经平定了季君公子壮及一些大臣们的叛乱，并且把武王后驱逐到魏国。昭王的兄弟中有图谋不轨的全部诛灭，魏冉的声威响震秦国。当时，昭王年纪还小，宣太后亲自主持朝政，让魏冉执掌大权。

【相国辟疆土】

昭王七年（前300），樗里子去世，秦昭王任用魏冉为丞相。

秦昭王要诛杀吕礼，吕礼逃到了齐国。昭王十四年（前

双翼神兽·战国

器高24厘米，长40厘米，河北平山中山王墓出土。神兽塑成伏地欲起的体姿，四肢微曲，四爪按地，双翼上展，伸颈回首，呈现出积聚力量准备腾身冲天飞去的态势，似乎它的躯体里蕴藏着无穷的力量。整体形象粗犷浑厚，质朴有力。兽身饰错银纹饰，更显华美，是中山地区具有代表性的错银青铜艺术品。

293)，魏冉任用白起为将军，派他代替向寿领兵攻打韩国和魏国，在伊阙斩敌二十四万，俘虏了魏将公孙喜。第二年，又夺取了楚国的宛、叶两座城邑。此后，魏冉托病免职，秦王任用客卿寿烛为丞相。第二年，寿烛免职，又起用魏冉任丞相，赐封魏冉于穰地，后来又加封陶邑，称为穰侯。

穰侯受封的第四年，担任秦国将领进攻魏国。魏国被迫献出河东方圆四百里的土地。其后，又占领了魏国的河内地区，夺取了大小六十余座城邑。昭王十九年（前288），由魏冉操持，秦昭王自称西帝，尊齐王为东帝。一个多月后，吕礼又来到秦国，齐、秦两国国君取消了帝号，仍旧称王。魏冉再度任秦国丞相后，第六年便被免职了。免职后的第二年，第三次出任秦国丞相。当时，穰侯私家的财富超过了国君之家。

【陶邑亡，则前功必弃】

秦昭王三十二年（前275），穰侯任相国，带兵进攻魏国，随即围攻大梁。魏国大夫须贾劝说穰侯道："我听魏国的一位长吏劝谏魏王一定不要与秦讲和，更不要割让土地给秦。秦国贪婪无厌，现在又使芒卯败逃，开进了北宅，这并不是要进攻魏都，而是威胁魏国要求更多地割让土地。一定不要讲和，若打算讲和，也要少割地并且要有人质作保，不然，必定上当受骗。这是我在魏国所听到的。据我所知，魏国已经调集了上百个县的

精兵良将来保卫大梁，看来不少于三十万人。以三十万的大军来守卫七丈高的城垣，那是很难攻下的。攻而不克，秦军必然疲惫不堪。如果大梁攻不下，那么陶邑必定要丧失，那样您累积的功业就会前功尽弃了。现在魏国正犹豫不决，可以让它少割土地先拢住它。魏国正当犹豫之际，会把以少割土地换取大梁解围的做法看做是有利的上策，一定想这样办，那么您的愿望就会实现了。楚、赵两国对于魏国抢先与秦国媾和会大为恼火，必定争着讨好秦国，合纵便会因此瓦解，而后您再从容地选择对象逐个攻破瓦解。"穰侯说："好。"于是停止攻大梁，解围而去。

昭王三十六年（前271），魏国人范雎游说昭王，昭王免掉穰侯的相国职务，责令泾阳君等人一律迁出国都，到自己的封地去。穰侯走出国都关卡时，载物坐人的车子有一千多辆。

后来，穰侯死于陶邑，就葬在那里。秦国收回陶邑设为郡。

论赞

太 史公曰：穰侯是秦昭王的亲舅舅。秦国之所以能够向东扩张领土，削弱诸侯，让诸侯俯首称臣，称帝于天下，这当是穰侯的功劳。等到显贵至极豪富无比时，一人将内情说破，便权势被夺，忧愁而死，何况那些寄居异国的臣子呢！

白起 王翦列传

白起和王翦是为秦灭六国建立过赫赫战功的两位将军。太史公一方面肯定他们的卓越功绩，而另一方面也尖锐地指出他们的缺点，即白起"不能救患于应侯"而死于非命，王翦则"不能辅秦建德"乃至殃及后代。由此可见，司马迁赞同秦统一中国的战争，但他反对虐民、暴政。

▶【战功赫赫】

白起是郿邑人。他善于用兵，事奉秦昭王。昭王十三年（前294），白起任左庶长，带兵攻打韩国的新城。第二年，白起又被封为左更，进攻韩、魏两国联军，斩敌二十四万，俘虏了他们的将领公孙喜，攻下五座城池，升为国尉。他率兵渡过黄河，夺取了韩国安邑以东直到乾河的大片土地。第三年，白起再被封为大良造，击败魏国军队，夺取了大小六十一座城池。第四年，白起与客卿错进攻垣城，随即拿了下来。此后的第五年，白起攻打赵国，夺下了光狼城。这以后的第七年，白起攻打楚国，占领了鄢、邓等五座城池。第二年，再次进攻楚国，占领了楚国都城郢，焚烧了楚国先王的墓地，一直向东到达竟陵。楚王逃离郢都，向东奔逃迁都到陈。秦国便把郢地设为南郡。白起被封为武安君，他又攻取楚地，平定了巫、黔中两郡。昭王三十四年（前273），白起进攻魏国，拿下华阳，使芒卯败逃，并且

俘获了赵、魏将领，斩敌十三万。当时，白起与赵国将领贾偃交战，把赵国两万士兵全部淹死在黄河里。昭王四十三年（前264），白起攻打韩国的陉城，夺取了五座城池，斩敌五万人。昭王四十四年（前263），白起攻打韩国的南阳太行道，将这条韩对外联系的通道堵死了。

▶【长平之战】

昭王四十七年（前260），秦国派左庶长王龁攻打韩国，夺取了上党。上党的百姓纷纷逃往赵国。赵国在长平屯兵，准备接应上党的百姓。四月，王龁借此进攻赵国。赵国派廉颇统率军队，战事蔓延。秦军进行攻坚，步步逼近。廉颇坚守营垒，采取防御方式与秦军对峙，秦军屡次挑战，赵军坚守不出。秦国丞相应侯又派人到赵国用千金施行反间计，大肆宣扬说："秦国最怕的是马服君的儿子赵括担任将领而已，廉颇不难对付，他就快投降了。"赵王早已恼怒廉颇军

队的大量伤亡，屡次战败，却又坚守营垒不敢出战，再加上听到许多反间谣言，信以为真，于是就派赵括取代廉颇，率兵攻击秦军。秦国得知，就暗地里派武安君白起担任上将军，让王龁担任尉官副将，并下命令：军队中有敢泄露最高指挥官是白起的，格杀勿论。赵括一上任，就发兵攻击秦军。秦军假装战败而逃，同时布置了两支突袭队进逼赵军。赵军乘胜追击，直追到秦军营垒。但是秦军营垒十分坚固，久久不能攻入，而秦军的一支两万五千人的突袭部队已经切断了赵军的后路，另一支由五千骑兵组成的快速部队楔入赵军的营垒之间，断绝了他们的联系，将赵军分割成两个孤

🔴 建鼓座 · 战国

建鼓是一种贯柱大鼓。此器是最早的建鼓实物，也是现今所见最精美的一件先秦建鼓座，出土时仅存鼓腔、贯柱和鼓座。铜座由16条大龙和数十条攀附其身的小龙纠结穿绕而成。龙身镶嵌绿松石。全器用了圆雕、浮雕、透雕技法和分铸、铜焊等工艺。

立的部分，运粮通道也被堵死。这时，秦军派出轻装精兵攻击赵军，赵军交战失利，就构筑壁垒，顽强防守，等待援兵前来救援。

到了九月，赵国士兵已经断绝口粮四十六天了，士兵们暗中互相残杀，以人肉充饥。困顿已极的赵军扑向秦军营垒，发动攻击，打算突围而逃，结果秦军将赵括射死了。赵括的军队大败，四十万士兵向武安君投降。武安君谋划道："先前秦军拿下上党，上党的百姓不甘心做秦国的臣民而归附赵国。赵国士兵变化无常，如果不把他们全部杀掉，恐怕要出乱子。"于是白起用欺骗的手段把赵国降兵几乎全部活埋了，只将年纪尚小的二百四十多名士兵放回赵国。此战前后斩首擒杀赵兵四十五万人，赵国上下一片震惊。

▶ 【胜利在望，被迫收兵】

昭王四十八年（前259）十月，秦军再次将上党郡平定。韩、赵两国十分害怕，就派苏代到秦国，献上丰厚的礼物劝说丞相应侯道："如果赵国灭亡，秦王就要君临天下了。武安君为秦国攻占夺取了七十多座城池，南边平定了楚国的鄢、郢及汉中地区，北边俘获了赵括的四十万大军，即使历史上赫赫有名的周公、召公和吕望的功劳也超不过这个了。如果赵国灭亡，秦王君临天下，

那么武安君位居三公是毫无疑问的，您能屈居他的下位吗？如果把赵国灭掉，它的北边土地将落入燕国，东边土地将并入齐国，南边土地将归入韩国和魏国，那么您能得到的百姓就没有多少了。所以，不如趁着韩国、赵国惊恐之机让他们割让土地，不要再让武安君建功立业了。"听了苏代这番话应侯便向秦王进言道："秦国士兵太劳累了，请您应允韩国、赵国割地讲和，暂且让士兵们休整一下。"秦王听从了应侯的意见，割取了韩国的垣雍和赵国的六座城邑便讲和了。

正月，双方停止交战。武安君得知停战消息，自然有想法，从此与应侯互相没有好感。

 【不肯受命】

这一年九月，秦国再次派出军队，命五大夫王陵攻打赵国邯郸。当时武安君有病，不能出征。王陵进攻邯郸，但战绩寥寥，进展不大，还损失了五个军营。武安君病好了，秦王打算派武安君代替王陵统率军队。武安君说道："邯郸确实很难攻下，而且诸侯国的救兵天天都有到达的，他们对秦国的怨恨已积存很久了。现在秦国虽然将长平的赵军消灭了，可是阵亡的秦军也超过了一半，国内兵力空虚。远行千里越过山河去攻打别人的都城，赵军在城里应战，诸侯军在城外攻击，里应外合，内外夹击，秦军战败是必定无疑的。这个仗不能打。"秦王亲自下令，武安君不肯赴任；于

是就派应侯去请他，但武安君始终推辞不肯受命，从此称病不起。

【赐剑自尽】

秦王只好改派王龁代替王陵统率部队，八、九月围攻邯郸，没能攻下来，秦军损失惨重。武安君在背地里说："秦王不听我的意见，看看现在怎么样了！"秦王听说后，大怒，强令武安君赴任，武安君就称病情严重。应侯又请他，仍是辞不赴任。于是秦王就免去武安君的官爵，将他降为士兵，让他离开咸阳迁到阴密。但因武安君有病，未能成行。过了三个月，诸侯联军攻击秦军更加紧迫，秦军屡次战败，报告战败的使者天天都来。秦王就派人驱逐白起，不让他留在咸阳城里。武安君上路后，走出咸阳西门十里路，到了杜邮。秦昭王与应侯及群臣议论说："白起迁出咸阳，他流露出的样子还不满意，不服气，有怨言。"秦王就派使者赐给他一把剑，让他自杀。武安君拿着剑就要自杀时，叹息道："我对上天有什么罪过，竟落得这个地步？"过了一会儿，他又自言自语地说："我本来就该死。长平之战，赵国投降的几十万士兵，我用欺诈之术把他们全部活埋了，这足够死罪了。"随即自杀。武安君死而无罪，秦国人都同情他，所以无论城乡都祭祀他。

【王翦事始皇】

王翦是频阳东乡人。少年时就

爱好军事，后来事奉秦始皇。始皇十一年（前236），王翦带兵攻打赵国的阏与，大胜，还一连拿下九座城邑。始皇十八年（前229），王翦率军攻打赵国，一年多就攻取了赵国，赵王投降，赵国各地全部被平定，设置为郡。第二年，燕国派荆轲到秦国刺杀秦王，秦王派王翦攻打燕国。燕王喜逃往辽东，王翦平定了燕国都城蓟，胜利而归。秦王派王翦儿子王贲攻打楚国，楚兵战败；掉过头来再进攻魏国，魏王投降，于是平定了魏国各地。

▶【谏不用而托病】

秦始皇灭掉了韩、赵、魏三国，赶跑了燕王喜，屡次将楚军打败。秦

斗兽纹镜·秦
铜镜直径10.4厘米，湖北云梦睡虎地秦墓出土。铜镜制作精细，是秦镜中的佳作。

国将领李信，年轻气盛，英勇神武，曾带着几千士兵把燕太子丹追击到衍水，最后打败燕军捉到太子丹，秦始皇认为李信贤能勇敢。一天，秦始皇问李信说："我打算攻打楚国，将军估计调用多少士兵才够？"李信回答说："最多不过二十万人。"秦始皇又问王翦，王翦答道："非得六十万人不可。"秦始皇说："王将军老喽，多么胆怯呀！李将军真是果断勇敢，他的话是对的。"于是秦王就派李信及蒙恬带兵二十万向南攻打楚国。王翦的话不被采用，就推托有病回到频阳老家养老。结果楚军大败李信军队，使秦军大败而逃。

秦始皇听到这个消息后大为震怒，亲自乘快车奔往频阳，向王翦道歉并请求他出战。王翦说："如果大王不得已而用我，非六十万人不可。"秦始皇满口答应。于是王翦率领着六十万大军出发了，秦始皇亲自到灞上为他送行。王翦临出发时，请求秦始皇赐予良田、美宅、园林池苑等。秦始皇说："将军尽管上路吧，何必担忧家里的日子呢？"王翦说："替大王带兵，即使有功劳也终究难以封侯赐爵，所以趁着大王特别器重我的时候，得及时请求大王赐予园林池苑来给子孙后代置份家产。"秦始皇

听了哈哈大笑。王翦出发后到了函谷关，又连续五次派使者回朝廷请求赐予良田。有人说："将军请求赐予家业，也太过分了吧。"王翦说："秦王性情暴虐且对人多疑。现在大王把全国的武士全部特地委托给我，我不多多请求赏赐田宅给子孙们置份家产，以此来表示自己出征的坚定意志，却反而让秦王平白无故地怀疑我吗？"

【助王平天下】

王翦终于代替李信进击楚国。楚王得知王翦增兵而来，就竭尽全国军队来抗拒秦兵。王翦抵达战场，构筑坚固的营垒采取守势，不肯出兵交战。楚军屡次挑战，始终坚守不出。王翦让士兵们天天休息洗浴，供给上等饭食抚慰他们，亲自与士兵同饮同食。过了一段时间，王翦派人询问士兵中玩什么游戏？回来报告说："正在比赛投石、跳跃。"于是王翦说："士兵可以派用了。"楚军屡次挑战，秦军不肯应战，就领兵向东去了。王翦趁机发兵追击他们，派健壮力战的兵丁实施强击，大败楚军。追到蕲南，杀了他们的将军项燕，楚军终于败逃。秦军乘胜追击，占领并平定了楚国城邑。一天后，俘虏了楚王负刍，最后平定了楚国各地设为郡县。又乘势向南征伐百越地区君长。与此同时，王翦的儿子王贲，与李信攻陷平定了燕国和齐国各地。

秦始皇二十六年（前221），兼并了所有的诸侯国，统一了天下，王将军和蒙将军的功劳最多，名声流传后世。

秦二世的时候，王翦和他的儿子王贲都已死去，蒙恬也因被构陷而被诛杀。陈胜起义反抗秦朝时，二世派王翦的孙子王离攻打赵国，把赵歇和张耳围困在钜鹿城。当时有个人说："王离，这是秦朝的名将。现在他率领强大的秦军攻打刚刚建立的赵国，战胜它是必然的。"一个过客说："不是这样的。说来做将领的世家到了第三代的必定要失败。说他必定失败是什么道理呢？一定是他家杀戮的人太多了，他家的后代就要承受为恶的惩罚。如今王离已是第三代将领了。"过了不久，项羽救援赵国，攻打秦军，果然俘虏了王离，王离的军队就投降了诸侯军。

论赞

太史公曰：俗话说："尺有所短，寸有所长。"白起与敌人交战时随机应变，计谋层出不穷，名震天下，然而却对应侯给他制造的祸患无计可施。王翦作为秦国大将，平定六国，功绩卓著，在当时不愧是元老将军，连秦始皇都尊其为师，可是他不能辅佐秦始皇建立德政，巩固国家根基，却曲意迎合，取悦人主，直至死去。到了他的孙子王离被项羽俘虏，不也是理所当然的吗！他们都有自己的短处啊！

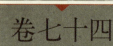

孟子 荀卿列传

本文是儒家大师孟子和荀卿的合传，同时包括了战国时期阴阳、道德、法、名、墨各家的代表人物等十二人。这篇传记在写法上的一大特点是比照衬托，即对传主孟子、荀卿用笔少，而对诸子则用笔较多，目的在于以虚衬实，更突出孟、荀地位之高。它是一篇研究中国古代思想的重要文献。

【亚圣孟子】

孟轲是邹国人，他曾跟着子思的弟子学习。通晓孔道之后，便去游说齐宣王，齐宣王没有任用他。于是他又到了梁，梁惠王不但不听信他的主张，反而认为他的主张不符合实际与实情。当时，各诸侯国都在实行变革，秦国任用商鞅，使得国家富足，兵力强大；楚国、魏国也都任用过吴起，打败了一些国家，削弱了强敌；齐威王、宣王任用孙膑和田忌等人，国力强盛，使各诸侯国都来朝拜齐国。当各诸侯国正致力于"合纵连横"的守伐谋略，把能攻善伐看做贤能的时候，孟子却称述唐尧、虞舜及夏、商、周三代的德政，因此不符合他所游说的那些国家的需求。于是孟子就回到了家乡，与万章等人整理《诗经》《尚书》，阐发孔丘的思想学说，写成《孟子》一书，共七篇。在他之后，出现了学者邹子等人。

孟子塑像

【博学淳于髡】

淳于髡是齐国人，他博闻强识，学业不专主一家之言。从他与君王的交谈看，似乎他仰慕晏婴这样直言敢谏的人，而实际上他很会察言观色，揣测人主的心意。有个宾客向梁惠王推荐淳于髡，惠王喝退身边的侍从，两次单独坐着接见他，可是他始终一言不发。惠王感到很奇怪，就责备那个宾客说："你称赞淳于先生，说连管仲、晏婴都比不上他，为什么我们见面后，我一点收获也没得到啊？难道是我不配跟他谈话吗？到底是什么原因？"那个宾客把惠王的话告诉了淳于髡。淳于髡说："是这样的：我前一次见大王时，大王的心思全用在相马上；后一次见大王时，大王的心思却用在声色上，因此我沉默不语。"那个宾客把淳于髡的话报告了惠王，惠王惊讶地说："哎呀，淳于先生真是个圣人啊！前一次淳于先生来的时候，有个人献上一匹好马，我还没来得及相一相，正好淳于先生来了。后一次他来的时候，又有个人献来歌伎，我还没来得及试一试，也遇到淳于先生来了。我接见他时虽然喝退了身边侍从，可是心里却想着马和歌伎，是有这么回事。"后来淳于髡再次见惠王，两人专注交谈，一连三天三夜都没有倦意。惠王想封给淳于髡卿相官位，淳于髡客气地推辞不肯接受便离开了。后来，惠王赠给他一辆四匹马驾的精致车子、五匹帛、玉璧以及百镒黄金。淳于髡终生没有做官。

【学者荀子】

荀卿是赵国人，五十岁的时候才到齐国来游说讲学。邹衍的学说曲折夸张而多空洞的论辩；邹奭的文章完备周密但难以实行；至于淳于髡，若

与他长期相处，可以时常学到一些精辟的言论。所以齐国人称颂他们说："高谈阔论的是邹衍，精雕细刻的是邹奭，足智善辩、议论不断的是淳于髡。"田骈等人都已在齐襄王时去世，此时荀卿是年纪最长、资历最深的宗师。当时齐国正在补充列大夫的缺额，荀卿曾先后三次以宗师的身份担任稷下学士的祭酒。后来，齐国有人毁谤荀卿，荀卿就到了楚国，春申君让他担任兰陵令。春申君死后，荀卿被罢官，就将家安在兰陵。李斯曾是他的学生，后来在秦朝任丞相。荀卿憎恶乱世的黑暗政治，亡国昏庸的君王接连不断地出现，他们不通晓常理正道却被装神弄鬼的巫祝所迷惑，信奉拜祭神灵赐福免灾，庸俗鄙陋的儒生拘泥于繁琐礼节，再加上庄周等人能言善辩，淆乱世俗，于是，他探寻儒家、墨家、道家的所作所为及成败得失，编次著述了几万字的文章便辞世了。荀卿死后就葬在兰陵。

论赞

太史公曰：我读《孟子》，每当读到梁惠王问"怎样才对我的国家有利"时，总是放下书，心有感叹：唉，牟利的确是一切祸乱的开始呀！孔夫子极少说到利的问题，原因就是要防备这个祸乱的根源。所以他说"依私利而行动，会招致很多怨恨"。上自天子下至平民，好利的弊病都存在，有什么不同呢？

孟尝君列传

孟尝君田文言谈机警敏锐，承袭了父亲田婴的封爵。他为了出人头地，招揽宾客三千人，甚至包括一些士大夫多不屑的鸡鸣狗盗之徒。危急之中，最终还是这些鸡鸣狗盗之人助他一臂之力，逃出秦国。抓住人物生活中的典型事件来展示人物的性格，是本传在写法上的一个突出特点。

▶【相门之子】

孟尝君姓田，名文。田文的父亲是靖郭君田婴。宣王九年（前334），田婴任齐国宰相。齐宣王与魏襄王在徐州盟会互相尊称为王。楚威王得知这件事，对田婴很恼火，认为是他一手策划的。第二年，楚国进攻齐国，在徐州战败了齐国军队，便派人追捕田婴。田婴派张丑去劝说楚威王，楚威王才算罢休。田婴在齐国任相十一年，宣王去世，湣王立为国君。湣王即位三年，赐封田婴于薛邑。

当初，田婴有四十多个儿子，他的小妾生了个儿子叫文，田文是五月五日出生的。田婴告诉田文的母亲说："不要养活他。"可是田文的母亲还是偷偷把他养活了。等到他长大后，他的母亲便通过田文的兄弟把田文引见给田婴。田婴见了他后，愤怒地对他母亲说："我让你把这个孩子扔了，你竟敢把他养活了，为什么？"田文的母亲还没来得及回答，田文立即叩头大拜，然后反问田婴道："您不让养活五月生的孩子，这是什么缘故？"田婴回答说："五月出生的孩子，长大了身长会跟门户一样高，是会克父母的。"田文说："人的命运是由上天授予的，还是由门户授予的呢？"田婴无法回答，便沉默不语。田文接着说："如果是由上天授予的，您何必忧虑呢？如果是由门户授予的，那么只要加高门户就可以了，谁还能长到那么高呢！"田婴无言以对便斥责道："你不要再说了！"过了一段时间，田文又问他父亲道："儿子的儿子叫什么？"田婴答道："叫孙子。"田文又问："孙子的孙子叫什么？"田婴答道："叫玄孙。"田文接着问："玄孙的孙子叫什么？"田婴说："我不知道。"田文说："您执掌大权担任齐国宰相，历经三代君王，可是齐国的领土没有增广，您的私家却积累了万金的财富，门下也看不到一位贤士。我听说，将军的门庭必出将军，宰相的门庭必有宰相。现在您的妻妾可以践踏绫罗绸缎，而贤士却穿不上粗布短衣；您的男仆女奴有剩余的饭食肉羹，而贤士却连糠菜也吃不饱。现在您还一个劲儿地加多积贮，想留给那些连名字都叫不上来的人，却忘记了国家在诸侯中一天天失去势力。我私下感到很奇怪。"从此以后，田婴改变了对田文的态度，开始器重他，让他主持家务，接待宾客。宾客来往不断，日益增多，田文的名声随之传播到各诸侯国中。各诸侯国都派人来请求田婴立田文为太子，田婴答应下来。田婴去世后，追谥靖郭君。田文果然在薛邑继承了田婴的爵位，这就是孟尝君。

【招揽宾客】

孟尝君在薛邑招揽各诸侯国的宾客以及一些犯罪逃亡的人，很多人归附了孟尝君。孟尝君宁肯舍弃家业也要给他们丰厚的待遇，因此，天下的贤士无不倾心向往。他的食客有几千人，待遇不分贵贱一律同等对待。每当孟尝君接待宾客，与宾客坐着谈话时，总是在屏风后安排侍史，让他记录下他与宾客的谈话内容，记载所交谈的宾客亲戚的住处。宾客刚刚离开，孟尝君就已派使者到宾客亲戚家里抚慰问候，献上礼物。有一次，孟尝君招待宾客吃晚饭，有个人遮住了灯亮，那个宾客很恼怒，认为饭食肯定是不

双耳金杯·战国

一样的，放下碗筷就要离去。孟尝君马上站起来，亲自端着自己的饭食与他的相比，那个宾客羞愧得无地自容，就以刎颈自杀表示谢罪。因此贤士们有很多人都情愿归附孟尝君。孟尝君对来到门下的宾客都热情接纳，不挑拣，没有亲疏之别，一律给予优厚的待遇。所以宾客人人都认为孟尝君与自己很亲近。

【鸡鸣狗盗】

齐湣王二十五年（前299），孟尝君被派到了秦国，秦昭王立即让孟尝君担任秦国宰相。臣子中有人劝说秦王道："孟尝君的确贤能，可他是齐王的同宗，如果他任秦国宰相，谋划事情必定是先替齐国打算，然后才考虑秦国，秦国可要危险了。"于是秦昭王就罢免了孟尝君的宰相职务，并把他囚禁起来，打算杀掉孟尝君。孟尝君知道情况危急，就派人冒昧地去见昭王的宠妾请求解救。那个宠妾提出条件说："我希望得到孟尝君的白色狐皮裘。"孟尝君来的时候带有一件白色狐皮裘，价值千金，天下无双，到秦国后献给了昭王，再也没有第二件了。孟尝君为这件事发愁，问遍了宾客，谁也想不出办法来。有一位能力差但会披狗皮盗东西的人说："我能拿到那件白色狐皮裘。"于是他

当夜假扮成狗，钻入了秦宫中的仓库，取出献给昭王的那件白狐裘，献给了昭王的宠妾。宠妾替孟尝君向昭王说情，昭王便释放了孟尝君。孟尝君获释后，立即乘快车逃离，更换了出境的证件，改了姓名逃出城关。夜半时分到了函谷关。昭王突然后悔放了孟尝君，再寻找他时他已经逃走了，就立即派人驾上快车飞奔而去追捕他。孟尝君一行到了函谷关，按照关法规定：鸡叫时才能放来往客人出关。孟尝君恐怕追兵赶到，着急万分。宾客中有个能力较差但会学鸡叫的人，他一学鸡叫，附近的鸡便随着一起叫了起来，然后便立即出示了证件逃出函谷关。出关后大约一顿饭的工夫，秦国追兵果然到了函谷关，但已没了孟尝君的踪影，就只好回去了。当初，孟尝君把这两个人安排在宾客中的时候，宾客无不感到羞耻，觉得脸上无光，等孟尝君在秦国遭难，终于还是靠着这两个人解救了他。自此以后，宾客们都佩服孟尝君广招宾客不分贵贱的做法。

嵌错赏功宴乐铜壶·战国

【出任齐相】

齐湣王因为派遣孟尝君去秦国而感到内疚。孟尝君回到齐国后，齐湣王就让他做齐国宰相，执掌国政。

孟尝君怨恨秦国，准备以齐国曾帮助韩国、魏国攻打楚国为理由，来联合韩国、魏国攻打秦国，因此向西周借兵器和军粮。苏代替西周对孟尝君说："您用齐国的兵力帮助韩国、魏国攻打楚国达九年之久，取得了宛、叶以北的地方，结果使韩、魏两国强大起来，如今再去攻打秦国就会愈加增强了韩、魏的力量。韩国、魏国南边没有楚国忧虑，北边没有秦国的祸患，那么齐国就危险了。韩、魏两国强盛起来必定轻视齐国而畏惧秦国，我实在替您对这种形势感到不安。您不如让西周与秦国交好，不要进攻秦国，也不要借兵器和粮食。您把军队开近函谷关但不要进攻，让西周把您的心思告诉给秦昭王，说：'薛公一定不会攻破秦国来增强韩、魏两国的势力。他要进攻秦国，不过是想要大王责成楚国把东部领土割给齐国，并请您把楚怀王释放出来以媾和。'您让西周用这种做法给秦国好处，秦国能够不被攻破又用楚国的地盘保全了自己，秦国肯定愿意这么做。楚王能够获释，也一定感激齐国。齐国得到东部领土自然会日益强大，薛邑也就会世世代代没有忧虑了。秦国没有受到大的削弱，又处在韩国、魏国的西边，韩、魏两国必定依仗齐国。"薛公听了后立即说："好。"于是让韩、魏两国向秦国祝贺，避免了一场兵灾，使齐、韩、魏三国不再发兵进攻，也不向西周借兵器和军粮了。这时，楚怀王已经到了秦国，秦国扣留了他，所以孟尝君还是要求秦国一定要将楚怀王放出。但是秦国并没有这么做。

孟尝君任齐相时，一次，他的侍从魏子替他去收封邑的租税，来回往返三次，结果一次也没把租税收回来。孟尝君问他这是什么原因，魏子回答说："有位贤德的人，我私自以您的名义把租税赠给了他，所以没有收回来。"孟尝君听后很恼怒，一气之下辞退了魏子。几年之后，有人向齐湣王造孟尝君的谣言说："孟尝君将要发动叛乱。"等到田甲劫持了湣王，湣王便怀疑是孟尝君策划的，为避免灾祸孟尝君就逃走了。曾经得到魏子赠粮的那位贤人听说了这件事，就上书给湣王，申明孟尝君不会作乱，并请求以自己的生命作保，于是在宫殿门口刎颈自杀，以此证明孟尝君的清白。湣王大为震惊，便追查实情，孟尝君果然没有谋划叛乱，便召回了孟尝君。孟尝君因此推托有病，要求辞官回薛邑养老。湣王答应了他。

后来，齐湣王灭掉了宋国，更加骄傲起来，打算除掉孟尝君。孟尝君很害怕，就到了魏国。魏昭王任用他做宰相，与西边的秦国、赵国联合，帮助燕国攻打并战败了齐国。齐湣王逃到莒，后来就死在那里，齐襄王即位。当时孟尝君在诸侯国中持中立态势，并不从属于哪个君王。由于齐襄王刚刚即位，畏惧孟尝君，便与孟尝君交好，与他亲近起来。田文去世，谥号为孟尝君。田文的几个儿子争着继承爵位，随即齐、魏两国联合共同灭掉了薛邑。孟尝君绝嗣没有后代。

论赞

史公曰：我曾经经过薛地，那里的民风多有凶暴的子弟，与邹地、鲁地迥异。我向当地人探究原因，人们说："孟尝君曾经招来天下许多负气仗义的人，来到此地的仅违法乱纪的人大概就有六万多家。"世间都说孟尝君以乐于养客而沾沾自喜，的确名不虚传啊！

115

平原君 虞卿列传

本篇是"战国四公子"之一的赵国平原君和上卿虞卿的合传。太史公用不同的写法记述了他们的平生事迹。这篇传记之所以脍炙人口，就是因为两位爱国志士：毛遂与李同。毛遂在赵国危难之时挺身而出，自荐出使楚国，表现出了超凡的才气和勇气；李同在赵国危在旦夕之时，亲身冒死赴敌，最后壮烈牺牲，爱国精神可歌可泣。

▶【杀妾留士】

平原君赵胜是赵国的一位公子。在诸多公子中，赵胜最为贤德有才，好客养士，宾客投奔到他门下的大约有几千人。平原君担任过赵惠文王和孝成王的宰相，曾三次离开宰相职位，又三次官复原职，封地在东武城。

平原君家有座高楼正对着下边的民宅。民宅中有个跛子，总是一瘸一拐地外出打水。平原君有一位美妾住在楼上，有一天她往下看到跛子打水的样子，就哈哈大笑起来。第二天，这位跛子到平原君的家里来说："我听说您喜爱士人，士人之所以不怕路途遥远千里迢迢归附到您的门下，就是因为您看重士人而鄙视姬妾啊。我遭到不幸得病致残，可是您的姬妾却在高楼上耻笑我，我希望能得到耻笑我的那个人的头。"平原君笑着回答说："好吧。"等那个跛子走后，平原君又笑着说："这小子竟因一笑就要我杀我的爱妾，不也太过分了吗？"

终归没杀那个妾。过了一年多，许多宾客以及有差使的食客陆陆续续地离开了一大半。平原君对这种情况感到很奇怪，说："我赵胜对待各位先生的方方面面不曾敢有失礼的地方，可是离开我的人为什么这么多呢？"一个门客走上前去回答说："因为您不杀耻笑跛子的那个妾，大家认为您喜好美色而轻视士人，所以士人就纷纷离开了。"于是平原君就割下了耻笑跛子的那个妾的头，亲自登门献给跛子，并向他道歉。从此以后，原来门下的宾客就又都陆陆续续地回来了。

▶【毛遂自荐】

秦国围攻邯郸时，赵王曾派平原君去求援，当时想推崇楚国为盟主，订立合纵盟约，联兵抗秦。平原君说："同去的文武之士不必到外面去寻找，从我门下的食客中挑选就可以了。"结果选了十九个人后，剩下的人没有再能挑选的了。这时，门下食客中有个叫毛遂的人径自走到前面来，向平原君自我推荐说："我听说您要到楚国去，让楚国做盟主订立合纵盟约，并且约定与门下二十食客一同去，人员不到外面寻找。现在还少一个人，希望您就拿我充个数一起去吧。"平原君问道："先生寄附在我的门下到现在几年了？"毛遂答道："到现在整整三年了。"平原君说："有才能的贤士活在世上，就如同锥子放在口袋里，它的锋尖立即就会显露出来。如今先生寄附在我的门下已三年了，我的左右近臣们没有一个人称赞推荐过你，我也从来没听说过你，这是先生没有专长啊！先生不能去，还是留下来吧！"毛遂说："我就算是今天请求放在口袋里吧！假使我早就被放在口袋里，是会整个锥锋都露出来的，不只是露出一点锋尖就罢了的。"平原君终于同意让毛遂一同去。那十九个人互相使眼色，暗暗嘲笑毛遂，只是没有说出来。

等到毛遂也去了楚国，跟那十九个人讨论时局，十九个人都很佩服他。平原君与楚王谈判订立合纵盟约的事，从早晨就开始谈判，直到中午也没定下来。于是毛遂紧握剑柄，一路小跑地到了殿堂上，便对平原君说："合纵的利弊，两句话就可以解决了。现在从早晨就谈合纵，到了中午还决定不下来，是什么缘故？"楚王见毛遂登上堂

来就对平原君说："这个人是干什么的？"平原君说："这是我的随从家臣。"楚王厉声呵斥道："怎么还不给我下去！我在跟你的主人谈判，你来干什么！"毛遂紧握剑柄走向前去说："大王敢斥责我，不过是依仗楚国人多势众。现在我与你只有十步远，十步之内大王是依仗不了楚国的人多势众的，大王的性命就控制在我手中。你为什么当着我主人的面就这样呵斥我？况且，我听说商汤曾凭着方圆七十里的地方统治了天下，周文王凭着百里大小的地方使天下诸侯臣服，难道是因为他们的士兵多吗，实际上是由于他们善于掌握形势而奋发自己的威力。如今楚国领土纵横五千里，士兵百万，这是争王称霸所凭借的资本。

🌀 谷纹大玉璧·战国

直径 21.5 厘米。这种大型玉璧是一种礼器，可能已不在服饰上佩戴。

🔴 **虎头形银饰件·战国**

凭着楚国的强大，天下谁也不能阻挡它的威势。秦国的白起，不过是个小毛孩子罢了，他带着几万人的部队发兵与楚国交战，第一战就攻克了鄢城郢都，第二战烧毁了夷陵，第三战便使大王的先祖受到莫大羞辱。这是楚国百世不解的仇恨，连赵王都感到羞耻，可是大王却不觉得。合纵盟约是为了楚国，不是为了赵国。"听了毛遂这番话，楚王立即变了态度说："是，是，的确像先生所说的那样，我一定以全国的力量履行合纵盟约。"于是毛遂用命令式的口吻对楚王的左右近臣说："取来鸡、狗、马的血。"毛遂双手捧着铜盘跪下，把它进献到楚王面前说："大王应先歃血，表示确定合纵盟约的诚意，下一个是我的主人，再下一个是我。"就这样，在楚国的殿堂上确定了合纵盟约。

回到赵国后，平原君把毛遂尊为上等宾客。

▶【李同赴难】

平原君回到赵国后，楚国派春申君带兵前去救援赵国，魏国的信陵君也假托君命夺了晋鄙军权带兵前去救赵，可是都还没有赶到。这时秦国迅速地围攻邯郸，邯郸陷入困境，将要投降，平原君非常着急。邯郸有一个官员的儿子李同问平原君道："您不担心赵国灭亡吗？"平原君说："若赵国灭亡，那我就要做俘虏，怎能不担忧呢？"李同说："邯郸的百姓，拿人骨当柴烧，彼此交换孩子当饭吃，可以说危急到极点了，可是您的后宫姬妾侍女数以百计，侍女穿着丝绸绣衣，精美饭菜吃不了，而百姓却粗布短衣难以遮体，酒渣谷皮吃不饱。百姓困苦，兵器用尽，有的人削尖木头当长矛箭矢，而您的珍宝器玩、铜钟玉磬照旧无损。一旦秦军攻破赵国，您怎么能有这些东西？假若赵国得以保全，您又何愁没有这些东西？现在您能命令夫人以下的所有人编到士兵队伍中，承担守城劳役，把家里所有的东西都分发下去，供士兵享用，正当危急困苦的时候，士兵是很容易感恩戴德的。"于是平原君采纳了李同的意见，得到敢死的士兵三千人。李同就加入了三千人的队伍准备与秦军决一死战，秦军因此被击退了三十里。这时，楚、魏两国的救兵刚好到达，秦军便撤走了，邯郸得以保全。李同在同秦军

列传

史记

作战时阵亡，他的父亲被赐封为李侯。

【辩士虞卿】

虞卿是个善于游说的有才之士，他脚穿草鞋，远道而来游说赵孝成王。第一次拜见赵王，赵王便赐给他黄金百镒，白璧一对；第二次拜见赵王，就当上了赵国的上卿，所以人们称他为虞卿。

秦、赵两国在长平交战，赵国初战不利。赵王召来楼昌和虞卿谋划，准备要卷甲赴敌与秦军决一死战。楼昌说："不可，不如派重臣去求和。"虞卿说："楼昌主张求和的原因是认为不求和我军必败。可是控制和谈的主动权在秦国。而且大王您估计一下秦国的作战意图，是不是一定要击败赵军？"赵王说："秦国已经竭尽全力了，必定要击败赵军。"虞卿又说："大王听从我的话，派出使臣用贵重的珍宝去联合楚、魏两国，他们想得到大王的贵重珍宝，一定会接纳我们的使臣。一旦赵国使臣进入楚、魏两国，秦国必定怀疑天下诸侯联合抗秦，而且必定恐慌无疑。这样，和谈才能进行。"赵王没有听从虞卿的意见，与平阳君赵豹议妥求和，就派出郑朱先到秦国联系。赵王又召见虞卿说："我派平阳君到秦国求和，秦国已经接纳郑朱了，您看如何？"虞卿回答说："大王的和谈不能成功，赵军必败。天下诸侯祝贺秦国获胜的使臣都在秦国了。郑朱是个显贵之人，一旦他进入秦国，秦王和应侯一定会把他来到秦国这件事大加宣扬给天下诸侯看。楚、魏两国认为赵国到秦国求和，必定不会救援大王。那么，和谈是不可能成功的。"应侯果然把郑朱来到秦国这件事大肆宣扬给天下诸侯祝贺秦国获胜的使臣们，始终不肯和谈。赵军在长平之战中大败，于是邯郸被围困，被天下人耻笑。

虞卿因为魏国宰相魏齐的缘故，宁愿抛弃万户侯的爵位和卿相大印，与魏齐一起从小路逃走，最后离开赵国，在魏国大梁处境艰难。魏齐死后，虞卿愈加不得意，就著书立说，采集《春秋》的史实，观察近代的世情，写了《节义》《称号》《揣摩》《政谋》共八篇，用来批评国家政治的成败，世代流传，称为《虞氏春秋》。

论赞

太史公曰：平原君是个乱世之中才气翩翩的公子，但是他不识大局。俗话说："贪图私利会使人丧失理智。"平原君相信冯亭的邪说，致使赵国兵败长平，四十多万赵兵被坑杀，使得邯郸几乎灭亡。虞卿分析事理揣测情势，为赵国出谋划策，是多么周密啊！到后来不忍心看着魏齐被人追杀，最后在大梁遭到困厄，平常人都知道不能这样做，何况贤能的人呢？但是要不是虞卿穷用忧愁，也就不能著书立说而使自己的名声流传于后世了。

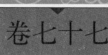

卷七十七

魏公子列传

魏 公子即信陵君，他名冠诸侯，声震天下，其才德冠于"战国四公子"之首。在本传中，太史公倾注了高度的热情，充盈着他对信陵君的敬慕、赞叹和惋惜之情。传记中，通过对信陵君的一些生平记述，歌颂了他心系魏国，礼贤下士，不顾个人安危，不谋一己之利，救人于危难之中的高贵品质。

▶【礼贤下士】

魏公子叫无忌，是魏昭王的小儿子、魏安釐王的异母弟弟。昭王去世后，安釐王即位，封公子为信陵君。

公子的为人仁爱宽厚礼贤下士，士人无论有无才能或才能大小，他都谦恭有礼地同他们交往，从来不敢因为自己富贵而轻慢士人。因此方圆几千里的士人都争相归附于他，招徕食客三千人。当时，诸侯各国因公子贤德，宾客众多，连续十几年不敢动兵谋犯魏国。

魏国有个隐士叫侯嬴，已经七十岁了，家境贫寒，是大梁城东门的看门人。公子听说了这个人，就派人去拜见，并想送给他一份厚礼。但是侯嬴不肯接受，说："我几十年来修养品德，坚持操守，终究不能因我看门贫困的缘故而接受公子的财礼。"公子于是就大摆酒席，宴饮宾客。大家来齐坐定之后，公子就带着车马以及随从人员，空出车子上的左位，亲自到东城门去迎接侯先生。侯先生整理

了一下破旧的衣帽，就径直上了车子坐在公子空出的尊贵座位，丝毫没有谦让的意思，想借此观察一下公子的态度。可是公子手握马缰绳更加恭敬。侯先生又对公子说："我有个朋友在街市的屠宰场，希望委屈一下车马载我去拜访他。"公子立即驾车前往进入街市，侯先生下车去会见他的朋友朱亥，他斜睒缝着眼看公子，故意久久地站在那里，同他的朋友聊天，同时暗暗地观察公子。公子的面色更加和悦。街市上的人都看到公子手握缰绳替侯先生驾车。公子的随从人员都暗自责骂侯先生。侯先生看到公子面色始终不变，才告别了朋友上了车。到家后，公子领着侯先生坐到上位上，并向全体宾客隆重地介绍了侯先生，满堂宾客无不惊异。大家酒兴正浓时，公子站起来，走到侯先生面前举杯为他祝寿。侯先生趁机对公子说："今天我侯嬴为难公子也够劲了。我只是个城东门的守门人，可是公子委屈车马，亲自在大庭广众之下迎接我，我

本不该再去拜访朋友，今天公子竟屈尊陪我拜访他。可我也想成就公子的名声，故意让公子车马久久地停在街市中，借拜访朋友来观察公子，结果公子更加谦恭。街市上的人都以为我是小人，而认为公子是个高尚的人能礼贤下士啊！"在这次宴会散了后，侯先生便成了公子的贵客。

【窃符救赵】

魏安釐王二十年（前257），秦昭王已经在长平大败赵国军队，接着进兵围攻邯郸。公子的姐姐是赵惠文王弟弟平原君的夫人，多次给魏王和公子送信来，向魏国请求救兵。魏王派将军晋鄙带领十万之众的部队去救赵国。秦昭王得知这个消息后就派使臣告诫魏王说："我就要攻下赵国了，这只是早晚的事，诸侯中有谁敢救赵国的，拿下赵国后，一定调兵先攻打它。"魏王很害怕，就派人阻止晋鄙不要再进军了，把军队留在邺城扎营驻守，名义上是救赵国，实际上是采取两面倒的策略来观望形势的发展。平原君使臣的车子连续不断地到魏国来，频频告急。公子为这件事忧虑万分，屡次请求魏王赶快出兵，又让宾客辩士们千方百计地劝说魏王。魏王由于害怕秦国，始终不肯听从公子的意见。公子估计终究不能征得魏王同意出兵了，就决计不能自己活着而让赵国灭亡，于是请来宾客，凑集了战车一百多辆，打算带着宾客赶到战场上去同秦军拼一死命，与赵国人一起赴死。

公子带着车队走过东门时，把同秦军拼一死命的情况全都告诉了侯先生。行前侯先生说："公子努力干吧，老臣我不能随行。"公子走了几里路，心里不痛快，自语道："我对待侯先生算是够周到的了，天下无人不晓，如今我将要赴死，可是侯先生竟没有一言半语来送我，我难道对待他有闪失吗？"于是又赶着车子返回来，想问问侯先生。侯先生一见公子便笑着说："我本来就知道公子会回来的。"又接着说："公子好客爱士，闻名天下。如今有了危难，想不出别的办法却要赶到战场上同秦军拼死命，这就如同把肥肉扔给饥饿的老虎，有什么作用呢？如果这样的话，还用我们这些宾客干什么呢？公子待我情深意厚，公子前往可是我不送行，因此知道公子恼恨我会返回来的。"公子连着两次向侯先生拜礼，进而问对策。侯先生同公子秘密交谈，说："我听说晋鄙的兵符经常放在魏王的卧室内，在妻妾中如姬最受宠爱，她只要尽力是能偷出兵符来的。我还听说如姬的父亲被人杀死，公子派门客斩了那个仇人的头，恭敬地献给如姬。如姬要为公子效命而死，是在所不辞的，如得到虎符而夺了晋鄙的军权，北边可救赵国，西边能抵御秦国，这是春秋五霸的功业啊。"公子听从了侯嬴的计策，请求如姬帮忙。如姬果然盗出晋鄙的兵符交给了公子。

杜虎符·战国

虎符是古代君王调兵遣将用的兵符，用青铜和黄金做成伏虎形状的令牌，劈为两半，其中一半交给将帅，另一半由君王保存，只有两半合合，才可调兵遣将。

【椎杀晋鄙】

到了邺城，公子拿出兵符假传魏王命令代替晋鄙担任将领。晋鄙合了兵符，验证无误，但还是怀疑这件事，就举着手盯着公子说："如今我统率着十万之众的大军，驻扎在边境上，这是关系到国家命运的重任，今天你只身一人来代替我，这是怎么回事呢？"正要拒绝接受命令。这时朱亥取出藏在衣袖里的四十斤铁椎，一椎击死了晋鄙，公子于是统率了晋鄙的军队。然后整顿部队，向军中下令说："父子都在军队里的，父亲回家；兄弟同在军队里的，长兄回家；没有兄弟的独生子，回家去奉养双亲。"经过整顿选拔，得到精兵八万人，开拔前线攻击秦军。秦军解围撤离而去，于是邯郸得救，保住了赵国。赵王和平原君到郊界来迎接公子。公子与侯先生诀别之后，在到达邺城军营的那一天，侯先生面向北刎颈而死。

魏王恼怒公子盗出了他的兵符，假传君令击杀晋鄙，这一点公子也是明知的。所以在打退秦军拯救赵国之后，就让部将带着部队返回魏国去，而公子自己和他的门客就留在了赵国。

【毛公薛公】

公子听说赵国有两个有才有德而没有从政的人，一个是毛公，藏身于赌徒中；一个是薛公，藏身在酒店里。公子很想见见这两个人，可是这两个人躲了起来不肯见公子。公子打听到他们的藏身地址，就悄悄地步行去同这两个人交往，彼此都以相识为乐事，很是高兴。平原君知道了这个情况，就对他的夫人说："当初我听说夫人的弟弟魏公子是个举世无双的大贤人，如今我听说他竟然胡来，跟那伙赌徒、酒店伙计交往，公子只是个无知妄为的人罢了。"公子听说后就向夫人告辞准备离开这里，说："以前我听说平原君贤德，所以背弃魏王而救赵国，满足了平原君的要求。现在才知道平原君与人交往，只是显示富贵的豪放举动罢了，他不是求取贤士人才啊！平原君这个人不值得结交。"夫人把公子的话全都告诉了平原君，平原君听了自感惭愧便去向公子脱帽谢罪，坚决地把公子挽留下来。平原君门下的宾客们听到这件事，有一半人离开了平原君归附于公子，天下的士人也都去投靠公子，归附在他的门下。

公子留在赵国十年不回魏国。秦国听说公子留在赵国，就日夜不停地发兵向东进攻魏国。魏王为此事焦虑万分，就派使臣去请公子回国。公子仍担心魏王恼怒自己，就告诫门下宾客说："有敢替魏王使臣通报传达的，处死。"由于宾客们都是背弃魏国来到赵国的，所以没谁敢劝公子回魏国。这时，毛公和薛公两人去见公子说："公子所以在赵国受到尊重，名扬诸侯，只是因为有魏国的存在啊。现在秦国进攻魏国，魏国危急而公子毫不顾念，假使秦国攻破大梁而把您先祖的宗庙夷平，公子还有什么脸面活在世上呢？"话还没说完，公子脸色立即变了，嘱咐车夫赶快套车回去救魏国。

魏王见到公子，两人不禁相对落泪，魏王把上将军大印授给公子，公子便正式担任了上将军这个统率军队的最高职务。

【才高遭嫉】

魏安釐王三十年（前247），公子派使臣把自己担任上将军职务一事通报给各个诸侯国。诸侯们得知公子担任了上将军，都各自调兵遣将救援魏国。公子率领五个诸侯国的军队在黄河以南地区把秦军打得大败，使秦将蒙骜败逃；进而乘胜追击直到函谷关，把秦军压在函谷关内，使他们不敢再出关。当时，公子的声威震动天下，

各诸侯国来的宾客都进献兵法，公子把它们合在一起签上自己的名字，所以世上俗称《魏公子兵法》。

秦王担忧公子将进一步威胁秦国，就使用了万斤黄金到魏行贿，寻找晋鄙原来的那些门客，让他们在魏王面前进谗言说："公子流亡在外十年了，现在担任魏国大将，诸侯国的将领都归他指挥，诸侯们只知道魏国有个魏公子，不知道还有个魏王。公子也要乘这个时机决定称王。诸侯们害怕公子的权势声威，正打算共同出面拥立他为王呢！"秦国又多次实行反间。魏王天天听到这些毁谤公子的话，不能不信以为真，后来果然派人代替公子担任上将军。公子自己明知这是又一次因毁谤而被废黜，于是就推托有病不上朝了，他在家里与宾客们通宵达旦地宴饮，痛饮烈性酒，常跟女人厮混，这样日日夜夜寻欢作乐度过了四年，终于因饮酒无度患病死亡，这一年，魏安釐王也去世了。

论赞

太史公曰：我经过大梁废墟时，曾寻访那个所谓的夷门。原来夷门就是大梁城的东门。天下的公子中也的确有很多好客喜士的，但只有信陵君能结交那些隐没在社会各个角落的人物，他不以交结下层贱民为耻是很有道理的。他的名声远远超过诸侯，的确不是虚传。因此，高祖每次经过大梁便命令百姓对他的祭祀不能断绝。

春申君列传

本篇是战国末期楚相春申君黄歇的专传。太史公重点记述了春申君任相前后的两个时期，前期写其"智"，后期写其"昏"，由明智转到昏聩，对比鲜明，发人深思。

▶【一书退秦兵】

春申君是楚国人，名歇，姓黄。他曾周游各地从师学习，知识渊博，事奉楚顷襄王。顷襄王认为黄歇有口才，让他出使秦国。当时秦昭王派白起进攻韩、魏两国联军，在华阳战胜了他们，韩、魏两国向秦国臣服并事奉秦国。秦昭王已命令白起同韩国、魏国一起进攻楚国，但还没出发，这时黄歇恰巧来到秦国，听到了这个谋划。顷襄王是楚怀王的儿子，秦国根本不把他放在眼里，认为一旦发兵就会灭掉楚国。黄歇就上书劝说秦王道：

"天下没有谁比秦、楚两国更强大的诸侯国。现在听说大王要征讨楚国，这就如同两个猛虎互相搏斗。两虎相斗会让狗趁机得到好处，不如亲善楚国。

如果大王依仗壮丁的众多，凭借军备的强大，借着毁灭魏国的威势，而想以武力使天下的诸侯屈服，我恐怕您会有以后的祸患啊！《易经》上说：'小狐渡水将渡过时，却湿了尾巴。'这就是说，开始容易，结尾难。

从前，智伯只看见攻伐赵襄子的好处却没料到自己反在榆次遭到杀身之祸；吴王夫差只看到进攻齐国的利益却没有想到在干隧被越王勾践战败。这两个国家都是由于贪图眼前的利益，结果换得了日后的祸患。现在大王嫉恨楚国不毁灭，却忘了毁灭楚国就会使韩、魏两国更加强大，我替大王考虑，认为不能这样做。

《诗经》上说：'大军不长途跋涉攻伐远方的地盘。'可见，楚国是帮手，邻国才是敌人。现在大王中途相信韩、魏两国与您亲善，这正如同吴国相信越国一样啊。我怀疑韩、魏两国屈身降志要秦国消除祸患，实际是欺骗秦国。何以见得呢？大王对韩、魏两国没有几世的恩德，却有几代的仇恨。韩、魏国君的父子兄弟接连死在秦国刀下的将近十代了。百姓无法生活，亲族逃离，骨肉分散，流亡沦落为男仆女奴的遍及海内各国。所以，如果韩、魏两国不灭亡，这是秦国最大的忧患，如今大王却借助他们一起攻打楚国，不也太不应当吗？

再说大王进攻楚国怎么出兵呢？大王要跟仇敌韩国、魏国借路吗？如果是这样，那么出兵之日就是大王忧患他们不能返回之时，这是大王把自己的军队资助仇敌韩国、魏国啊！大王如果不向仇敌韩国、魏国借路，那就必定攻打随水右边的地区。而那里都是大川大水，高山密林，深溪幽谷这样一些无粮地区，大王即使占领了它，也没有什么用处。这是大王落个毁灭楚国的恶名声而没有得到占领土地的实惠啊！

再说大王从进攻楚国之日起，韩、赵、魏、齐四国必定全都发兵对付大王。秦、楚两国一旦交战便会战乱不止，大王击败楚国而使韩、魏两国在中原壮大起来，又使齐国更加强盛。韩、魏两国强大了，完全有力量同秦国抗衡。齐国地势优良，没有谁能比齐国、魏国更强大，齐、魏两国得到土地保持已得的利益，一年以后，即使不能称帝天下，但阻止大王称帝却是绰绰有余的。

如果秦、楚两国联合而成为一个整体进逼韩国，再经营设置东山的险要地势，利用黄河环绕的有利地形，韩国就必定成为秦国的臣属。大王再用十万兵力驻守郑地，魏国则心惊胆战，许、鄢陵将士退缩固守不敢出击，

◎ 玉勾连云纹灯·战国

此玉灯以新疆和田青玉制成，玉料局部有赭褐色浸痕，全灯由灯盘、灯柱和灯座三部分组成，是三块玉分别雕琢后粘合为一体的。灯盘为正圆形，盘面平滑，盘壁线直挺，壁外侧遍饰一周勾连云纹，盘心凸起五瓣花形灯台，既是装饰又是置捻小台，富有实用价值。

那么上蔡、台陵与魏国的联系就会被断绝，这样魏国也会成为秦国的臣属了。一旦大王同楚国交好，那么关内韩国、魏国这两个万乘之国就要向齐国割取土地，齐国右边济州一带广大地区便可轻而易举地得到。大王的土地横贯东、西两海，制约天下诸侯，这样燕国、赵国没有齐国、楚国作依托，齐国、楚国没有燕国、赵国相依傍。然后以危亡震慑燕、赵两国，直接动摇齐、楚两国，这四个国家不等被痛击就会自然臣服了。"

昭王读了春申君的上书后说："真好！"于是就不再让白起出征并辞谢了韩、魏两国，同时派使臣给楚国送去了厚礼，秦、楚订立盟约结为友好国家。

【以命相抵送主归】

黄歇接受了盟约返回楚国，楚王派黄歇与太子完到秦国做人质，他们留在秦国好几年。后来楚顷襄

王病了，太子却回不去。太子与秦国相国应侯的私人关系很好，于是黄歇就劝说应侯："如今楚王恐怕一病不起了，秦国不如让太子回去。如果太子能被立为王，他事奉秦国一定感激相国的恩德，这不仅是亲善友好国家的表示，而且为将来保留了一个万乘大国的盟友。如果不让他回去，那他充其量是个咸阳城里的百姓罢了。楚国将改立太子，肯定不会事奉秦国。那样就会失去友好国家的信任，又断绝了一个万乘大国的盟友，这不是上策。希望您能好好考虑这件事。"应侯把黄歇的意思报告给秦王。秦王说："让楚国太子的师傅先回去探问一下楚王的病情，回来后再作打算。"黄歇替楚国太子谋划说："秦国扣留太子的目的是要借此索取好处。现在太子要使秦国得到好处是没有办法的，我很忧虑。而阳文君的两个儿子在国内，大王如果不幸辞世，太子又不在楚国，阳文君的儿子必定被立为继承人，太子就不能接受国家了。不如逃离秦国，跟使臣一起出去，让我留下来，以死来担当责任。"于是楚太子换了衣服，扮成楚国使臣的车夫出得关去，而黄歇在客馆里留守，总是推托太子有病谢绝会客。估计太子已经走远，秦国无法追上，黄歇就自动向秦昭王报告说："楚国太子已经回国，离开很远了。我是死罪，愿您赐我一死。"昭王大为恼火，要赐黄歇自杀。应侯进言道："作为臣子，黄歇为了他的主人而献出自己的生命，如果太子立为楚王，肯定重用黄歇，所以不如免他死罪让他回国，以表示对楚国的亲善。"秦王就按照应侯的意见把黄歇也遣送回国了。

【奸谋盗楚】

黄歇回到楚国，三个月后，楚顷襄王去世，太子完立为楚王，这就是考烈王。考烈王元年（前262），任命黄歇为宰相，封为春申君，赏赐给他淮北地区十二个县。这个时候，楚国又兴盛强大起来。

楚考烈王没有儿子，春申君为此事发愁，就寻找可能会生育儿子的妇女进献给楚王。赵国李园带着他的妹妹来，打算进献给楚王。李园便寻找机会做了春申君的侍从，不久他请假回家，又故意延误了返回的时间。回来后他去拜见春申君，春申君问他迟到的原因，他回答说："齐王派使臣来求娶我的妹妹，由于我跟那个使臣饮酒，所以延误了返回的时间。"春申君问道："可以让我看看吗？"于是李园就把他的妹妹献给春申君，并立即得到春申君的宠幸。后来李园知道他的妹妹怀了孕，就同她商量进一步的打算。李园的妹妹劝说春申君道："楚王尊重宠信您，可是大王没有儿子，如果楚王寿终之后将要改立兄弟，您身处尊位执掌政事多年，对楚王的兄弟们难免有许多得罪的地方，如果楚王兄弟真被立为国君，殃祸将落在您的身上，还怎么保住宰相大印和江东封地呢？现在我知道自己怀孕了，可是别人都不知道。如果凭您的尊贵地位把我进献给楚王，楚王必定宠幸我；若我生个儿子，将来就是您的儿子做了楚王，楚国就是您的了，这与您身遭意想不到的灾祸相比，哪个好呢？"春申君认为这番话说得好极了，就把李园的妹妹送到外面的馆舍居住。楚王把李园的妹妹召进宫来很是宠幸她，后来真的生了个儿子，立为太子，又把李园妹妹封为王后。楚王器重李园，于是李园参与朝政。

后来，李园担心春申君说漏秘密而更加骄横，就暗中豢养了刺客，打算杀死春申君灭口。

【身死棘门】

春申君任宰相的第二十五年，楚考烈王病重。朱英对春申君说："世上有不期而至的灾祸，也有不期而至的人。李园不执掌国政便是您的仇人，他不管兵事却豢养刺客为时已久了，楚王一去世，李园必定抢先入宫夺权并杀您灭口。这就是所说的不期而至的灾祸。"春申君接着问道："什么叫不期而至的人？"朱英答道："您安排我做郎中，楚王一去世，李园必定抢先入宫，我替您杀掉李园。这就是所说的不期而至的人。"春申君听了后说："您还是不要有这种打算好。李园是个软弱的人，我对他很友好，又怎么能到这种地步！"朱英一看春申君不听自己的话，恐怕祸患殃及自身，就逃走了。

十七天后，楚考烈王去世，李园果然抢先入宫，并在棘门埋伏下刺客。春申君进入棘门，李园豢养的刺客从两侧夹住刺杀了春申君，斩下他的脑袋。李园又派官吏把春申君家满门抄斩。而李园的妹妹所生的那个儿子便被立为楚王，这就是楚幽王。

论 赞

太史公曰：我到了楚地，参观了春申君的旧城，宫室真的很宏伟啊！曾经，春申君劝说秦昭王，又冒着生命危险叫人把楚国太子送回国，真是明智之举啊！可是后来却受制于李园，真是糊涂啊！俗话说："应当决断时不决断，最后就要遭受祸患。"说的就是春申君错失了朱英要杀李园的机会吧！

范雎 蔡泽列传

本篇是战国末期秦国两位国相范雎和蔡泽的合传。此二人都为辩士出身，在任秦相之前历经坎坷。这篇传记富有很强的故事性，很多情节波澜起伏，一波三折，而范雎、蔡泽的性格、计谋、心理等就在其中一一展现出来。

【厕中遭辱】

范雎是魏国人，字叔。他曾周游列国希图那里的国君接受自己的主张而有所作为，但没有成功，便回到魏国打算给魏王任职服务，可是家境贫寒又没有办法筹集活动资金，就先在魏国中大夫须贾门下混事。

有一次，须贾为魏昭王出使到齐国办事，范雎也跟着去了。他们在齐国逗留了几个月，也没有什么结果。当时齐襄王得知范雎很有口才，就派专人给范雎送去了十斤黄金以及牛肉美酒之类的礼物，但范雎一再推辞不敢接受。须贾知道了这件事，大为恼火，认为范雎必是把魏国的秘密出卖给齐国了，所以才得到这种馈赠，于是他让范雎收下牛肉美酒之类的食品，而把黄金送回去。回到魏国后，须贾心里恼怒嫉恨范雎，就把这件事报告给魏国宰相魏齐。魏齐听了后大怒，就命令左右近臣用板子、荆条抽打范雎，打得范雎肋折齿断。当时范雎假装死去，魏齐就派人用席子把他卷了卷，扔在厕所里。又让宴饮的宾客喝醉了，轮番往范雎身上撒尿，故意污辱他借以惩一儆百，让别人不准再乱说。卷在席里的范雎还活着，就对看守说："您如果放走我，我日后必定重重地谢您。"看守有意放走范雎，就向魏齐请示把席子里的死人扔掉算了。可巧魏齐喝得

带罩铜灯·秦

酩酊大醉，就顺口答应说："可以吧。"范雎因而得以逃脱。后来魏齐后悔把范雎当死人扔掉，又派人去搜索范雎。魏国人郑安平听说了这件事，于是就带着范雎一起逃跑了，他们隐藏起来，范雎更改了姓名叫张禄。

这个时候，秦昭王派出使臣王稽正到魏国。郑安平就假装当差役，侍候王稽。王稽问他："魏国有贤能的人士可愿跟我一起到西边去吗？"郑安平回答说："我的乡里有位张禄先生，想求见您，谈谈天下大事。不过，他有仇人，不敢白天出来。"王稽说："夜里你跟他一起来好了。"郑安平就在夜里带着张禄来拜见王稽。两个人的话还没谈完，王稽就发现范雎是个贤才，便对他说："先生请在三亭冈的南边等着我。"范雎与王稽暗中约好见面时间就离去了。

王稽辞别魏国上路后，经过三亭冈南边时，载上范雎便很快进入了秦国国境。车到湖邑时，远远望见有一队车马从西边奔驰而来。范雎便问："那边过来的是谁？"王稽答道："那是秦国国相穰侯去东边巡行视察县邑。"范雎一听是穰侯便说："我听说穰侯独揽秦国大权，他最讨厌收纳各国的说客，这样见面恐怕要侮辱我的，我宁可暂在车里躲藏一下。"不一会儿，穰侯果然来到，向王稽道过问候，便对王稽说："使臣先生该不会带着那般说客一起来吧？这种人一点好处

也没有，只会扰乱别人的国家罢了。"王稽赶快回答说："臣下不敢。"两人随即告别而去。范雎对王稽说："我听说穰侯是个智谋之士，处理事情多有疑惑，刚才他怀疑车中藏有人，可是忘记搜查了。"于是范雎就跳下车来奔走，说："这件事穰侯不会甘休，必定后悔没有搜查车子。"大约走了十几里路，穰侯果然派骑兵追回来搜查车子，没发现有人，这才作罢。王稽于是与范雎进了咸阳。

范雎去离宫拜见秦昭王，到了宫门口，他假装不知道是内宫的通道，就往里走。这时恰巧秦昭王出来，宦官发了怒，驱赶范雎，呵斥道："大王来了！"范雎故意乱嚷着说："秦国哪里有王？秦国只有太后和穰侯罢了。"他想用这些话激怒秦昭王。昭王走过来，听到范雎正在与宦官争吵，便上前去迎接范雎，并向他道歉说："我本该早就向您请教了，正遇到处理义渠事件很紧迫，我早晚都要向太后请示，现在义渠事件已经处理完毕，我才得机会向您请教。我这个人很糊涂、不聪敏，让我向您敬行一礼。"范雎客气地还了礼。这一天凡是看到范雎谒见昭王情况的文武百官，没有一个不是肃然起敬的。

范雎一天比一天得到秦昭王的信任，转眼间好几年过去了，一次范雎请求昭王在闲暇方便之时进言议事说："我住在山东时，只听说齐国有

白话精编二十四史

第一卷

田文，从没听说齐国有齐王；只听说秦国有太后、穰侯、华阳君以及高陵君、泾阳君，从没听说秦国有秦王。如今太后独断专行毫无顾忌，穰侯出使国外从不报告，华阳君、泾阳君等惩处断罚随心所欲，高陵君任免官吏也从不请示。人们处在这四种权贵的统治下，就是我所说的没有秦王啊！如今秦国从小乡官到各个大官吏，再到大王的左右侍从，没有一个不是相国穰侯的亲信。我看到大王在朝廷孤单一人，我暗自替您害怕，在您之后，拥有秦国的怕不是您的子孙了。"昭王听了这番话如梦初醒，大感惊惧。于是废弃了太后，把穰侯、高陵君以及华阳君、泾阳君驱逐出国都。秦昭王就任命范雎为相国，收回了穰侯的相印，让他回到封地陶邑去，由朝廷派给车子和牛帮他拉东西迁出国都，装载东西的车子有一千多辆。到了国都关卡，守关官吏检查穰侯的珍宝器物，发现珍贵奇异的宝物比国君还要多。

秦昭王把应城封给范雎，封号称应侯。

【须贾赠袍】

范雎做了秦国相国之后，秦国人仍称他叫张禄，而魏国人则认为范雎早已死了。魏王听到秦国即将向东攻打韩、魏两国的消息，便派须贾出使秦国。范雎得知须贾到了秦国，便隐蔽了相国的身份改装出行，他穿着破旧的衣服偷空步行到客馆，见到了须

贾。须贾一见范雎不禁惊愕道："范叔原来没有灾祸啊！"范雎说："是啊！"须贾笑着说："范叔是来秦国游说的吧？"范雎答道："不是的。我前时得罪了魏国宰相，所以流落逃跑到这里，怎么能还敢游说呢？"须贾问道："如今你干些什么事？"范雎答道："我给人家当差役。"须贾听了有些怜悯他，便留下范雎一起坐下吃饭，又不无同情地说："范叔怎么竟贫寒到这个样子！"于是就取出了自己的一件粗丝袍送给了他。须贾趁便问道："秦国的相国张君，你知道他吧！我听说他在秦王那里很得宠，有关天下的大事都由相国张君决定。这次我办的事情成败也都取决于张君。你这个年轻人有没有跟相国张君熟悉的朋友啊？"范雎说："我的主人很熟悉他。就是我也能求见的，请让我把您引见给张君。"须贾很不以为然地说："我的马病了，车轴也断了，不是四匹马拉的大车，我是决不出门的。"范雎说："我愿意替您向我的主人借来四匹马拉的大车。"

范雎回去弄来四匹马拉的大车，并亲自给须贾驾车，直进了秦国相府。相府里的人看到范雎驾着车子来了，有些认识他的人都回避离开了。须贾见到这般情景感到很奇怪。到了相国办公地方的门口，范雎对须贾说："等等我，我替您先进去向相国张君通报一声。"须贾就在门口等着，拽着马缰绳等了很长时间不见人来，便问门卒说："范叔进去很长时间了不出来，

是怎么回事？"门卒说："这里没有范叔。"须贾说："就是刚才跟我一起乘车进去的那个人。"门卒说："他就是我们相国张君啊。"须贾一听大惊失色，自知被诳骗进来，就赶紧脱掉上衣光着膀子双膝跪地而行，托门卒向范雎认罪。于是范雎派人挂上盛大的帐幕，召来许多侍从，才让须贾上堂来见。须贾见到范雎连叩响头口称死罪，说："我没想到您靠自己的能力达到这么高的尊位，我不敢再读天下的书，也不敢再参与天下的事了。我犯下了应该汤镬的大罪，把我抛到荒凉野蛮的胡貉地区我也心甘情愿，让我活让我死只听凭您的决定了！"范雎说："你的罪状有三条。你前时认为我对魏国有外心暗通齐国而在魏齐面前说我的坏话，这是你的第一条罪状。当魏齐把我扔到厕所里肆意侮辱我时，你不加制止，这是第二条罪状。更有甚者你喝醉之后往我身上撒尿，你何等的忍心啊！这是第三条罪状。但是你之所以能不被处死，是因为从今天你赠我一件粗丝袍看还有点老朋友的依恋之情，所以给你一条生路，放了你。"于是辞别须贾，结束了会见。随即范雎进宫把事情的原委报告了昭王，决定不接受魏国来使，责令须贾回国。

须贾去向范雎辞行，范雎便大摆

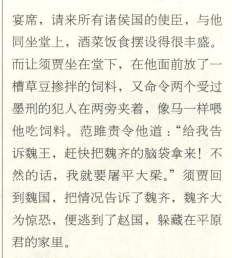

宴席，请来所有诸侯国的使臣，与他同坐堂上，酒菜饭食摆设得很丰盛。而让须贾坐在堂下，在他面前放了一槽草豆掺拌的饲料，又命令两个受过墨刑的犯人在两旁夹着，像马一样喂他吃饲料。范雎责令他道："给我告诉魏王，赶快把魏齐的脑袋拿来！不然的话，我就要屠平大梁。"须贾回到魏国，把情况告诉了魏齐，魏齐大为惊恐，便逃到了赵国，躲藏在平原君的家里。

范雎担任了秦相之后，又向秦昭王举荐曾保护过他的郑安平，昭王便任命郑安平为将军。范雎于是散发家里的财物，用来报答所有那些曾经帮助过他而处境困苦的人。凡是给过他一顿饭吃的小恩小惠他是必定报答

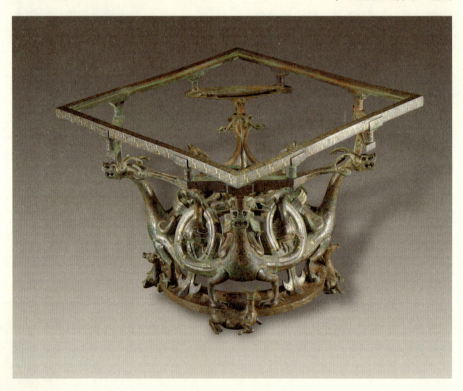

的，而瞪过他一眼的小怨小仇他也是
必定报复的。

▶【蔡泽说范雎】

蔡泽，是燕国人。曾周游列国从
师学习并向许多大小诸侯谋求官职，
但没有得到任用，便离开燕国到了赵
国，但被赵国赶了出来。随即前去韩
国、魏国，路上遇着强盗抢走了他的
锅鼎之类的炊具。他听说应侯举荐的
郑安平和王稽都在秦国犯下大罪，应
侯内心惭愧抬不起头来，蔡泽向西来
到秦国。

他准备去拜见秦昭王，先派人在
应侯面前扬言一番来激怒应侯说："燕
国来的宾客蔡泽，那是个天下见识超
群、极富辩才的智谋之士。他只要一

见秦王，秦王必定使您处于困境而剥
夺您的权位。"应侯听这些话，于是
就派人去召蔡泽来。蔡泽进来了，只
向应侯作了个揖。应侯本来就不痛快，
等见了蔡泽，看他又如此傲慢，应侯
就斥责他说："你曾扬言要取代我做
秦相，可曾有这种事吗？"蔡泽回答
说："有的。"应侯说："让我听听你
的说法。"蔡泽说："君主圣明，臣子
贤能，这是天下的大福；国君明智，
臣子正直，这是一国的福气；父亲慈
爱，儿子孝顺，丈夫诚实，妻子忠贞，
这是一家的福分。所以比干忠诚却不
能保住殷朝，子胥多谋却不能保全吴
国；申生孝顺可是晋国大乱。这些都
是有忠诚的臣子、孝顺的儿子，反而

🔴 四龙四凤方案·战国

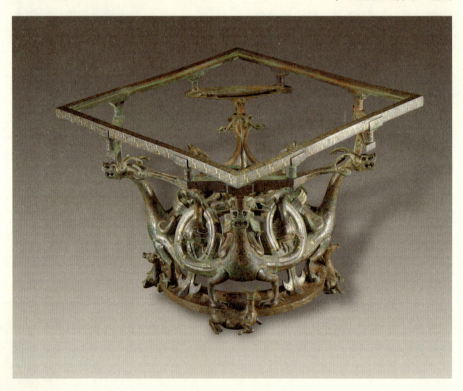

132

国家灭亡、大乱的事例，这是为什么呢？是因为没有明智的国君、贤能的父亲听取他们的声音，因此天下人都认为这样的国君和父亲是可耻的，而怜惜同情他们的臣子和儿子。现在看来，商鞅、吴起、大夫文种作为臣子，他们是正确的；他们的国君，是错误的。所以世人称说这三位先生建立了功绩却不得好报，难道是羡慕他们不被国君体察而无辜死去吗？如果只有用死才可以树立忠诚的美名，那么微子就不能称为仁人，孔子不能称为圣人，管仲也不能称为伟大人物了。人们要建功立业，难道不期望功成人在吗？自身性命与功业名声都能保全的，这是上等。功名可让后世效法而自身性命不能保全的，这是次等。名声被人诟辱而自身性命得以保全的，这是下等。"说到这里，应侯称赞讲得好。

蔡泽趁势说："商鞅、吴起、大夫文种，他们作为臣子竭尽忠诚建立功绩那是令人仰慕的，闳夭事奉周文王，周公辅佐周成王，难道不也是竭尽忠诚极富智慧吗？按君臣的关系而论，商鞅、吴起、大夫文种他们令人仰慕比起闳夭、周公来怎么样呢？"应侯说："商君、吴起、大夫文种比不上闳夭、周公。"蔡泽说："既然这样，那么您的人主慈爱仁义信用忠臣，情义深厚不背弃功臣，在这些方面比起秦孝公、楚悼王、越王来怎么样呢？"应侯不便回答就说："不知道怎么样。"蔡泽说："如今您的人主亲近忠臣，是超不过秦孝公、楚悼王、越王的。

可是您的官职爵位显贵至大，自家的富有超过了他们三位，而自己不知隐退，恐怕您遭到祸患要比他们三位更惨重，我私下替您感到危险。现在您的怨仇已经报复，恩德已经报答，您的功业也到了顶点了，您为什么不在这个时候送回相印，把它让给贤能的人，自己引退而隐居山林观览流水，一定有伯夷正直廉洁的美名，长享应侯爵位，世世代代称侯，这么做比起终遭灾祸来哪种情况好呢？"应侯说："好的。我听说'有欲望而不知道满足，就会失去欲望；要占有而不知节制，就会丧失占有'。承蒙先生教导，我恭听从命。"于是便请蔡泽入座，待为上客。

论赞

史公曰：韩非子说"袖子长的人善于跳舞，钱多的人善于做生意"，这话说得多实在啊！范雎、蔡泽是人们所称说的一代辩士，然而那些游说诸侯直到满头白发也没遇到知音的，并不是计策谋略拙劣，而是能让他的游说产生功效的条件不够啊。到了他们二人寄居秦国，且相继取得卿相地位，名垂天下，其原因本是国家强弱的形势不同啊！但是辩士也有偶然的机遇，许多如范雎、蔡泽一样贤能的人，由于没有机遇而不能施展才能，这些人哪能说得尽呢？但是，如果他们二人不遭到灾难困境，又怎能奋发有为呢？

乐毅列传

太《史公自序》说："率行其谋，连五国兵，为弱燕报强齐之仇，雪其先君之耻，作乐毅列传第二十。"可见，太史公为乐毅立传的目的就是肯定其战略主张，颂扬其历史功绩。这篇传记在写法上也别具一格，即简略介绍乐毅生平事迹，但却详细地记述其给燕惠王的信文，借以剖白乐毅的一片坦荡的爱国之心。

【乐毅投燕】

乐毅，他的祖先叫乐羊。乐羊曾担任魏文侯的将领，他带兵攻下了中山国，魏文侯把灵寿封给了乐羊。乐羊死后，就葬在灵寿，他的后代子孙们就在那里安了家。后来中山复国了，到赵武灵王的时候又灭掉了中山国，而乐家的后代出了个有名人物叫乐毅。

乐毅很贤能，喜好军事，赵国人曾举荐他出来做官。到了武灵王在沙丘行宫被围困饿死后，他就离开赵国到了魏国。后来他听说燕昭王因为子之执政，燕国大乱而被齐国乘机战败，因而燕昭王非常怨恨齐国，一天不曾忘记向齐国报仇雪恨。燕国是个弱小的国家，地处偏远，国力是不能克敌制胜的，于是燕昭王降抑自己的身份，礼贤下士。正在这个时候，乐毅为魏昭王出使到了燕国，燕王以宾客的礼节接待他。乐毅推辞谦让，后来终于向燕昭王敬献了礼物表示愿意献身做臣下，燕昭王就任命他为亚卿，他担任这个职务的时间很长。

【联军破齐】

当时，齐湣王很强大，向南在重丘战败了楚国宰相唐昧，向西在观津打垮了魏国和赵国，随即又联合韩、赵、魏三国攻打秦国，还曾帮助赵国灭掉中山国，又击破了宋国，扩展了一千多里地的领土。各诸侯国都打算背离秦国而归服齐国。可是齐湣王自尊自大很是骄横，百姓已不能忍受他的暴政了。燕昭王认为攻打齐国的机会来了，就向乐毅询问有关攻打齐国的事情。乐毅回答说："齐国，它原来就是霸国，如今仍留着霸国的基业，土地广阔人口众多，可不能轻易地单独攻打它。大王若一定要攻打它，不如联合赵国以及楚国、魏国一起攻击它。"于是昭王派乐毅去与赵惠文王结盟立约，另派别人去联合楚国、魏国，又让赵国以攻打齐国的好处去诱劝秦国。由于诸侯们认为齐湣王骄横暴虐对各国也是个祸害，都争着跟燕国联合共同讨伐齐国。乐毅于是统一指挥着赵、楚、韩、魏、燕五国的军队去攻打齐国，在济水西边大败齐国军队。这时各路诸侯的军队都停止了攻击，撤回本国，而燕国军队在乐毅指挥下单独追击败逃之敌，一直追到齐国都城临淄。齐湣王在济水西边被打败后，就逃跑到莒邑并据城固守。乐毅单独留下来带兵巡行占领的地方，齐国各城邑都据城坚守不肯投降。乐毅集中力量攻击临淄，拿下临淄后，把齐国的珍宝财物以及宗庙祭祀的器物全部夺取过来并把它们运到燕国去。燕昭王大喜，亲自赶到济水岸上慰劳军队，奖赏并用酒肉犒劳军队将士，把昌国封给乐毅，封号叫昌国君。燕昭王把在齐国夺取缴获的战利品带回了燕国，而让乐毅继续带兵进攻还没攻克的齐国城邑。

【新君嫉贤】

乐毅留在齐国巡行作战五年，攻下齐国城邑七十多座，都划为郡县归属燕国，只有莒和即墨没有收服。这时恰逢燕昭王死去，他的儿子立为燕惠王。惠王从做太子时就曾对乐毅有所不满，等他即位后，齐国的田单了解到他与乐毅有矛盾，就对燕国施行反间计，造谣说："齐国城邑没有攻下的仅只两个城邑罢了。而所以不及早拿下来的原因，听说是乐毅与燕国新即位的国君有怨仇，乐毅断断续续用兵故意拖延时间姑且留在齐国，准

备在齐国称王。齐国所担忧的，只怕别的将领来。"当时燕惠王本来就已经怀疑乐毅，又受到齐国反间计的挑拨，就派骑劫代替乐毅任将领，并召回乐毅。乐毅心里明白燕惠王派人代替自己是不怀好意的，害怕回国后被杀，便向西去投奔了赵国。赵国把观津这个地方封给乐毅，封号叫望诸君。赵国对乐毅十分尊重宠信，借此来震慑燕国、齐国。

箭镞·战国

虎噬羊铜饰牌·战国

齐国田单后来与骑劫交战，果然设置骗局用计谋迷惑燕军，结果在即墨城下把骑劫的军队打得大败，收复了齐国的全部城邑，并且把齐襄王从莒邑迎回都城临淄。

【托信寓忠情】

燕惠王很后悔派骑劫代替乐毅，致使燕军惨败，损兵折将，丧失了占领的齐国土地；可是又怨恨乐毅投奔赵国，恐怕赵国任用乐毅乘着燕国兵败疲困之机攻打燕国。燕惠王就派人去赵国责备乐毅，同时向他道歉说："先王把整个燕国委托给将军，将军为燕国战败齐国，替先王报了深仇大恨，天下人没有不震惊的，我哪里有一天敢忘记将军的功劳呢！正遇上先王辞世，我本人初即位，是左右人耽误了我。我之所以派骑劫代替将军，是因为将军长年在外，风餐露宿，因此召回将军暂且休整一下，也好共商朝政大计。不想将军误听传言，认为跟我有不融洽的地方，就抛弃了燕国而投奔赵国。将军从为自己打算那是可以的，可是又怎么对得住先王待将

军的一片深情厚意呢？"乐毅写了一封回信给惠王，信中说：

"臣下没有才干，不能恭奉您的命令，来顺从您左右那些人的意愿，我恐怕回国有不测之事因而有损先王的英明，有害您的道义，所以逃到赵国。现在您派人来指责我的罪过，我深怕您不能体察先王信任、重用我的道理，又不清楚我用来事奉先王的诚心，所以冒昧地用信来回答。

我听说贤能圣明的君主不拿爵禄偏赏给亲近的人，功劳多的就奖赏他，能力胜任的就举用他。所以考察才能然后授给官职的，是能成就功业的君主。衡量品行然后交往的，是能树立声誉的贤士。我暗中观察先王的举止，看到他有超出一般君主的心志，所以我借为魏国出使之机，到燕国献身接受考察。先王格外抬举我，先把我列入宾客之中，又把我选拔出来高居群臣之上，不同父兄宗亲大臣商议，就任命我为亚卿。我自己也缺乏自知之明，自认为只要执行命令接受教导，就能侥幸免于犯罪，所以接受任命而不推辞。

先王指示我说：'我跟齐国有积久的怨仇，深深恼恨齐国，不去估量燕国的弱小，也要把向齐国复仇作为我在位的职分。'我说：'那个齐国，至今保留着霸国的基业，而又有多次作战取胜的经验。士兵训练有素，谙

熟攻战方略。大王若要攻打它，必须与天下诸侯联合共同图谋它。若要与天下诸侯图谋它，不如先与赵国结盟。而且淮北，原属宋国的地区是楚、魏两都想得到的地方，赵国如果答应结盟就约好四国联合攻打它，这样齐国就可以被彻底打败。'先王认为我的主张对，就准备了符节派我南去赵国。很快我就归国复命，随即发兵攻打齐国。靠着上天的引导，先王的神威，黄河以北地区的赵、魏两国军队随着先王全部到达济水岸上。济水岸上的军队接受命令攻击齐军，把齐国人打得大败。我们的轻快精锐部队，长驱直入直抵齐国国都。齐王只身逃跑奔向莒邑，仅他一人免于身亡；珠玉财宝战车盔甲以及珍贵的祭祀器物全部缴获送回燕国。齐国的祭器摆设在宁台，大吕钟陈列在元英殿；被齐国掠去的原燕国宝鼎又从齐国取来放回歷室，蓟丘的植物中种植着齐国汶水出产的竹子，自五霸以来功业没有赶上先王的。先王认为自己的志向得到满足，所以划出一块地方赏赐给我，使我能比同小国的诸侯。

我听说贤能圣明的君主，功业建立而不废弛，所以能写在《春秋》一类的史书上；有预见的贤士，名声取得而不毁弃，所以能被后人称颂。像先王那样报仇雪耻，平定了具有万辆兵车的强大国家，缴获了齐国八百多年所积存的珍贵宝物，等到先王辞世之日，还留下政令训示，指示执政掌权的臣属，修整法令，慎重地对待庶

出子弟，把恩泽推及到百姓身上，这些都可以用来教导后代。

……

免遭杀身之祸而建功立业，彰明发扬先王的事迹，这是我的上策。遭到侮辱以至诽谤，毁坏先王的名声，这是我所最害怕的事情。面临难以预测的罪过，把幸免于杀身之祸作为个人渔利的机会，这是恪守道义的人所不敢做出的事情。

我听说古代的君子，绝交时不说别人的坏话；忠良的臣子离开原来的国家，不洗雪自己的罪过和冤屈。我虽然无能，但多次聆听君子的教导了。我恐怕先王侍从听信左右近臣的谗言，不体察被疏远人的行为。所以献上这封信把我的心意告诉您。希望君王留意吧！"

于是燕惠王又把乐毅的儿子乐间封为昌国君；而乐毅往来于赵国、燕国之间，与燕国重新交好，燕、赵两国都任用他为客卿。乐毅逝世于赵国。

论 赞

太 史公曰：当初齐人蒯通和主父偃读乐毅给燕王的那封信时，都曾情不自禁地放下书信落泪。乐臣公钻研黄帝、老子的学说，他的宗师叫做河上丈人，但河上丈人是何许人还不清楚。河上丈人传授给安期生，安期生传授给毛翕公，毛翕公传授给乐瑕公，乐瑕公传授给乐臣公，乐臣传授给盖公。盖公在齐地高密、胶西一带执教，是曹参相国的老师。

廉颇 蔺相如列传

本篇为廉颇、蔺相如合传。蔺相如是太史公所景仰的历史人物之一，在传记中，太史公歌颂了他的智勇双全和"先国家之急而后私仇"的高尚品格。廉颇作为战国后期的名将，太史公对他的战功着墨不多，而对他知错能改、负荆请罪的难能可贵的美德进行了大力渲染。廉颇与蔺相如的故事在今天已是家喻户晓。

【完璧归赵】

廉颇是赵国优秀的将领。赵惠文王十六年（前283），廉颇率领赵军征讨齐国，大败齐军，夺取了阳晋，被封为上卿，他以勇气闻名于诸侯各国。蔺相如是赵国人，是赵国宦者令缪贤家的门客。

赵惠文王的时候，得到了楚国的和氏璧。秦昭王听说了这件事，就派人给赵王一封书信，表示愿意用十五座城交换这块宝玉。赵王同大将军廉颇及大臣们商量：要是把宝玉给了秦国，秦国的城邑恐怕不可能得到，白白地受骗；要是不给呢，就怕秦军马上来攻打。怎么解决没有确定，想找一个能派到秦国去回复的使者，没能找到。宦者令缪贤说："我的门客蔺相如可以派去。"于是赵王立即召见，问蔺相如说："秦王用十五座城请求交换我的和氏璧，能不能给他？"相如说："秦国强，赵国弱，不能不答应他。"赵王说："得了我的宝璧，不

给我城邑，怎么办？"相如说："秦国请求用城换璧，赵国如不答应，赵国理亏；赵国给了璧而秦国不给赵国城邑，秦国理亏。两种对策衡量一下，宁可答应它，让秦国来承担理亏的责任。"赵王说："谁可以派为使臣？"

⊙ **完璧归赵图·清·吴历**

相如说："大王如果确实无人可派，臣愿捧护宝璧前往出使。城邑归属赵国了，就把宝璧留给秦国；城邑不能归赵国，我一定把和氏璧完好地带回赵国。"赵王于是就派遣蔺相如带好和氏璧，西行入秦。

秦王坐在章台上接见蔺相如，相如捧璧献给秦王。秦王大喜，把宝璧给妻妾和左右侍从传看，左右都高呼万岁。相如看出秦王没有用城邑给赵国抵偿的意思，便走上前去说："璧上有个小红斑，让我指给大王看。"秦王把璧交给他，相如于是手持玉璧退后几步站定，身体靠在柱子上，怒发冲冠，对秦王说："大王想得到宝璧，派人送信给赵王，赵王召集全体大臣商议，大家都说：'秦国贪得无厌，倚仗它的强大，想用空话得到宝璧，给我们的城邑恐怕是不能得到的。'商议的结果是不想把宝璧给秦国。我认为平民百姓的交往尚且不互相欺骗，何况是大国呢？况且为了一块玉璧的缘故就使强大的秦国不高兴，也是不应该的。于是赵王斋戒了五天，派我捧着宝璧，在殿堂上恭敬地拜送国书。为什么要这样呢？是尊重大国的威望以表示敬意呀。如今我来到贵国，大王却在一般的台观接见我，礼节非常傲慢；得到宝璧后，传给姬妾们观看，这样来戏弄我。我观察大王没有给赵王十五城的诚意，所以我又收回宝璧。大王如果一定要逼我，我的头今天就同宝璧一起在柱子上撞碎！"相如手持宝璧，斜视庭柱，就

要向庭柱上撞去。秦王怕他真把宝璧撞碎，便向他道歉，坚决请求他不要如此，并召来主管的官员查看地图，指明从某地到某地的十五座城邑交割给赵国。相如估计秦王不过用欺诈手段假装给赵国城邑，实际上赵国是不可能得到的，于是就对秦王说："和氏璧是天下公认的宝物，赵王惧怕贵国，不敢不奉献出来。赵王送璧之前，斋戒了五天，如今大王也应斋戒五天，在殿堂上安排九宾大典，我才敢献上宝璧。"秦王估量此事毕竟不可强力夺取，于是就答应斋戒五天，请相如住在广成宾馆。相如估计秦王虽然答应斋戒，但必定背约不给城邑，便派他的随从穿上粗麻布衣服，怀中藏好宝璧，从小路逃出，把宝璧送回赵国。

秦王斋戒五天后，就在殿堂上安排了九宾大典，去请赵国使者蔺相如。相如来到后，对秦王说："秦国从穆公以来的二十几位君主，从没有一个坚守盟约的。我实在是怕被大王欺骗而对不起赵王，所以派人带着宝璧回去，从小路已回到赵国了。况且秦强赵弱，大王派一位使臣到赵国，赵国立即就把宝璧送来。如今凭您秦国的强大，先把十五座城邑割让给赵国，赵国怎么敢留下宝璧而得罪大王呢？我知道欺骗大王之罪应被诛杀，我情愿下油锅被烹，只希望大王和各位大臣仔细考虑此事。"秦王和群臣面面相觑并有惊怪之声。侍从有人要把相如拉下去，秦王趁机说："如今杀了相如，终归还是得不到宝璧，反

而破坏了秦赵两国的交情，不如趁此好好款待他，放他回到赵国，赵王难道会为了一块玉璧的缘故而欺骗秦国吗！"最终还是在殿堂上接见相如，完成了大礼让他回国。

相如回国后，赵王认为他是一位称职的大夫，身为使臣不受诸侯的欺辱，于是封相如为上大夫。秦国没有把城邑给赵国，赵国也始终不给秦国宝璧。

【渑池之会】

秦王派使者通告赵王，想在西河外的渑池与赵王进行一次友好会见。赵王害怕秦国，想不去。廉颇、蔺相如商议道："大王如果不去，就显得赵国既软弱又胆小。"赵王于是前往赴会，相如随行。廉颇送到边境，和赵王诀别说："大王此行，估计路程和会见礼仪结束，再加上返回的时间，不会超过三十天。如果三十天还没回来，就请您允许我们立太子为王，以断绝秦国的妄想。"赵王同意这个意见，便去渑池与秦王会见。秦王饮到酒兴正浓时，说："寡人私下里听说赵王爱好音乐，请您弹瑟吧！"赵王就弹起瑟来。秦国的史官上前来写道："某年某月某日，秦王与赵王一起饮酒，令赵王弹瑟。"蔺相如上前说："赵王私下里听说秦王擅长秦地土乐，请让我给秦王捧上瓦缶，以便互相娱乐。"秦王发怒，不答应。这时相如向前递上瓦缶，并跪下请秦王演奏。秦王不肯击缶，相如说："在这五步

之内，我蔺相如要把脖颈里的血溅在大王身上了！"侍从们想要杀相如，相如圆睁双眼大喝一声，侍从们都吓得倒退。当时秦王不大高兴，也只好敲了一下缶。相如回头招呼赵国史官写道："某年某月某日，秦王为赵王敲缶奏乐。"秦国的大臣们说："请你们用赵国的十五座城向秦王献礼。"蔺相如也说："请你们用秦国的咸阳向赵王献礼。"秦王直到酒宴结束，始终也未能压倒赵国。赵国已经部署了大批军队来防备秦国，因而秦国也不敢有什么举动。

【负荆请罪】

渑池会结束以后，由于相如功劳大，被封为上卿，位在廉颇之上。廉颇说："我是赵国将军，有攻城野战的大功，而蔺相如只不过靠能说会道立了点功，可是他的地位却在我之上，况且相如本来是卑贱之人，我感到羞耻，在他下面我难以忍受。"并且扬言说："我遇见相如，一定要羞辱他。"相如听到后，不肯和他相会。相如每到上朝时，常常推说有病，不愿和廉颇去争位次的先后。没过多久，相如外出，远远看到廉颇，相如就掉转车子回避。于是相如的门客就一起来直言进谏说："我们所以离开亲人来事奉您，就是仰慕您高尚的节义呀。如今您与廉颇官位相同，廉君口出恶言，而您却害怕躲避他，您怕得也太过分了，平庸的人尚且感到羞耻，何况是身为将相的人呢！我们这些人没

黄玉镂空龙形佩·战国

1977年安徽长丰县杨公乡墓葬出土。宽21.4厘米。镂空制成，体呈扁平形。龙作S状。身饰浅浮雕蚕纹。腹部有一圆穿，可用来系挂。

出息，请让我们告辞吧！"蔺相如坚决地挽留他们，说："诸位认为廉将军和秦王相比谁厉害？"回答说："廉将军比不了秦王。"相如说："以秦王的威势，而我却敢在朝廷上呵斥他，羞辱他的群臣，我蔺相如虽然无能，难道会怕廉将军吗？但是我想到，强秦所以不敢对赵国用兵，就是因为有我们两人在呀，如今两虎相斗，势必不能共存。我所以这样忍让，就是为了要把国家的急难摆在前面，而把个人的私怨放在后面。"廉颇听说了这些话，就脱去上衣，露出上身，背着荆条，由宾客带引，来到蔺相如的门前请罪。他说："我是个粗野卑贱的人，想不到将军您是如此的宽厚啊！"二人终于相互交欢和好，成为生死与共的好友。

▶【纸上谈兵】

赵惠文王去世，太子孝成王即位。孝成王七年（前259），秦军与赵军在长平对阵，那时赵奢已死，蔺相如也已病危，赵王派廉颇率兵攻打秦军，秦军几次打败赵军，赵军坚守营垒不出战。秦军屡次挑战。廉颇置之不理。赵王听信秦军间谍散布的谣言。秦军间谍说："秦军所畏惧的，就是怕马服君赵奢的儿子赵括来做将军。"赵王因此就以赵括为将军，取代了廉颇。赵括的母亲上书劝谏赵王不要用赵括为将，赵王不听。

赵括代替廉颇之后，把原有的规章制度全都改变了，把原来的军吏也撤换了，最终被秦将白起击败。第二年，秦军就包围了邯郸，有一年多，赵国几乎不能保全，全靠楚国、魏国军队来援救，才得以解除邯郸的包围。赵王也由于赵括的母亲有言在先，终于没有株连她。

论赞

太史公曰：知道将死而不畏惧，必定是有大勇气；死并非难事，而怎样对待死才是难事。当蔺相如手举宝璧斜视庭柱，以及呵斥秦王侍从的时候，当时的形势最多不过是被杀，然而一般士人往往因为胆小怯弱而不敢如此表现。相如一旦将他的勇气振奋起来，其张扬出来的威力就会压倒敌国。后来又对廉颇谦逊退让，他的声誉比泰山还重，他处事中的表现可谓智慧与勇气并存啊！

田单列传

此传记述了战国时期齐国将领田单率领即墨军民击败燕军的经过。即墨之战是中国历史上有名的出奇制胜的经典战例。本传的选材布局、场面描写及人物刻画都如同小说般精彩，从而赞赏田单运用奇谋取得胜利的军事天才。

【临危受命】

田单是齐国田氏王室的远房亲族。在齐湣王时，田单担任首都临淄佐理市政的小官，并不被齐王重用。后来，到燕国派遣大将乐毅攻破齐国，齐湣王被迫从都城逃跑，不久又退守莒城。在燕国军队长驱直入征讨齐国之时，田单也离开都城，逃到安平，让他的同族人把车轴两端的突出部位全部锯下，安上铁箍。不久，燕军攻打安平，城池被攻破，齐国人争路逃亡，都因被撞得轴断车坏，被燕军俘虏。只有田单和同族人因用铁箍包住了车轴的缘故，得以逃脱，向东退守即墨。这时，燕国军队已经全部攻破了齐国大小城市，只有莒和即墨两城未被攻下。燕军听说齐湣王在莒城，就调集军队，全力攻打。大臣淖齿就杀死了齐湣王，坚守城池，抗击燕军，燕军几年都不能攻破该城。迫不得已，燕将带兵东行，围攻即墨。即墨的守城官员出城与燕军交战，战败被杀。即墨城中军民都推举田单当首领，说：

"安平那一仗，田单和同族人因用铁箍包住车轴才得以安然脱险，又熟悉兵法。"于是，大家就拥立田单为将军，坚守即墨，抗击燕军。

【反间之计】

过了不久，燕昭王去世，燕惠王登位，他和乐毅有些不和。田单听到这个消息之后，就派人到燕国去行使反间计，扬言说："齐湣王已被杀死，没被攻克的齐国城池只不过两座而已。乐毅害怕被杀掉而不敢回国，他以讨伐齐国为名，实际上是想和齐国兵力联合起来，在齐国称王。齐国人心还未归附，因此暂且拖延时间，慢慢攻打即墨，以便等待时机成熟再称王。齐国人担心的是，唯恐其他将领来带兵，即墨城就必破无疑了。"燕惠王认为这些话是对的，就派大将骑劫去代替乐毅。

【火牛阵破敌】

乐毅被免职之后就逃到赵国去

了，燕军官兵都为此愤愤不平。

田单亲自拿着夹板铲锸，和士兵们一起修筑工事，并把自己的妻子姬妾都编在队伍之中，还把全部的食物拿出来犒劳士卒。命令装备整齐的精锐部队都埋伏起来，让老弱妇女上城防守，又派使者去和燕军约定投降事宜，燕军官兵都高呼万岁。田单又把民间的黄金收集起来，共得一千镒，让即墨城里有钱有势的人送给燕军，请求说："即墨就要投降了，希望你们进城之后，不要掳掠我们的妻子姬妾，让我们能平安地生活。"燕军将领非常高兴，满口答应。燕军因此更加松懈。

田单于是从城里收集了一千多头牛，给它们披上大红绸绢制成的被服，在上面画着五颜六色的蛟龙图案，在它们的角上绑好锋利的刀子，把渍满油脂的芦苇绑在牛尾上，点燃其末端。又把城墙凿开几十个洞穴，趁夜间把牛从洞穴中赶出，派精壮士兵五千人跟在火牛的后面。因尾巴被烧得发热，火牛都狂怒地直奔燕军，这一切都在夜间突然发生，使燕军惊慌失措。牛尾上的火把将夜间照得通明如昼，燕军看到它们都是龙纹，所触及到的人非死即伤。五千壮士又随后悄然无声地杀来，而城里的人乘机擂鼓呐喊，紧紧跟随在后面，甚至连老弱妇孺都手持铜器，敲得震天价响，和城外的呐喊声汇合成惊天动地的声浪。燕军非常害怕，大败而逃。齐国人在乱军之中杀死了燕国的主将骑劫。燕军仓

皇而逃，战斗力一天天减弱，一直退到了黄河边上，原来齐国的七十多座城池又都被收复。于是田单到莒城迎接齐襄王，襄王也就回到都城临淄来处理政务。

齐襄王封赏田单，赐爵号为安平君。

论赞

太 史公曰：用兵作战一面要和敌人正面交锋，一面要出奇制胜。善于用兵的人，奇谋异策层出不穷。正面的交锋和背侧的奇袭要相互交替，这两种战术的相互转化，就如同圆环没有起止。用兵之初要像处女那样沉稳，诱使敌人敞开门户，毫不戒备；等到时机到来之时，就像逃脱的兔子一般迅捷，使敌人猝不及防。田单用兵就是这样的吧！

屈原 贾生列传

此 传是屈原、贾谊两个人的合传。他们虽然不是同时代人，但是遭遇却有许多共同之处。他们才高气盛，清高傲骨，但在政治上却都不得志，且都因忠被贬，却又都在文学上成就卓越。所以，太史公将他们同列于一篇，实际上表达了对他们的经历的愤恨不平与同情，写人亦写己。

【才高遭嫉】

屈原名平，和楚国王室是同姓一族。他担任楚怀王的左徒，学识渊博，记忆力很强，对国家存亡兴衰的道理非常了解，对外交往来、接人待物的辞令又非常熟悉。因此他入朝就和楚王讨论国家大事，制定政令；对外就接待各国使节，处理对各诸侯国的外交事务。楚怀王对他非常信任。

而上官大夫和屈原职位相同，他为了能得到怀王的宠信，很嫉妒屈原的才能。有一次，怀王命屈原制定国家法令，屈原刚写完草稿，还没最后修订完成。上官大夫见到之后想夺为己有，但屈原不肯给他。他就向楚怀王说屈原的坏话："大王您让屈原制定法令，上下没有人不知道这件事，每颁布一条法令，屈原就自夸其功，说是'除了我之外，谁也做不出来'。"怀王听了，非常生气，因此就对屈原疏远了。

【危难重重的故国】

屈原被贬退之后，秦国想发兵攻打齐国，可是齐国与楚国有合纵的盟约，秦惠王对此很是担忧，于是就派张仪假装离开秦国，带着丰厚的礼品来到楚国表示臣服，说："秦国非常痛恨齐国，但齐国和楚国有合纵的盟约，若是楚国能和齐国断交，那么秦国愿意献出商、於一带六百里土地。"楚怀

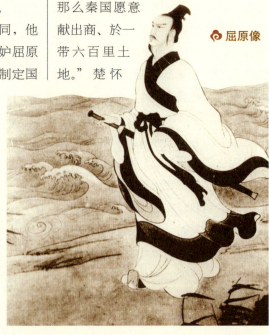

🐾 屈原像

王贪图得到土地而相信了张仪，就和齐国断绝了关系，并派使者到秦国接受土地。张仪欺骗了楚国，对使者说："我和楚王约定的是六里，没听说过有什么六百里。"怀王勃然大怒，大规模起兵攻打秦国。魏国得知此事，派兵偷袭楚国，到达邓地。楚兵非常害怕，不得不从秦国撤军回国。而齐国很痛恨怀王背弃盟约，不肯派兵救助楚国，楚国的处境非常艰难。

在此之后，各诸侯国联合攻打楚国，大败楚军。

当时秦昭王和楚国结为姻亲，想和楚怀王见见面，楚怀王想要前往，屈原劝谏说："秦国是虎狼一般贪暴的国家，是不能信任的，还是不去为好。"可是怀王的小儿子子兰劝怀王前去，他说："为什么要断绝了秦王的好意呢？"怀王最终还是去了。但他刚一进武关，秦朝的伏兵就斩断了他的归路，把怀王扣留，为的是让他答应割让土地。怀王大怒，不肯应允。逃到赵国，但赵国拒绝接纳。然后又来到秦国，最终死在秦国，尸体运回楚国安葬。

【再次被逐】

怀王的大儿子顷襄王继位，任命他的弟弟子兰为令尹。因子兰劝怀王入秦而最终死在秦国，楚国人都把此事的责任归罪于子兰。

屈原对子兰的所作所为，也非常痛恨。虽然身遭放逐，却依然眷恋楚国，怀念怀王，时刻惦记着能重返朝廷，总是希望国王能突然觉悟，不良习俗也为之改变。他总是不忘怀念君王，复兴国家，扭转局势，所以在一篇作品中多次流露此种心情。然而终究无可奈何，所以也不可能再返朝廷，由此也可见怀王最终也没有醒悟。作为国君，不管他聪明还是愚蠢，有才还是无才，都希望找到忠臣和贤士来辅佐自己治理国家，然而亡国破家之事却不断发生，而圣明之君、太平之国却好多世代都未曾一见，其根本原因就在于其所谓忠臣并不忠，其所谓贤士并不贤。怀王因不知晓忠臣之职分，所以在内被郑袖所迷惑，在外被张仪所欺骗，疏远屈原而信任上官大夫和令尹子兰。结果使军队惨败，国土被侵占，失去了六郡地盘，自己还流落他乡，客死秦国，被天下人所耻笑。这是由于不知人所造成的灾祸。《易经》上说："井已经疏浚干净，却没人来喝水，这是令人难过的事。国君若是圣明，大家都可以得到幸福。"而怀王是如此不明，哪里配得到幸福啊！

令尹子兰听到以上情况勃然大怒，最终还是让上官大夫去向顷襄王说屈原的坏话，顷襄王一生气，就把屈原放逐了。

【屈原投江】

屈原来到江边，披头散发在荒野草泽上一边走，一边悲愤长吟。脸色憔悴，形体干瘦。一位渔翁看到他，就问道："您不就是三闾大夫吗？为

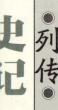

列传

史记

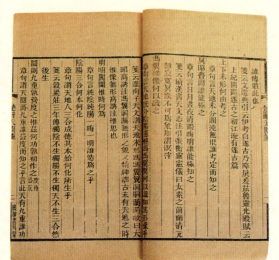

📖 《楚辞》书影

什么到这里来呢？"屈原说："所有的人都污浊而只有我是干净的，大家都昏沉大醉而只有我是清醒的，所以我才被放逐了。"渔翁说："一个道德修养达到最高境界的人，对事物的看法并非一成不变，而是能随着世俗风气而转移，所有的人都污浊，你为什么不在其中随波逐流？大家都昏沉大醉，你为什么不在其中吃点残羹剩酒呢？为什么要保持美玉一般的品德，而使自己讨了个被流放的下场呢？"屈原回答说："我听说过，刚洗过头的人一定要弹去帽子上的灰尘，刚洗过身躯的人一定要把衣服上的尘土抖干净，人们又有谁愿意以清白之身，而受外界污垢的沾染呢？我宁愿跳入江水长流之内，葬身鱼腹之中，也不让自己的清白品德蒙受世俗的污染！"

于是，屈原写下了作品《怀沙》，然后就怀抱石头，投入汨罗江自杀而死。

【才华过人】

贾生名叫贾谊，是洛阳人。在十八岁时就因诵读诗书会写文章而闻名当地。吴廷尉担任河南郡守时，听说贾谊才学优异，就把他召到衙门任职，并非常器重。汉文帝刚即位时，听说河南郡守吴公政绩卓著，为全国第一，而且和李斯同乡，又曾向李斯学习过，于是就征召他担任廷尉。吴廷尉就推荐贾谊年轻有才，能精通诸子百家的学问。这样，汉文帝就征召贾谊，让他担任博士之职。

当时贾谊二十有余，在博士中最为年轻。每次文帝下令让博士们讨论一些问题，那些年长的老先生们都无话可说，而贾谊却能一一回答，人人都觉得说出了自己想说的话。博士们都认为贾生才能杰出，无与伦比。汉文帝也非常喜欢他，对他破格提拔，一年之内就升任太中大夫。

【遭贬作赋】

贾谊认为从西汉建立到汉文帝时已有二十多年了，天下太平，正是应该改正历法、变易服色、订立制度、决定官名、振兴礼乐的时候，于是他草拟了各种仪法，崇尚黄色，遵用五行之说，创设官名，完全改变了秦朝的旧法。汉文帝刚刚即位，谦虚退让而来不及实行。但此后各项法令的更改，以及诸侯必须到封地去上任等事，这都是贾谊的主张。于是汉文帝就和大臣们商议，想提拔贾谊担任公卿之职。而绛侯周勃、颍阴侯灌婴、东阳侯张相如、御史大夫冯敬这些人都嫉妒他，就诽谤贾谊说："这个洛阳人，年纪轻而学识浅，只想独揽大权，把政事弄得一团糟。"此后，汉文帝于是就疏远了贾谊，不再采纳他的意见，任命他为长沙王太傅。

贾谊向文帝告辞之后，前往长沙赴任，他听说长沙地势低洼，气候潮湿，自认为寿命不会很长，又是因为被贬至此，内心非常不愉快。在渡湘水的时候，写下一篇辞赋来凭吊屈原。

贾谊在担任长沙王太傅的第三年，一次有一支鸮鸟飞进他的住宅，停在了座位旁边。楚国人把鸮叫做"服"。贾谊原来就是因被贬来到长沙，而长沙又地势低洼，气候潮湿，所以自认为寿命不长，悲痛伤感，就写下了一篇赋来自我安慰。

一年多之后，贾谊被召回京城拜见皇帝。当时汉文帝正坐在宣室，接受神的降福保佑。因文帝有感于鬼神之事，就向贾谊询问鬼神的本原。贾谊也就乘机周详地讲述了所以会有鬼神之事的种种情形。到半夜时分，文帝已听得很入神，不知不觉地在座席上总往贾谊身边移动。听完之后，文帝慨叹道："我好长时间没见贾谊了，自认为能超过他，现在看来还是不如他。"过了不久，文帝任命贾谊为梁怀王太傅。梁怀王是汉文帝的小儿子，受文帝宠爱，又喜欢读书，因此才让贾谊当他老师。

汉文帝又封淮南厉王的四个儿子都为列侯。贾谊劝谏，认为国家祸患的兴起就要从这里开始了。贾谊又多次上疏皇帝，说有的诸侯封地太多，甚至多达几郡之地，和古代的制度不符，应该逐渐削弱他们的势力，但是汉文帝不肯听从。

几年之后，梁怀王因骑马不慎，从马上掉下来摔死了，没有留下后代。贾谊认为这是自己作太傅没有尽到责任，非常伤心，哭泣了一年多，也死去了。贾谊死的时候年仅三十三岁。

后来汉文帝去世，汉武帝即位，提拔贾谊的两个孙子任郡守。其中贾嘉最为好学，继承了贾谊的家业，曾和我有过书信往来。到汉昭帝时，他担任九卿之职。

论赞

太史公曰：我读完《离骚》《天问》《招魂》《哀郢》之后，为屈原的情志感到伤感。我到长沙去，特意去看了屈原沉江自杀的地方，情不自禁地掉下眼泪，由此更加想见他的为人。后来读了贾谊的《吊屈原赋》，又责怪屈原若是以自己超人的才华，游事诸侯的话，哪个国家不能容纳他呢？却把自己弄到这种地步。当我读过《服鸟赋》之后，把生死同等看待，把官场上的去留升降看得很轻，又不禁怅然若失了。

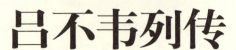
吕不韦列传

这是吕不韦的专传。在此传记中，太史公描写了吕不韦的唯利是图且老谋深算、皇太后的放荡淫乱及秦始皇的凶狠残暴，从而活生生地揭示出了一幅宫廷内部政治斗争的残酷与无情、丑陋与腐朽，字里行间充满了太史公的轻蔑与憎恶。

【奇货可居】

吕不韦是阳翟的大商人，他往来各地，以低价买进，高价卖出，所以积累起千金家产。

秦昭王四十年(前267)，太子去世了。到了昭王四十二年，他的第二个儿子安国君被立为太子。安国君有个排行居中的儿子名叫子楚，子楚的母亲叫夏姬，不受宠爱。子楚作为秦国的人质被派到赵国。秦国多次攻打赵国，赵国对子楚也不以礼相待。

子楚是秦王庶出的孙子，在赵国当人质，他乘坐的车马和日常的财用都不富足，生活困窘，很不得意。吕不韦到邯郸去做生意，见到子楚后非常喜欢，说："子楚就像一件奇货，可以囤积居奇，以待高价售出。"于是他就前去拜访子楚，对他游说道："我能光大你的门庭。"子楚笑着说："你姑且先光大自己的门庭，然后再来光大我的门庭吧！"吕不韦说："你不懂啊，我的门庭要等待你的门庭光大了才能光大。"子楚心知吕不韦所言之意，就拉他坐在一起深谈。

吕不韦说："你很贫窘，又客居在此，也拿不出什么来献给亲长，结交宾客。我

《吕氏春秋》书影

吕不韦虽然不富有，但愿意拿出千金来为你西去秦国游说，事奉安国君和华阳夫人，让他们立你为太子。"子楚于是叩头拜谢道："如果实现了您的计划，我愿意分秦国的土地和您共享。"

【笼络宠姬】

吕不韦于是拿出五百金送给子楚，作为日常生活和交结宾客之用；又拿出五百金买珍奇玩物，自己带着西去秦国游说。他先拜见华阳夫人的姐姐，把带来的东西统统献给华阳夫人，顺便谈及子楚聪明贤能，所结交的诸侯宾客，遍及天下，常常说"我子楚把夫人看成天一般，日夜哭泣思念太子和夫人"。夫人非常高兴。吕不韦乘机又让华阳夫人姐姐劝说华阳夫人道："我听说用美色来事奉别人的，一旦色衰，宠爱也就随之减少。现在夫人您事奉太子，甚被宠爱，却没有儿子，不趁这时早一点在太子的儿子中结交一个有才能而孝顺的人，立他为继承人而又像亲生儿子一样对待他，那么，丈夫在世时受到尊重，丈夫死后，自己立的儿子继位为王，最终也不会失势，这就是人们所说的一句话能得到万世的好处啊。不在容貌美丽之时打下基础，假使等到容貌衰竭，宠爱失去后，虽然想和太子说上一句话，还有可能吗？现在子楚贤能，而自己也知道排行居中，按次序是不能被立为继承人的，而他

的生母又不受宠爱，自己就会主动依附于夫人，夫人若真能在此时提拔他为继承人，那么夫人您一生在秦国都要受到尊宠啦！"华阳夫人听了觉得很对，就趁太子方便的时候，委婉地谈到在赵国做人质的子楚非常有才能，来往的人都称赞他。接着就哭着说："我有幸能填充后宫，但非常遗憾的是没有儿子，我希望能立子楚为继承人，以便我日后有个依靠。"安国君答应了，就和夫人刻下玉符，决定立子楚为继承人，安国君和华阳夫人都送好多礼物给子楚，而请吕不韦当他的老师，因此子楚的名声在诸侯中越来越大。

吕不韦选取了一个漂亮而又善于跳舞的邯郸女子一起同居，知道她怀了身孕。子楚有一次和吕不韦一起饮酒，看到此女后非常喜欢，就请求把此女赐给他。吕不韦很生气，但转念一想，已经为子楚破费了大量家产，为的借以钓取奇货，于是就献出了这个女子。此女隐瞒了自己怀孕在身，到十二个月之后，生下儿子名政。子楚就立此姬为夫人。

【仲父吕不韦】

秦昭王五十年（前257），昭王派王齮围攻邯郸，情况非常紧急，赵国想杀死子楚。子楚就和吕不韦密谋，拿出六百斤金子送给守城官吏，得以脱身，逃到秦军大营，这才得以顺利回国。赵国又想杀子楚的妻子和儿子，因子楚的夫人是赵国富

豪人家的女儿，才得以隐藏起来，因此母子二人竟得活命。秦昭王五十六年（前251年），他去世了，太子安国君继位为王，华阳夫人为王后，子楚为太子。赵国也护送子楚的夫人和儿子嬴政回到秦国。

秦王继位一年之后去世，谥号为孝文王。太子子楚继位，他就是庄襄王。庄襄王尊奉为母的华阳王后为华阳太后，生母夏姬被尊称为夏太后。庄襄王元年（前249），任命吕不韦为丞相，封为文信侯，以河南洛阳十万户作为他的食邑。

庄襄王即位三年之后死去，太子嬴政继立为王，尊奉吕不韦为相国，称他为"仲父"。秦王年纪还小，太后常常和吕不韦私通。吕不韦家有奴仆万人。

【一字千金】

在那时，魏国有信陵君，楚国有春申君，赵国有平原君，齐国有孟尝君，他们都礼贤下士，结交宾客。并在这方面要争个高低上下。吕不韦认为秦国如此强大，把不如他们当成一件令人羞愧的事，所以他也招来了文人学士，给他们优厚的待遇，门下食客多达三千人。那时各诸侯国有许多才辩之士，像荀卿那班人，著书立说，流行天下。吕不韦就命他的食客各自将所见所闻记下，综合在一起成为八览、六

🦅 鹰流杯·战国

敞口，流鹰嘴形，嘴衔珠，圆底，椭圆形圈足，俯视呈桃形。

论、十二纪，共二十多万言。自己认为其中包括了天地万物古往今来的事理，所以号称《吕氏春秋》。并将之刊布在咸阳的城门，上面悬挂着一千金的赏金，遍请诸侯各国的游士宾客，若有人能增删一字，就给予一千金的奖励。

【嫁祸于人】

秦始皇越来越大了，但太后一直淫乱不止。吕不韦唯恐事情败露，灾祸降临在自己头上，就暗地寻求了一个阴茎特别大的人嫪毐作为门客，不时让演员歌舞取乐，命嫪毐用他的阴茎穿在桐木车轮上，使之转动而行，并想法让太后知道，以此事引诱她。太后听说之后，真的想在暗中占有他。吕不韦就进献嫪毐，假装让人告发他犯下了该受宫刑的罪。吕不韦又暗中对太后说："你可以让嫪毐假装受了宫刑，就可以在供职宫中的人员中得到他。"太

后就偷偷地送给主持宫刑的官吏许多东西，假装处罚嫪毐，拔掉了他的胡须假充宦官，使他得以事奉太后。太后暗中和他通奸，特别喜爱他。后来太后怀孕在身，恐怕别人知道，假称算卦不吉，需要换一个环境来躲避一下，就迁移到雍地的宫殿中来居住。嫪毐总是随从左右，所受的赏赐非常优厚，事事都由嫪毐决定。嫪毐家中有奴仆几千人。那些为求得官职来当嫪毐家门客的多达一千余人。

秦始皇七年（前240），庄襄王的生母夏太后去世。孝文王后叫华阳太后，和孝文王合葬在寿陵。夏太后的儿子庄襄王葬在芷阳，所以夏太后另外单独埋葬在杜原之东，称"向东可以看到我的儿子，向西可以看到我的丈夫。在百年之后，旁边定会有个万户的城邑"。

【不韦之死】

秦始皇九年（前238），有人告发嫪毐实际并不是宦官，常常和太后淫乱私通，并生下两个儿子，都被他们隐藏起来，还和太后谋议说"若是秦王死去，就立这儿子继位"。于是秦始皇命法官严查此事，事情牵连到相国吕不韦。这年九月，秦始皇把嫪毐家三族人全部杀死，又杀了太后所生的两个儿子，并把太后迁到雍地居住。秦王想杀掉相国吕不韦，但因其事奉先王功劳极大，又有许多宾客辩士为他求情说好话，秦王不忍心将他绳之以法。

秦始皇十年十月，免去了吕不韦的相国职务。等到齐人茅焦劝说秦王，秦王这才到雍地迎接太后，使她又回归咸阳，但把吕不韦遣出京城，前往河南的封地。

又过了一年多，各诸侯国的宾客使者络绎不绝，前来问候吕不韦。秦王恐怕他发动叛乱，就写信给吕不韦说："你对秦国有何功劳？秦国封你在河南，食邑十万户。你对秦王有什么血缘关系，而号称仲父？你与家属都一概迁到蜀地去居住！"吕不韦想到自己已经逐渐被逼迫，害怕日后被杀，就喝下毒酒自杀而死。

秦王所痛恨的吕不韦、嫪毐都已死去，就让迁徙到蜀地的嫪毐门客都回到京城。

秦始皇十九年（前228），太后去世，谥号为帝太后，与庄襄王合葬在芷阳。

白话精编二十四史

第一卷

论 赞

太史公曰：吕不韦带及嫪毐显贵，嫪毐封号长信侯。有人告发嫪毐谋反，嫪毐听说了。秦始皇查问左右，事情还未败露。等到秦王到雍地去祭天，嫪毐唯恐大祸临头，就与同党密谋，盗用太后的印玺调集士兵在蕲年宫造反。秦王调动官兵攻打嫪毐，嫪毐失败逃走。秦兵追到好畤将其斩首，然后满门抄斩。而吕不韦也由此遭到贬斥。孔子所说的"闻"，指的正是吕不韦这种人吧！

刺客列传

此传记载了春秋、战国时期的曹沫、专诸、豫让、聂政和荆轲等五位著名刺客的事迹。虽然这五人的行刺或行劫的缘由、目的不尽相同，但有一点，即他们扶弱拯危、不畏强暴、为达到目的而置生死于度外的刚烈精神是相同的。而这种精神的实质即是本传的意旨——士为知己者死。

【曹沫劫桓】

曹沫，是鲁国人，凭勇敢和力气事奉鲁庄公。曹沫任鲁国的将军，和齐国作战，多次战败逃跑。鲁庄公害怕了，就献出遂邑地区求和。还继续让曹沫任将军。

齐桓公答应和鲁庄公在柯地会见，订立盟约。桓公和庄公在盟坛上订立盟约以后，曹沫手拿匕首胁迫齐桓公，桓公的侍卫人员没有谁敢轻举妄动，桓公问："您打算干什么？"曹沫回答说："齐国强大，鲁国弱小，而齐国侵略鲁国也太过分了。如今鲁国都城一倒塌就会压到齐国的边境了，您要考虑考虑这个问题。"于是齐桓公答应全部归还鲁国被侵占的土地。说完以后，曹沫扔下匕首，走下盟坛，回到面向北的臣子的位置上，面不改色，谈吐从容如常。桓公很生气，打算背弃盟约。管仲说："不可以。贪图小的利益用来求得一时的快意，就会在诸侯面前丧失信用，失去天下人对您的支持，不如归还他们的

失地。"于是，齐桓公就归还占领的鲁国的土地，又将曹沫多次战败所丢失的土地全部归还鲁国。

【专诸刺王僚】

专诸，是吴国堂邑人。伍子胥逃离楚国前往吴国时，知道专诸有本领。伍子胥进见吴王僚后，用攻打楚国的好处劝说他。吴公子光认为伍员是公报私仇，不是为吴国考虑。于是吴王就不再议伐楚的事。伍子胥知道公子光打算杀掉吴王僚，于是就把专诸推荐给公子光。

吴王僚十一年，楚平王死了。这年春天，吴王僚想趁着楚国办丧事的时候，派他的两个弟弟公子盖余、属庸率领军队包围楚国的灊城，派延陵季子到晋国，从而观察各诸侯国的动静。楚国出动军队，断绝了吴将盖余、属庸的后路，吴国军队不能归还。这时公子光对专诸说："这个机会不能失掉，不去争取，哪会获得？况且我是真正的继承人，应当立为国君，季

子即使回来，也不会废掉我呀！"专诸于是请命。公子光以头叩地说："我公子光的身体，也就是您的身体，您身后的事都由我负责了。"

这年四月丙子日，公子光在地下室埋伏身穿铠甲的武士，备办酒席宴请吴王僚，王僚派出卫队，从王宫一直排列到公子光的家里，门户、台阶两旁，都是王僚的亲信。喝酒喝到畅快的时候，公子光假装脚有毛病，进入地下室，让专诸把匕首放到烤鱼的肚子里，然后把鱼进献上去。到王僚跟前，专诸掰开鱼，趁势用匕首刺杀王僚，王僚当时就死了。侍卫人员也杀死了专诸，王僚手下的人一时混乱不堪。公子光放出埋伏的武士攻击王僚的部下，全部消灭了他们，于是自立为国君，这就是吴王阖闾。阖闾于是封专诸的儿子为上卿。

【国士豫让】

豫让，是晋国人，没什么名声。他去事奉智伯，智伯特别地尊重宠信他。等到智伯攻打赵襄子时，赵襄子和韩、魏合谋灭了智伯；消灭智伯以后，三家分割了他的国土。赵襄子最恨智伯，就把他的头盖骨漆成饮具。豫让潜逃到山中，说："哎呀！好男儿可以为了解自己的人去死，好女子应该为爱慕自己的人梳妆打扮。现在智伯是我的知己，我一定替他报仇而献出生命，用以报答智伯，那么，我就是死了，

魂魄也没有什么可惭愧的了。"于是更名改姓，伪装成受过刑的人，进入赵襄子宫中修整厕所，身上藏着匕首，想要用它刺杀赵襄子。赵襄子到厕所去，心一悸动，拘问修整厕所的刑人，才知道是豫让，豫让说："我要替智伯报仇！"侍卫要杀掉他。襄子说："他是义士，我谨慎小心地回避他就是了。况且智伯死后没有继承人，而他的家臣想替他报仇，这是天下的贤人啊！"最后还是把他放走了。

过了不久，豫让又把漆涂在身上，使肌肤肿烂，像得了癞疮，吞炭使声音变得嘶哑，使自己的形体相貌不可辨认，沿街讨饭。就连他的妻子也不认识他了。路上遇见他的朋友，辨认出来，流着眼泪说："凭着您的才能，委身事奉赵襄子，襄子一定会亲近宠爱您。亲近宠爱您，您再干您所想干的事，难道不是很容易的吗？何苦自己摧残身体，丑化形貌，想要用这样的办法达到向赵襄子报仇的目的，不是更困难吗？"豫让说："托身事奉人家以后，又要杀掉人家，这是怀着

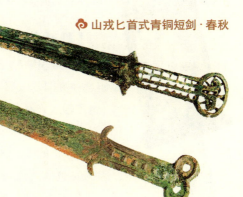

🔶山戎匕首式青铜短剑·春秋

异心事奉他的君主啊。我知道选择这样的做法是非常困难的，可是我之所以选择这样的做法，就是要使天下后世的那些怀着异心事奉国君的臣子感到惭愧！"

不久，襄子正赶上外出，豫让潜藏在他必定经过的桥下。襄子来到桥上，马受惊，襄子说："这一定是豫让。"派人去查问，果然是豫让。于是襄子就列举罪过指责他说："您不是曾经事奉过范氏、中行氏吗？智伯把他们都消灭了，而您不替他们报仇，反而托身为智伯的家臣。智伯已经死了，您为什么单单如此急切地为他报仇呢？"豫让说："我事奉范氏、中行氏，他们都把我当做一般人看待，所以我像一般人那样报答他们。至于智伯，他把我当做国士看待，所以我就像国士那样报答他。"襄子喟然长叹，流着泪说："哎呀，豫让先生！您为智伯报仇，已算成名了；而我宽恕你，也足够了。您该自己作个打算，我不能再放过您了！"命令士兵团团围住他。豫让说："我听说贤明的君主不埋没别人的美名，而忠臣有为美名去死的道理。以前您宽恕了我，普天下没有谁不称道您的贤明。今天的事，我本当受死罪，但我希望能得到您的衣服刺它几下，这样也就达到我报仇的意愿了，那么，即使死了也没有遗恨了。我不敢指望您答应我的要求，但我还是冒昧地说出我的心意！"于是襄子非常赞赏他的侠义，就派人拿着自己的衣裳给豫让。豫让拔出宝剑多次跳起来击刺它，说："我可以报答智伯于九泉之下了！"于是以剑自杀。自杀那天，赵国有志之士听到这个消息，都为他哭泣。

铜匕首·战国

【聂政刺侠累】

聂政是轵邑深井里人。他为杀人躲避仇家，和母亲、姐姐逃往齐国，以屠宰牲畜为职业。

过了很久，濮阳严仲子事奉韩哀侯，和韩国国相侠累结下仇怨。严仲子怕遭杀害，逃走了。他四处游历，寻访能替他向侠累报仇的人。到了齐国，齐国有人说聂政是个勇敢之士，因为躲避仇人藏身在屠夫中间。严仲子登门拜访，多次往返，然后备办了宴席，亲自捧杯给聂政的母亲敬酒。喝到畅快兴浓时，严仲子献上黄金一百镒，到聂政老母跟前祝寿。严仲子避开别人，趁机对聂政说："我有仇人，我周游好多诸侯国，都没找到为我报仇的人；但来到齐国，私下听说您很重义气，所以献上百金，将作为你母亲大人一点粗粮的费用，也能够跟您交个朋友，哪里敢有别的索求和指望！"聂政说："我所以使心志卑下，屈辱身份，在这市场上做个屠夫，只是希望借此奉养老母；老母在世，我不敢对别人以身相许。"严仲子执意赠送，聂政却始终不肯接受。

过了很久，聂政的母亲去世，安葬后，直到丧服期满，聂政说："哎呀！我不过是平民百姓，拿着刀杀猪宰狗，而严仲子是诸侯的卿相，却不远千里，委屈身份和我结交。贤德的人因感愤于一点小的仇恨，把我这个处于偏僻的穷困屠夫视为亲信，我怎么能一味地默不作声，就此完事了呢？而今老母享尽天年，我该要为了解我的人出力了。"于是就向西到濮阳，见到了严仲子。严仲子原原本本地告诉他说："我的仇人是韩国宰相侠累，侠累又是韩国国君的叔父，宗族旺盛，人丁众多，居住的地方士兵防卫严密，我要派人刺杀他，始终也没有得手。如今承蒙您不嫌弃我，应允下来，请增加车骑壮士作为您的助手。"聂政说："宰相是国君的亲属，在这种情势下不能去很多人，人多了难免发生意外，走漏消息，那就等于整个韩国的人与您为仇，这难道不是太危险了吗！"

于是谢绝车骑人众，辞别严仲子只身去了。

他带着宝剑到韩国都城，韩国宰相侠累正好坐在堂上，持刀荷戟的护卫很多。聂政径直而入，走上台阶刺杀侠累，侍从人员大乱。聂政高声大叫，被他击杀的有几十个人，又怕连累自己的家人，于是毁坏自己的面容，挖出眼睛，剖开肚皮，流出肠子，就这样死了。

【荆轲刺秦王】

荆轲是卫国人，他的祖先是齐国人，后来迁移到卫国，卫国人称呼他庆卿。到燕国后，燕国人称呼他荆卿。

荆轲到燕国以后，跟一个以宰狗为业的人和擅长击筑的高渐离交好。荆轲虽说混在酒徒中，可他的为人却深沉稳重，喜欢读书。他游历过的诸侯各国，都是与当地贤士豪杰德高望重的人相结交。他到燕国后，燕国隐士田光先生也友好地对待他，知道他不是平庸的人。

过了不久，适逢在秦国做人质的燕太子丹逃回燕国。秦王嬴政对待燕太子不友好，所以太子丹因怨恨而逃归。归来就寻求报复秦王的办法。此后秦国像蚕吃桑叶一样，逐渐地侵吞各国。战火将波及燕国，燕国君臣唯恐大祸临头。

于是，在田光的引见下，太子丹与荆轲共商刺秦王的大事。太子就尊奉荆卿为上卿，住进上等的宾馆。太子天天到荆轲的住所拜望，供给贵重

⚫ 酒具盒·战国

的饮食，时不时地还献上奇珍异物，车马美女任荆轲随心所欲，以便满足他的心意。

过了很长一段时间，荆轲仍没有行动的表示。这时，秦将王翦已经攻破赵国的都城，俘虏了赵王，把赵国的领土全部纳入秦国的版图。大军挺进，向北夺取土地，直到燕国南部边界。太子丹害怕了，于是请求荆轲相助。荆轲说："太子就是不说，我也要请求行动了。现在到秦国去，没有让秦王相信我的东西，那么秦王就不可以接近。那樊将军，秦王悬赏黄金千斤、封邑万户来购买他的脑袋。果真得到樊将军的脑袋和燕国督亢的地图，献给秦王，秦王一定高兴接见我，这样我才能够有机会报效您。"

荆轲明白太子不忍心，于是就私下会见樊於期说："现在有一句话可以解除燕国的祸患，洗雪将军的仇恨，怎么样？"於期凑向前说："怎么办？"荆轲说："希望得到将军的首级献给秦王，秦王一定会高兴地召见我，我左手抓住他的衣袖，右手用匕首直刺

他的胸膛，那么将军的仇恨可以洗雪，而燕国被欺凌的耻辱可以涤除了，将军是否有这个心意呢？"樊於期于是就自刎了。

当时太子已预先寻找天下最锋利的匕首，找到赵国人徐夫人的匕首，花了百金买下它，让工匠用毒水淬它，用人试验，只要见一丝儿血，没有不立刻死的。于是就准备行装，送荆轲出发，派秦舞阳做助手。

太子及宾客中知道这件事的，都穿着白衣戴着白帽为荆轲送行。到易水岸边，饯行以后，上路，高渐离击筑，荆轲和着拍节唱歌，发出苍凉凄婉的声调，送行的人都流泪哭泣，一边向前走一边唱道："风萧萧兮易水寒，壮士一去兮不复还！"复又发出慷慨激昂的声调，送行的人们怒目圆睁，头发直竖，把帽子都顶起来。于是荆轲就上车走了，始终连头也不回。

一到秦国，秦王听到燕国送上樊於期的头和督亢的地图，非常高兴，就穿上了礼服，安排了外交上极为隆重的九宾仪式，在咸阳宫召见燕国的使者。荆轲捧着樊於期的首级，秦舞阳捧着地图匣子，按照正、副使的次序前进，走到殿前台阶下秦舞阳脸色突变，害怕得发抖，大臣们都感到奇怪。荆轲回头朝秦舞阳笑笑，上前谢罪说："北方藩属蛮夷之地的粗野人，没有见过天子，所以心惊胆战，希望

大王稍微宽容他，让他能够在大王面前完成使命。"秦王对荆轲说："递上舞阳拿的地图。"荆轲取过地图献上，秦王展开地图，图卷展到尽头，匕首露出来。荆轲趁机左手抓住秦王的衣袖，右手拿匕首直刺。未近身，秦王大惊，一跃而起，衣袖挣断。慌忙抽剑，剑长，只是抓住剑鞘。一时惊慌急迫，剑又套得很紧，所以不能立刻拔出。荆轲追赶秦王，秦王绕柱奔跑。这时，侍从医官夏无且用他所捧的药袋投击荆轲。正当秦王围着柱子跑，仓猝慌急，不知如何是好的时候，侍从们喊道："大王，把剑推到背后拔！"秦王把剑推到背后，才拔出宝剑攻击荆轲，砍断他的左腿。荆轲身残，就举起他的匕首直接投刺秦王，没有击中，却击中了铜柱。秦王接连攻击荆轲，荆轲被刺伤八处。荆轲自知大事不能成功了，就倚在柱子上大笑，张开两腿像簸箕一样坐在地上骂道："大事之所以没能成功，是因为我想活捉你，迫使你订立归还诸侯们土地的契约回报太子。"这时侍卫们冲上前来杀死荆轲。

六年之后，秦王吞并了天下，立号为皇帝。于是通缉太子丹和荆轲的门客，门客们都潜逃了。高渐离更名改姓给人家当酒保，听到主人家堂上有客人击筑，张口就说："那筑的声调有好的地方，也有不好的地方。"侍候的人把高渐离的话告诉主人，说："那个庸工懂得音乐，私下说是道非的。"家主人叫高渐离到堂前击筑，

满座宾客都说他击得好，赏给他酒喝。高渐离考虑到长久他隐埋姓名，担惊受怕地躲藏下去没有尽头，便退下堂来，把自己的筑和衣裳从行装匣子里拿出来，改装整容来到堂前，满座宾客大吃一惊，离开座位用平等的礼节接待他，尊为上宾。请他击筑唱歌，宾客们听了，没有不被感动得流着泪而离去的。宋子城里的人轮流请他去做客，这消息被秦始皇听到。秦始皇召令进见，有认识他的人，就说："这是高渐离。"秦始皇怜惜他擅长击筑，特别赦免了他的死罪。于是薰瞎了他的眼睛，让他击筑，没有一次不说好。渐渐地更加接近秦始皇。高渐离便把铅放进筑中，再进宫击筑靠近时，举筑撞击秦始皇，没有击中。于是秦始皇就杀了高渐离，终生不敢再接近从前东方六国的人了。

论赞

太史公曰：世人谈论荆轲，当说到太子丹的命运时，都说"天上像下雨一样落下粮食来，马头长出角来！"这说得太过了。又说荆轲刺伤了秦王，这都不是事实。当初公孙季功、董生和夏无且交游，他们都知道此事，他们告诉我的就像我记载的。从曹沫到荆轲五个人，他们的义举有的成功，有的不成功，但他们的意志都很清楚，都没有违背自己的良心，以至名垂后世，这难道是虚妄的吗？

李斯列传

此传是《史记》中的名篇之一,有很高的史学和文学价值。本传实写李斯,虚写秦王朝的兴衰盛亡,而秦王朝的兴衰又与李斯有着密切的关联。太史公运用了细致的心理描写,将李斯倾慕荣华富贵、贪图禄位、助纣为虐的心理描绘得淋漓尽致。

【入关事奉】

李斯是楚国上蔡人。他年轻的时候,曾在郡里当小吏,看到办公处附近厕所里的老鼠在吃脏东西,每逢有人或狗走来时,就受惊逃跑。而粮仓中的老鼠,吃的是囤积的粟米,住在大屋子之下,更不用担心人或狗惊扰。于是李斯就慨然叹息道:"一个人有出息还是没出息,就如同老鼠一样,是由自己所处的环境决定的。"

于是李斯就跟荀子学习帝王治理天下的学问。学业完成之后,李斯估量楚王是不值得事奉的,而六国国势都已衰弱,没有为它们建功立业的希望,就想西行到秦国去。到秦国之后,正赶上秦庄襄王去世,李斯就请求充当秦相国文信侯吕不韦的舍人。吕不韦很赏识他,任命他为郎官。秦王任命李斯为客卿。

【谏逐客书】

恰在此时,韩国人郑国以修筑灌溉渠为名,来到秦国做间谍,不久被发觉。于是秦国开始驱逐在国内的外国客卿。李斯也在计划好的驱逐之列。于是李斯就上书说:

"听说官员们议论要驱逐客卿,我私下认为这是错误的。从前秦穆公招揽贤才,从西戎找到由余,从东边楚国的宛地得到了百里奚,从宋国迎来了蹇叔,从晋国招来了丕豹、公孙支。这五个人都不生在秦国,而秦穆公重用他们,吞并了二十多个国家,也就得以在西戎称霸。秦孝公采用商鞅的新法,移风易俗,人民因此殷实兴盛,国家因此富足强大,至今政治安定,国家强盛。秦惠王用张仪的计策,攻取了三川地区,割取了肥沃的土地,并进一步瓦解了六国的合纵联盟,使他们面向西方,事奉秦国,功业一直延续到今天。秦昭王得范雎,废黜穰侯,驱逐华阳君,使公室强大,杜绝了私门权贵的势力,逐渐吞并诸侯的土地,终于使秦国奠定了统一天下大业的基础。这四位君主,都是依靠了别国客卿的力量。由此看来,客

158

卿有哪一点对不起秦国呢？假使这四位君主拒绝客卿而不接受他们，疏远士人而不重用，这就使秦国既无富足之实，又无强大之名。

"而现在陛下您抛弃了百姓来帮助敌国，排斥宾客而使他们为其他诸侯国建立功业，使天下有才之士后退而不敢西行，停住脚步而不敢进入秦国，这正是人们所说的'借武器给敌人，送粮食给盗贼'啊！"

于是，秦王就废除了逐客令，恢复了李斯的官职，终于采用了他的计谋，他的官位也升到廷尉之职。二十多年后，秦国终于统一了天下，尊称君主为"皇帝"。皇帝又任命李斯为丞相。

【上书焚书坑儒】

秦始皇三十四年（前213），在咸阳宫设宴招待群臣，博士仆射周青臣等人称颂秦始皇的武威盛德。齐人淳于越劝谏道："我听说殷商和周朝统治达一千多年，分封子弟及功臣作为膀臂辅翼。而现在陛下您虽统一天下，但子弟却还是平民百姓，若一旦出现了田常、六卿夺权篡位的祸患，在朝中又没有强有力的辅佐之臣，靠谁来相救呢？办事不学习古代经验而长期统治的朝代，我还没有听说过。现在周青臣等人又当面阿谀奉承以加重

您的错误，不是忠臣。"始皇把这种议论交给李斯处理，李斯认为这种论点是荒谬的，因此就上书给皇帝说："古时候天下分散混乱，彼此之间互不服从，所以才诸侯并起，一般舆论都称道古代以否定当代，装点一些虚夸不实的文辞来扰乱社会的实际，人们都认为自己的一派学问最好，以否定皇帝的政策法令。现在陛下统一了天下，分辨了黑白是非，使海内共同尊崇皇帝一人；而诸子百家各个学派却在一起任意批评朝廷的法令制度，听说朝廷令下，立刻就以自己学派的观点来议论它，回家便心中不满，出

李斯篆书·秦

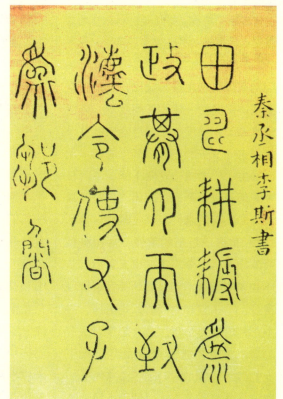

秦丞相李斯书

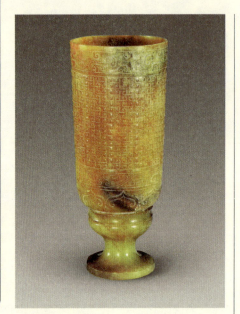

🔶 **云纹玉杯·秦**

杯高 14.5 厘米，口径 6.4 厘米，陕西西安阿房宫遗址出土。玉杯深腹圆筒形，上阔下狭，下有豆形矮足。杯外壁雕琢精细，口下饰一周以柿蒂纹为中心的装饰图案，其下壁面满布勾连云纹。

门则在街头巷尾纷纷议论，以批评君主来博得名声，认为和朝廷不一样便是本领高，并带领下层群众来制造诽谤。这样下去而不加以禁止的话，上面君主的权力威望就要下降，下面私人的帮派也要形成。因此，还是以禁止为好。我请求把人们收藏的《诗》《书》和诸子百家的著作，都一概销毁清除掉。命令下达三十天之后，若还有人不服从，判处黥刑并罚做筑城苦役。不在废弃之列的，是医药、占卜、种植等类书籍。若有想学习法令的，以官吏为老师。"秦始皇批准了他的建议，没收了《诗经》《尚书》和诸子百家的著作，以便使人民愚昧

无知，使天下人无法用古代之事来批评当前朝廷。修明法制，制定律令，都从秦始皇开始。统一文字，在全国各地修建离宫别馆。第二年，始皇又四处巡视，平定了四方少数民族；这些措施，李斯都出了力。

【助纣为虐】

秦始皇三十七年（前 210）十月，巡行出游。七月，秦始皇到达沙丘，不久就去世了。书信和印玺都在赵高手里，只有小儿子胡亥，丞相李斯和赵高以及五六个亲信宦官知道始皇去世，其余群臣都不知道。李斯认为皇帝在外面去世，又没正式确立太子，所以保守秘密，把始皇的尸体安放在一辆既能保温又能通风凉爽的车子中，百官奏事及进献饮食还像往常一样，宦官就假托皇帝从车中批准百官上奏的事。

赵高与公子胡亥密谋改诏篡位之事。商议完毕，赵高说："不和丞相商议，恐怕事情还不能成功，我希望能替你与丞相商议。"赵高就对丞相李斯说道："始皇去世，赐给长子扶苏诏书，命他到咸阳参加丧礼，并立为继承人。诏书未送，皇帝去世，还没人知道此事。皇帝赐给长子的诏书和符玺都在胡亥手里，立谁为太子只在于你我的一句话而已。你看这事该怎么办？"李斯说："你怎么能说出这种亡国的话呢！这不是作为人臣所应当议论的事！您还是该干什么就干什么去吧！我李斯只执行皇帝的遗

诏。"赵高说："我听说圣人并不循规蹈矩,而是适应变化,顺从潮流,看到苗头就能预知根本,看到动向就能预知归宿。现如今天下的权力和命运都掌握在胡亥手里,从下面来制伏上面就是反叛。您怎么连这些都没看到呢?"李斯说："我听说晋代换太子,三代不安宁;齐桓公兄弟争夺王位,哥哥被杀死;商纣杀死亲戚,又不听从臣下劝谏,都城夷为废墟,随着危及社稷;这三件事都违背天意,所以才落得宗庙没人祭祀。我李斯还是人啊,怎么能参与这些阴谋呢!"赵高说："假如您听从我的计策,就会长保封侯,并永世相传,一定有仙人王子乔、赤松子那样的长寿,孔子、墨子那样的智慧。现在放弃这个机会而不听从我的意见,一定会祸及子孙,足以令人心寒。您想怎么办呢?"李斯仰天长叹,挥泪叹息道:"哎呀!偏偏遭逢乱世,既然已经不能以死尽忠了,将向何处寄托我的命运呢!"于是李斯就依从了赵高。

于是他们就一同商议,太子胡亥顺利被立为二世皇帝,任命赵高担任郎中令,常在宫中服侍皇帝,掌握大权。

【赵高陷害】

赵高听说李斯对自己专权有不满的言论,就设计使李斯接二连三地触怒二世,又在二世面前说李斯的坏话。二世就派赵高审理丞相一案,对他加以惩处,查问李斯和儿子李由谋反的情状,将其宾客和家族全部逮捕。赵高惩治李斯,拷打他一千多下,李斯不能忍受痛苦的折磨,冤屈地招供了。李斯之所以不自杀而死,是他自负能言善辩,又对秦国有大功,确实没有反叛之心,希望能够上书为自己辩护,希望二世能觉悟过来并赦免他。于是奏书列数自己的七条罪状,实际是列数自己对秦的功绩。书呈上之后,赵高让狱吏丢在一边而不上报,说:"囚犯怎能上书?"

二世二年(前208)七月,李斯被判处五刑,判在咸阳街市上腰斩。李斯出狱时,跟他的次子一同被押解,他回头对次子说:"我想和你再牵着黄狗一同出上蔡东门去打猎追逐狡兔,又怎能办得到呢!"于是父子二人相对痛哭,三族的人都被处死了。

论赞

太史公曰:李斯以一介平民的身份,游历诸侯,入关事奉秦国,抓住机遇,辅佐始皇完成统一大业。李斯居三公之职,算得上是很受重用了。李斯知道儒家《六经》的要旨,却不修明政治,用以弥补皇帝的过失,而是凭借他显贵的地位,阿谀附和,推行法法酷政,听信赵高的邪说,废掉嫡子扶苏而立庶子胡亥。等到各地已经群起反叛,李斯这才想直言劝谏,这不太晚了吗?人们都认为李斯忠心耿耿,反受五刑而死,但我仔细考察事情的实质,就和人们的看法不一样了。否则的话,李斯的功绩真的要和周公、召公相提并论了。

蒙恬列传

此传主要记述了蒙恬和他弟弟蒙毅的事迹。在秦始皇统一中国的大业中，他们的祖辈都是秦国的大将，为秦国出生入死，立下了汗马功劳。全文用简洁的笔法，记述了蒙氏兄弟忠心为国却被奸佞所害的悲惨下场。对比手法的运用，使蒙氏的忠与赵高的奸诈相互对比、映衬，使得作者的爱憎了然于目。

【威名震天下】

蒙恬，他的祖先是齐国人。蒙恬的祖父蒙骜，从齐国来到秦国事奉秦昭王，官做到上卿。

庄襄王二年，蒙骜攻打赵国，夺取了三十七座城池。

秦始皇三年，蒙骜攻打韩国，夺取了十三座城池。

始皇五年，蒙骜攻打魏国，夺取了二十座城池，设置了东郡。

始皇七年，蒙骜去世。蒙骜的儿子叫蒙武，蒙武的儿子叫蒙恬。蒙恬曾做过狱讼记录工作，并负责掌管有关文件和狱讼档案。

秦始皇二十三年（前224），蒙武担任秦国的列将，和王翦一同攻打楚国，大败楚军，杀死了项燕。

始皇二十四年，蒙武又攻打楚国，俘虏了楚王。

蒙恬的弟弟叫蒙毅。

秦始皇二十六年（前221），蒙恬由于出身将门做了秦国的将军，率兵攻打齐国，大败齐军。秦始皇授给他内史的官职。

秦国兼并天下后，就派蒙恬带领三十万人的庞大军队，向北驱逐戎狄，收复黄河以南的土地。修筑长城，利用地理形势，设

☉ 云纹瓦当·秦

这块云纹瓦当以秦代最流行的纹样卷云纹为装饰，对称而有规则。它不仅有保护屋檐的作用，还具有相当的装饰性。

史记 列传

置要塞，西起临洮，东到辽东，逶迤绵延一万余里。于是渡过黄河，占据阳山，曲曲折折向北延伸。烈日寒霜，风风雨雨，在外十余年，驻守上郡。

这时，蒙恬的声威震慑匈奴。秦始皇特别尊重推崇蒙氏，信任并赏识他们的才能。因而亲近蒙毅，官至上卿。外出就陪着始皇同坐一辆车子，回到朝廷就事奉在国君跟前。蒙恬在外担当着军事重任而蒙毅经常在朝廷出谋划策，被誉为忠信大臣。因此，即使是其他的将相们也没有敢和他们争宠的。

【忠心遭奸害】

赵高，是赵国王族中被疏远的亲属。赵高兄弟几人，都是生下来就被阉割而成为宦者的，他的母亲也以犯法而被处以刑罚，所以世世代代地位卑贱。

秦王听说赵高办事能力很强，精通刑狱法令，就提拔他担任了中车府令。赵高就私下事奉公子胡亥，教导胡亥决断讼案。

赵高犯下了重罪，秦王让蒙毅依照法令惩处他。蒙毅不敢枉曲法令，依法判处死刑，剥夺他的官籍。始皇因为赵高办事勤勉尽力，赦免了他，恢复了他原来的官职。

始皇打算巡游天下，路经九原郡，直达甘泉宫。就派蒙恬为他开路，从九原到甘泉，打通山脉，填塞深谷，全长一千八百里。然而，这条通道没能完成。

始皇三十七年（前210）冬天，御驾外出巡游会稽，依傍着大海，向北直奔琅琊。半途得了重病，派蒙毅转回祷告山川神灵。

没等蒙毅返回，始皇走到沙丘就逝世了。赵高平常就得到胡亥的宠幸，打算立胡亥继承王位，又怨恨蒙毅依法惩处他而没有袒护他，于是就产生了杀害之心。

太子拥立之后，派遣使者，捏造罪名，拟定公子扶苏和蒙恬死罪。扶苏自杀后，蒙恬产生怀疑，又请求申诉。使者就把蒙恬交给主管官吏处理，另外派人接替他的职务。

胡亥用李斯的家臣担任护军。使者回来报告时，胡亥已经听到扶苏的死讯，当下就打算释放蒙恬。

赵高唯恐蒙氏再次显贵当权执政，怨恨他们。

蒙毅祈祷山川神灵后返回来，赵高趁机表示替胡亥尽忠献策，想要铲除蒙氏兄弟，就对胡亥说："我听说先帝很久以前就选贤用能，册立您为太子，而蒙毅劝阻说：'不可以。'如果他知道您贤明有才能而长久拖延不让册立，那么，就是既不忠实而又盅惑先帝了。以我愚昧的浅见，不如杀死他。"

胡亥听从了赵高的话，就在代郡把蒙毅囚禁起来。在此以前，已经把蒙恬囚禁在阳周。

等到秦始皇的灵车回到咸阳，安葬以后，太子就即位做了二世皇帝，赵高最得宠信，日日夜夜毁谤蒙氏，搜罗他们罪过，检举弹劾他们。

子婴进言规劝说："我听说过去赵王迁杀死他的贤明臣子李牧而起用颜聚，燕王喜暗地里采用荆轲的计谋而背弃秦国的盟约，齐王建杀死他前代的忠臣而改用后胜的计策。这三位国君，都是各自因为改变旧规丧失了他们的国家而使大祸殃及他们自身。如今蒙氏兄弟是秦国的大臣和谋士，而国君打算一下子就抛弃他们，我私下认为是不可以的，我听说草率考虑问题的人不可以治理国家，独断专行、自以为是的人不可以用来保全国君。诛杀忠良臣子而起用没有品行节操的人，那是对内使大臣们不能相互信任而对外使战士们涣散斗志啊，我私下认为是不可以的。"

胡亥听不进子婴的规劝，派遣御史曲宫乘坐驿车前往代郡，命令蒙毅说："先主要册立太子而你却加以阻挠，如今丞相认为你不忠诚，罪过牵连到你们家族，我不忍心，就赐予你自杀吧，也算是很幸运了。"

蒙毅回答说："要是认为我不能博得先主的心意，那么，我年轻时做官为宦，就能顺意得宠，直到先主仙逝，可以说是能顺应先主的心意了吧。先主举用太子，是多年的深思积虑，我还有什么话敢进谏、还有什么计策敢谋划呢！不是我借口来逃避死罪，只怕牵连羞辱了先主的名誉，希望大夫为此认真考虑，让我死于应有的罪名。"

使者知道胡亥的意图，听不进蒙毅的申诉，就把他杀了。

【蒙恬之死】

二世皇帝又派遣使者前往阳周，命令蒙恬说："您的罪过太多了，而您的弟弟蒙毅犯有重罪，依法要牵连到您。"

蒙恬说：

"从我的祖先到后代子孙，为秦国累积大功，建立威信，已经三代了。如今我带兵三十多万，即使是我被囚禁，我的势力也足够叛乱。然而，我知道必死无疑却坚守节义，是不敢辱没祖宗的教诲，不敢忘掉先主的恩宠。

"从前周成王刚刚即位，还不能完全脱离小儿的背带和布兜，周公姬旦背负着成王接受群臣的朝见，终于平定了天下。

"到成王病情严重得很危险的时候，公旦剪下自己的指甲沉入黄河，祈祷说：'国君年幼无知，这都是我当权执政，若有罪过祸患，应该由我承受惩罚。'就把这些祷词书写下来，收藏在档案馆里，这可以说是非常诚信了。

"到了成王能亲自治理国家时，

有奸臣造谣说：'周公旦想要作乱已经很久了，大王若不戒备，一定要发生大的变故。'成王听了，就大发雷霆，周公旦逃奔到楚国。成王到档案馆审阅档案，发现周公旦的祷告书，就流着眼泪说：'谁说周公旦想要作乱呢？'杀了造谣生事的那个大臣，请周公旦回归。

"所以《周书》上说：'一定要参差交互地多方询问，反复审察。'如今我蒙氏宗族，世世代代没有二心，而事情最终落到这样的结局，这一定是谋乱之臣叛逆作乱、欺君罔上的缘故。周成王犯有过失而能改过振作，终于使周朝兴旺昌盛；夏桀杀死关龙逢，商纣杀死王子比干而不后悔，最终落个身死国亡。

"所以我说犯有过失可以改正振作，听人规劝可以察觉警醒，参互交错地审察，是圣明国君治国的原则。大凡我说的这些话，不是用以逃避罪责，而是要用忠心规劝而死，希望陛下替黎民百姓深思熟虑地找到应遵循的正确道路。"

使者说："我接受诏令对将军施以刑罚，不敢把将军的话转报皇上听。"

蒙恬沉重地叹息说："我对上天犯了什么罪，竟然没有过错就被处死呢？"

很久，才慢慢地说："我的罪过本来该当死罪啊！起自临洮接连到辽东，筑长城、挖壕沟一万余里，这中间能没有截断大地脉络的地方吗？这就是我的罪过了。"

于是吞下毒药自杀了。

论赞

史公曰：我到北方边境，从直道返回，沿途考察了蒙恬为秦国修筑的长城和边塞堡垒，挖掘山脉，填塞深谷，贯通直道，本来就是不重视老百姓的人力物力。当初，秦国刚刚灭掉其他诸侯的时候，天下人心尚未安定，创伤未愈，而蒙恬身为名将，不在这时候尽力劝谏君王赈救百姓的急难，抚恤老人，抚育孤儿，致力从事于百姓安定生活的工作，反而迎合始皇心意，大规模地修筑长城，他们兄弟遭到杀身之祸，不也是顺理成章的事吗？哪里是什么挖断地脉的罪过呢？

淮阴侯列传

本传记述了韩信戎马倥偬的一生，颂扬了他的军事才能和累累战功。尽管如此，韩信最终落得个被诛灭三族的下场。太史公对他是寄予了无限同情的。本传以是细节描写和心理特征描写见长，如韩信受胯下之辱、云梦被擒等细节场景和人物心理都描写得十分精彩。

【胯下之辱】

淮阴侯韩信，是淮阴人。当初为平民百姓时，贫穷，没有好品行，不能够被推选去做官，又不能做买卖维持生活，经常寄居在别人家吃闲饭，人们大多厌恶他。曾经多次前往下乡南昌亭亭长处吃闲饭，接连数月，亭长的妻子嫌恶他，就提前做好早饭，端到内室床上去吃。开饭的时候，韩信去了，却不给他准备饭食。韩信也明白他们的用意。一怒之下，居然离去，不再回来。

● 韩信像

淮阴屠户中有个年轻人侮辱韩信说："你虽然长得高大，喜欢带刀佩剑，其实是个胆小鬼罢了。"又当众侮辱他说："你要不怕死，就拿剑刺我；如果怕死，就从我胯下爬过去。"于是韩信仔细地打量了他一番，低下身去，趴在地上，从他的胯下爬了过去。满街的人都笑话韩信，认为他胆小。

【萧何月下追韩信】

等到项梁率军渡过了淮河，韩信持剑追随他，在项梁部下，却没有名声。项梁战败，又隶属项羽，项羽让他做了郎中。他屡次向项羽献策，以求重用，但项羽没有采纳。汉王刘邦入蜀，韩信脱离楚军归顺了汉王。因为没有什么名声，韩信只做了接待宾客的小官。

韩信多次跟萧何谈话，萧何认为他是位奇才。到达南郑时，各路将领在半路上逃跑的有几十人。韩信揣测萧何等人已多次向汉王推荐自己，汉王不任用，也就逃走了。萧何听说韩信逃跑了，来不及报告汉王，亲自追赶他。有人报告汉王说："丞相萧何逃跑了。"汉王大怒，如同失去了左右手。过了一两天，萧何来拜见汉王，汉王又是恼怒又是高兴，骂萧何道："你逃跑，为什么？"萧何说："我不敢逃跑，我去追赶逃跑的人。"汉王说："你追赶的人是谁呢？"回答说："是韩信。"汉王又骂道："各路将领逃跑了几十人，您没去追一个，却去追韩信，是骗人。"萧何说："那些将领容易得到。至于像韩信这样的杰出人物，普天之下找不出第二个人。大王果真要长期在汉中称王，自然用不着韩信，如果一定要争夺天下，除了韩信就再没有可以和您计议大事的人了。大王决意向东发展，能够重用韩信，韩信就会留下来；不能重用，韩信终究要逃跑的。"汉王说："我为了您的缘由，让他做个将军。"萧何说："即使是做将军，韩信一定不肯留下。"汉王说："任命他做大将军。"萧何说："太好了。"于是汉王就要把韩信召来任命他。萧何说："大王向来对人轻慢，不讲礼节，如今任命大将军就像呼喊小孩儿一样。这就是韩信要离去的原因啊！大王决心要任命他，要选择良辰吉日，亲自斋戒，设置高坛和广场，礼仪要完备才可以呀！"汉王答应了萧何的要求。等到任命大将军时，被任命的竟然是韩信，

全军都感到惊讶。

【背水一战】

韩信和张耳率领几十万人马，想要突破井陉口，攻击赵国。赵王、成安君陈余听说汉军将要来袭击赵国，在井陉口聚集兵力，号称二十万大军。广武君李左车向赵王献计，并没有被采纳。

韩信派人暗中打探，了解到赵王没有采纳广武君的计谋，回来报告，韩信大喜，才敢领兵进入井陉狭道。离井陉口还有三十里，停下来宿营。半夜传令出发，挑选了两千名轻装骑兵，每人拿一面红旗，从隐蔽小道上山，在山上隐蔽着观察赵国的军队。韩信告诫说："交战时，赵军见我军败逃，一定会倾巢出动追赶我军，你们火速冲进赵军的营垒，拔掉赵军的旗帜，竖起汉军的红旗。"又让副将传达开饭的命令，说："今天打垮了赵军正式会餐"。将领们都不相信，假意回答道："好。"韩信对手下军官说："赵军已先占据了有利地形筑造了营垒，他们看不到我们大将旗帜、仪仗，就不肯攻击我军的先头部队，怕我们到了险要的地方退回去。"韩信就派出万人为先头部队，出了井陉口，背靠河水摆开战斗队列。赵军远远望见，大笑不止。天刚蒙蒙亮，韩信设置起大将的旗帜和仪仗，大吹大擂地开出井陉口。赵军打开营垒攻击汉军，激战了很长时间。这时，韩信、张耳假装抛旗弃鼓，逃回河边的阵

地。河边阵地的部队打开营门放他们进去，然后再和赵军激战。赵军果然倾巢出动，争夺汉军的旗鼓、追逐韩信、张耳。韩信、张耳已进入河边军营里。全军殊死奋战，赵军无法把他们打败。韩信预先派出去的两千轻骑兵，等到赵军倾巢出动去争夺战利品的时候，就火速冲进赵军空虚的营垒，把赵军的旗帜全部拔掉，竖立起汉军的两千面红旗。这时，赵军已不能取胜，又不能俘获韩信等人，想要退回营垒，营垒插满了汉军的红旗，大为震惊，以为汉军已经全部俘获了赵王的将领，于是军队大乱，纷纷落荒潜逃，赵将即使诛杀逃兵，也不能禁止。于是汉兵前后夹击，彻底摧垮了赵军，俘虏了大批人马，在泜水岸边生擒了赵王歇。

众将献上首级和俘虏，向韩信祝贺，趁机向韩信说："兵法上说：'行军布阵应该右边和背后靠山，前边和左边临水。'这次将军反而令我们背水列阵，说'打垮了赵军正式会餐'，我等并不信服，然而竟真取得了胜利，这是什么战术啊？"韩信回答说："这也在兵法上，只是诸位没留心罢了。兵法上不是说'陷之死地而后生，置之亡地而后存'吗？"将领们都佩服地说："好！将军的谋略不是我们所能赶得上的呀！"

【狡兔死，走狗烹】

齐国人蒯通知道天下胜负的关键在于韩信，想出奇计打动他，就用看

相的身份规劝韩信与刘、项二王三分天下，鼎足而立。

韩信说："汉王给我的待遇很优厚，他的车子给我坐，他的衣裳给我穿，他的食物给我吃。我听说，坐人家车子的人，要分担人家的祸患，穿人家衣裳的人，心里要想着人家的忧患，吃人家食物的人，要为人家的事业效死，我怎么能够图谋私利而背信弃义呢！"于是谢绝了蒯通。

汉五年正月，汉王改封齐王韩信为楚王，建都下邳。

汉六年，有人上书告发韩信谋反。高帝采纳陈平的计谋，假托天子外出巡视会见诸侯，派使臣通告各诸侯到陈县聚会，说："我要巡视云梦泽。"其实是要袭击韩信，韩信却不知道。高祖将要到楚国时，韩信曾想发兵反叛，又认为自己没有罪，想朝见高祖，又怕被擒。有人对韩信说："杀了钟离眛去朝见皇上，皇上一定高兴，就没有祸患了。"韩信去见钟离眛商量。钟离眛说："汉王所以不攻打楚国，是因为我在您这里，你想逮捕我取悦汉王，我今天死，你也会紧跟着死的。"于是骂韩信说："你不是个忠厚的人！"终于刎颈身死。韩信拿着他的头，到陈县朝拜高帝。皇上命令武士捆绑了韩信，押在随行的车上。韩信说："果真像人们说的'狡兔死了，出色的猎狗就遭到烹杀；高翔的飞禽光了，优良的弓箭都收藏起来；敌国破灭，谋臣死亡'。现在天下已经平安，我本来应当遭烹杀！"皇上说：

"有人告发你谋反。"就给韩信带上了刑具。到了洛阳，高祖赦免了韩信的罪过，改封为淮阴侯。

【淮阴侯之死】

韩信知道汉王畏忌自己的才能，常常托病不参加朝见和随从出行。从此，韩信日夜怨恨，在家闷闷不乐，以和绛侯、灌婴处于同等地位感到羞耻。陈豨被任命为钜鹿郡守，向淮阴侯辞行。淮阴侯说："您管辖的地区，是天下精兵聚集的地方；而您，是陛下信任宠幸的臣子。如果有人告发说您反叛，陛下一定不会相信；再次告发，陛下就怀疑了；三次告发，陛下必然大怒而亲自率兵前来围剿。我为您在京城做内应，天下就可以取得了。"陈豨一向知道韩信的雄才大略，深信不疑，说："我一定听从您的指教！"

🔴 彩绘神人纹龟盾·西汉

汉十年，陈豨果然反叛。皇上亲自率领兵马前往，韩信托病没有随从。暗中派人到陈豨处说："只管起兵，我在这里协助您。"韩信就和家臣商量，夜里假传诏书赦免各官府服役的罪犯和奴隶，打算发动他们去袭击吕后和太子。部署完毕，等待着陈豨的消息。他的一位家臣得罪了韩信，韩信把他囚禁起来，打算杀掉他。他的弟弟上书告变，向吕后告发了韩信准备反叛的情况。吕后打算把韩信召来，又怕他不肯就范，就和萧相国谋划，令人假说从皇上那儿来，说陈豨已被俘获处死，列侯群臣都来祝贺。萧相国欺骗韩信说："即使有病，也要强打精神进宫祝贺吧。"韩信进宫，吕后命令武士把韩信捆起来，在长乐宫的钟室杀掉了。韩信临斩时说："我后悔没有采纳蒯通的计谋，以至被妇女小子所欺骗，难道不是天意吗？"于是诛杀了韩信三族。

田儋列传

本传是秦末和楚汉相争之际齐国田氏家族中田儋、田荣、田横三人的一篇合传，因为田儋在反秦战争中首难建齐，所以以他为篇名。本传篇幅较短，但容量较大，以齐国的兴衰成败作为主线，描写了田氏家族的十几个人物及很多重大事件。人物虽多，但集中笔墨于田儋、田荣和田横，重点突出，因此并无枝叶繁乱之感。

【自立为王】

田儋是狄县人，战国时齐王田氏的同族。田儋的堂弟、田荣的弟弟田横，是当地有势力的人物，而且宗族强盛，很得人心。

在陈涉开始起兵自称楚王的时候，派遣周市攻取并平定了魏地，向东打到狄县，狄县固守县城。田儋假装绑住自己的家奴，带领着手下的年轻人去县府，称在拜见县令之后杀死有罪的家奴。在拜见县令的时候，他们乘机杀死他，然后又召集强悍的吏卒和年轻人说："各地诸侯都已经反秦自立，齐地是古代封建的诸侯国，而我田儋，是齐王田氏的同族，应当为王。"于是，田儋自立为齐王，并且起兵攻打周市。周市的军队撤走以后，田儋乘机带兵东进，夺取并平定了齐国故地。

秦将章邯带兵在临济围攻魏王咎，情况紧急，魏王派人到齐国来求救。齐王田儋带领军队援救魏国。章邯在夜间让兵马口中衔枚，趁夜幕的掩护进行偷袭，把齐魏联军打得大败，在临济城下杀死田儋。田儋的堂弟田荣收集田儋的余部向东逃跑到了东阿。

【田荣平三齐】

齐国人听说田儋战死的消息之后，于是就拥立以前齐王田建的弟弟田假为齐王，田角为丞相，田间为大将，以此来抗拒诸侯。

田荣在败逃东阿的时候，章邯进行围追阻截。项梁听说田荣情况危急，于是就领兵来到东阿城下，并且一举击败章邯。章邯往西逃跑，项梁则乘胜追击。但田荣对齐人立田假为齐王一事非常气愤，于是就带兵回去，攻击追逐齐王田假，田假逃到楚国，丞相田角逃到赵国；田角的弟弟田间在此以前已到赵国求救，也就留在赵国不敢回去了。田荣于是立田儋的儿子田市为齐王，自任丞相，田横为大将，平定了齐地。

项梁追击章邯以后，章邯的军队反倒日渐强盛，于是项梁就派遣使者通报齐国和赵国，要两国共同发兵攻打章邯。田荣说："如果楚国杀死田假，赵国杀死田角、田间，那我们才肯出兵。"楚怀王说："田假是我们同盟国的君王，在走投无路的时候来投靠我们，杀了他是不合道义的。"赵国也不愿意用杀田角、田间来和齐国做交易。楚国、赵国都不肯依从齐国，齐国也非常生气，最终也不肯出兵援救。章邯果然击败了楚军，并且杀了项梁，楚军往东溃逃，而章邯也就乘机渡过黄河，围攻赵国的巨鹿。项羽前往援救赵国，由此也就非常怨恨田荣。

项羽已经保全了赵国，又降服了章邯等秦朝将领，西向入咸阳进行杀戮，灭了秦朝，然后又分封诸侯王。于是他把齐王田市改封为胶东王，治所在即墨。齐国将领田都因跟随项羽共同救赵，接着又进军关中，因此项羽立田都为齐王，治所在临淄。前齐王田建的孙子田安，他在项羽正渡河救赵的时候，接连攻下了济北城池多座，然后带兵投降了项羽，项羽因此立田安为济北王，治所在博阳。田荣因为违背项羽不肯出兵援助楚、赵两国攻打秦朝，因此不能被封为王；赵国将领陈余也因为失职，没有被封为王。这两个人都很怨恨项羽。

田荣派人带兵帮助陈余，让他在赵地反叛项羽，田荣自己也发兵抗击田都，田都逃到楚国。田荣扣留了齐王田市，不让他到胶东的治所。田市手下的人说："项羽强大而凶暴，而您作为齐王，应该到自己的封国胶东去，若是不去的话，一定有危险。"田市非常害怕，于是就逃跑去胶东。田荣得知后勃然大怒，急忙带人追赶齐王田市，在即墨把他杀死了。回来又攻打济北王田安，并且把他杀死。于是，田荣就自立为齐王，全部占有了三齐之地。

【田横佐齐王】

项羽听到这个消息之后，十分恼怒，于是就起兵北伐齐国。齐王田荣

铁剑·秦

被打得大败，逃跑到平原，平原人把田荣杀死了。其后项羽就烧毁荡平了齐国都城的城郭，所过之处都大加屠戮，齐国人无法忍受，互相聚集起来反叛他。田荣的弟弟田横，收募起齐国的散兵，得到好几万人马。反过头来在城阳攻打项羽。而在这时，汉王刘邦带领诸侯的军队击败楚军，进入彭城。项羽听到这个消息之后，就放开齐军回去，在彭城对汉兵发起攻击，接着就是与汉军的多次交锋，在荥阳相持不下。因此田横再次得以收复齐国大小城邑，立田荣之子田广为齐王，田横自为丞相辅佐他，并专断国政，所有政事，无论大小，皆由田横决定。

🦌 鹿纹瓦当·秦

【误信郦生】

田横平定齐国三年之后，汉王刘邦派郦食其到齐国，向齐王田广和丞相田横游说，要他们归顺汉朝。田横认为此事可行，就解除了齐国在历下对汉军的防备。但汉将韩信在平定了赵国、燕国之后，用蒯通的计策，越过平原，突然出击，打败了齐国在历下驻扎的守军，接着又攻入临淄。齐王田广、丞相田横见汉军突然出现，非常生气，认为自己被郦生出卖了，立刻烹杀郦生。齐王田广往东逃到高

密，丞相田横逃到博阳，守相田光逃向城阳，将军田既带领军队驻守胶东。这时，楚国派来龙且带领军队救助齐国，齐王田广与龙且在高密会师。汉将韩信与曹参在高密大破齐楚联军，杀死楚将龙且，俘虏齐王田广。汉将灌婴继续追击，又俘虏了齐国守相田光。灌婴继续进军，到达博阳。而田横听到齐王田广已死，就自立为齐王，转过来与灌婴交战。在嬴下，田横的军队被灌婴打得大败。田横逃到梁地，投归彭越。这时，彭越拥兵梁地，在楚汉之间保持中立，又像为了汉王，又像为了楚王。韩信在杀死了楚将龙且之后，便命令曹参继续向胶东进军，在这里大败田既并在战斗中杀死了他。韩信又命灌婴追击齐将田吸，在千乘将他击败并斩杀他。这样，韩信便平定了齐地，向刘邦上书，请立自己为齐国假王，刘邦也就因势立韩信为齐王。

【义高能得士】

过后一年多，汉王刘邦消灭了项羽，就自立为皇帝，封彭越为梁王。田横害怕被杀，就带领他的部下五百多人逃入海中，居住在一个小岛之上。汉高祖刘邦听到这个消息之后，认为他流落在海中而不加以收揽的话，以

后恐怕难免有祸患。因此就派使者赦免田横之罪并且召他入朝，田横却辞谢说："我曾经烹杀了陛下的使者郦生，现在我又听说郦生的弟弟郦商是一个很有才能的汉朝将领，所以我非常害怕，不敢奉诏进京，请求您允许我做一个平民百姓，待在这海岛上。"使者回来报告，高祖立刻下诏给卫尉郦商说："齐王田横将要到京，谁要敢动一下他的随从人员，立刻满门抄斩！"接着又派使者拿着符节把皇帝下诏指示郦商的情况原原本本地高知田横，并且说："田横若是来京，最大可以封为王，最小也可以封为侯；若是不来的话，将派军队加以诛灭。"田横于是和他的两个门客一块乘坐驿站的马车前往洛阳。

在离洛阳三十里远，有一个叫尸乡的地方，田横对汉使说："作为人臣拜见天子应该沐浴一新。"于是就住下来。田横对他的门客说："我田横起初和汉王都是南面称孤的王，而现在汉王做了天子，而我田横却成了亡国奴，而要北面称臣事奉他，这本来就是莫大的耻辱了。更何况我烹杀了人家的兄长，再与他的弟弟来并肩事奉同一个主子，纵然他害怕皇帝的诏命，不敢动我，难道我于心就毫不羞愧吗？再有，皇帝陛下召我来京的原因，不过是想见一下我的面貌罢了。如今皇帝就在洛阳，现在我割下我的头颅，快马飞奔三十里的工夫，我的容貌还不会改变，还是能够看一下我究竟是什么样子的。"说完之后，

就自刎了，命两个门客手捧他的头，跟随使者飞驰入朝，奏知汉高祖。汉高祖说道："哎呀！能有此言此行，真是了不起！从平民百姓起家，兄弟三个人接连为王，难道不是贤能的人吗？"汉高祖忍不住为他流下了眼泪。然后高祖拜田横的两个门客为都尉，并且派两千名士卒，以诸侯王的丧礼安葬了田横。

安葬完田横之后，两个门客在田横墓旁挖了个洞，然后自刎，倒在洞里，追随田横死去。汉高祖听说此事之后，大为吃惊，认为田横的门客都是贤才。高祖听说田横手下还有五百人在海岛上，又派使者召他们进京。进京之后，这五百门客听到田横已死，也都自杀了。由此更可以了解田横兄弟确实是能够得到贤士拥戴的人。

论赞

太史公曰：蒯通的计谋实在是厉害呀！它扰乱了齐国又骄纵坏了淮阴侯，最后又将田横、韩信这两个人给害死了！田横节操高尚，宾客仰慕他的仁义而愿意随他去死，这难道还不是贤能的人吗？我因此才把他的事迹记录在这里。但是非常可惜，当时没有善于绘画的人，不能将这些描画下来，这是为什么呢？

季布 栾布列传

此传是季布、栾布的合传。太史公饱含感情地颂扬了季布、栾布视死如归、重义轻生的英雄形象,但对刘邦的奸诈、气量小、残忍等方面也进行了一系列的描述,对比强烈,爱憎分明,同时也将人物的性格特征展现得淋漓尽致。

【季布逃难】

季布是楚地人,为人好逞意气,爱打抱不平,在楚地很有名气。项羽派他率领军队,曾屡次使汉王刘邦受到困窘。等到项羽灭亡以后,汉高祖出千金悬赏捉拿季布,并下令有胆敢窝藏季布的论罪要灭三族。季布躲藏在濮阳一个姓周的人家。周家说:"汉王朝悬赏捉拿你非常紧急,追踪搜查就要到我家来了,将军您能够听从我的话,我才敢给你献个计策;如果不能,我情愿先自杀。"季布答应了他。周家便把季布的头发剃掉,用铁箍束住他的脖子,穿上粗布衣服,把他放在运货的大车里,将他和周家的几十个奴仆一同出卖给鲁地的朱家。朱家心里知道是季布,便买了下来安置在田地里耕作,并且告诫他的儿子说:"田间耕作的事,都要听从这个佣人的吩咐,一定要和他吃同样的饭。"朱家便乘坐轻便马车到洛阳去了,拜见了汝阴侯滕公。滕公留朱家喝了几天酒。朱家乘机对滕公说:"季布犯

了什么大罪,皇上追捕他这么急迫?"滕公说:"季布多次替项羽窘迫皇上,皇上怨恨他,所以一定要抓到他才罢休。"朱家说:"您看季布是怎样的一个人呢?"滕公说:"他是一个有才能的人。"朱家说:"做臣下的各受自己的主上差遣,季布受项羽差遣,这完全是职分内的事。项羽的臣下难道可以全都杀死吗?现在皇上刚刚夺得天下,仅仅凭着个人的怨恨去追捕一个人,为什么要向天下人显示自己器量狭小呢!再说凭着季布的贤能,汉王朝追捕又如此急迫,这样,他不是向北逃到匈奴去,就是要向南逃到越地去了。这种忌恨勇士而去资助敌国的举动,就是伍子胥所以要鞭打楚平王尸体的原因了。您为什么不寻找机会向皇上说明呢?"汝阴侯滕公知道朱家是位大侠客,猜想季布一定隐藏在他那里,便答应说:"好。"滕公等待机会,果真按照朱家的意思向皇上奏明。皇上于是就赦免了季布。在这个时候,许多有名望的人物都称赞季

布能变刚强为柔顺，朱家也因此而在当时出了名。后来季布被皇上召见，表示服罪，皇上任命他做了郎中。

【谏伐匈奴】

汉惠帝的时候，季布担任中郎将。匈奴王单于曾经写信侮辱吕后，而且出言不逊，吕后大为恼火，召集众位将领来商议这件事。上将军樊哙说："我愿带领十万人马，横扫匈奴。"各位将领都迎合吕后的心意，齐声说："好。"季布说："樊哙这个人真该斩首啊！当年，高皇帝率领四十万大军尚且被围困在平城，如今樊哙怎么能用十万人马就能横扫匈奴呢？这是当面撒谎！再说秦王朝正因为对匈奴用兵，才引起陈胜等人起义造反。直到现在创伤还没有治好，而樊哙又当面阿谀逢迎，想要使天下动荡不安。"在这个时候，殿上的将领都感到惊恐，吕后因此退朝，终于不再议论攻打匈奴的事了。

【出守河东】

季布做了河东郡守，汉文帝的时候，有人说他很有才能，汉文帝便召见他，打算任命他做御史大夫。又有人说他很勇敢，但好发酒疯，难以接近。季布来到京城长安，在客馆居留了一个月，皇帝召见之后就让他回原郡。季布因此对皇上说："我没有什么功劳却受到了您的恩宠，在河东郡任职。现在陛下无缘无故地召见我，这一定是有人妄誉我来欺骗陛下；现在我来到了京城，没有接受任何事情，就此作罢，遣回原郡，这一定是有人在您面前毁谤我。陛下因为一个人赞誉我就召见，又因为一个人的毁谤而要我回去，我担心天下有见识的人听了这件事，就窥探出您为人处世的深浅了。"皇上默然不作声，觉得很难为情，过了很久才说道："河东对我来说是一个最重要的郡，好比是我的大腿和臂膀，所以我特地召见你啊！"于是季布就辞别了皇上，回到了河东郡守的原任。

楚地有个叫曹丘的先生，擅长辞令，能言善辩，多次借重权势获得钱财。他曾经事奉过赵同等贵人，与窦长君也有交情。季布听到了这件事便寄了一封信劝窦长君说："我听说曹丘先生不是个德高望重的人，您不要和他来往。"等到曹丘先生回乡，想要窦长君写封信介绍他去见季布，窦长君说："季将军不喜欢您，您不要去。"曹丘坚决要求窦长君写介绍信，

两诏文空心铜权·秦

秦代文物，陕西西安秦始皇陵附近出土。权为秤杆上的衡器。此权在秦始皇的诏书后加刻秦二世诏书，说明秦国曾大力向全国推行统一的度量衡。

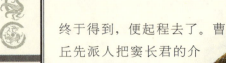

终于得到，便起程去了。曹丘先派人把窦长君的介绍信送给季布，季布接了信果然大怒，等待着曹丘的到来。曹丘到了，就对季布作了个揖，说道："楚人有句谚语说：'得到黄金百斤，比不上得到你季布的一句诺言。'您怎么能在梁、楚一带获得这样的声誉呢？再说我是楚地人，您也是楚地人。由于我到处宣扬，您的名字天下人都知道，难道我对您的作用还不重要吗？您为什么这样坚决地拒绝我呢！"季布于是非常高兴，请曹丘进来，留他住了几个月，把他作为最尊贵的客人，送他丰厚的礼物。季布的名声之所以远近闻名，这都是曹丘替他宣扬的结果啊！

季布的弟弟名叫季心，他的勇气胜过关中所有的人。待人恭敬谨慎，因为好打抱不平，周围几千里的士人都争着替他效命。季心曾经杀过人，逃到吴地，隐藏在袁丝家中。季心用对待兄长的礼节事奉袁丝，又像对待弟弟一样对待灌夫、籍福这些人。他曾经担任中尉下属的司马，中尉郅都也不敢不以礼相待。许多青年人常常暗中假冒他的名义到外边去行事。在那个时候，季心因勇敢而出名，季布因重诺言而出名，都在关中名声显著。

季布的舅舅丁公担任楚军将领。丁公曾经在彭城西面替项羽追逐汉高

双鹿纹半瓦当·秦

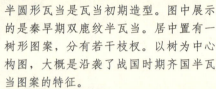

半圆形瓦当是瓦当初期造型。图中展示的是秦早期双鹿纹半瓦当。居中置有一树形图案，分有若干枝杈。以树为中心构图，大概是沿袭了战国时期齐国半瓦当图案的特征。

祖，使高祖陷于窘迫的处境。在短兵相接的时候，高祖感到危机，回头对丁公说："我们两个好汉难道要互相为难吗？"于是丁公领兵返回，汉王便脱身解围。等到项羽灭亡以后，丁公拜见高祖。高祖把丁公捉拿放到军营中示众，说道："丁公做项王的臣下不能尽忠，使项王失去天下的，就是丁公啊！"于是就斩了丁公，说道："让后代做臣下的人不要仿效丁公！"

【栾布知恩报恩】

栾布是梁地人。当初梁王彭越做平民的时候曾经和栾布交往。栾布家里贫困，在齐地被人雇用，替卖酒的人家做佣工。过了几年，彭越来到巨野做强盗，而栾布却被人强行劫持出卖，到燕地去做奴仆。栾布曾替他的主人家报了仇，燕将臧荼推荐他担任都尉。后来臧荼做燕王，就任用栾布

白话精编二十四史

做将领。等到臧荼反叛，汉王朝进攻燕国的时候，俘虏了栾布。梁王彭越听到了这件事，便向皇上进言，请求赎回栾布让他担任梁国的大夫。

后来栾布出使到齐国，还没返回来，汉王朝召见彭越，以谋反的罪名责罚他，诛灭了彭越的三族。之后又把彭越的头悬挂在洛阳城门下示众，并且下命令说："有敢来收殓或探视的，就立即逮捕他。"这时栾布从齐国返回，便把自己出使的情况，在彭越的脑袋下面汇报，边祭祀边哭泣。官吏逮捕了他，并将此事报告了皇上。皇上召见栾布，骂道："你要和彭越一同谋反吗？我禁令任何人不得收尸，你偏偏要祭他哭他，那你同彭越一起造反已经很清楚了。赶快把他烹杀！"皇帝左右的人正抬起栾布走向汤镬的时候，栾布回头说："希望能让我说一句话再死。"皇上说："说什么？"栾布说："当年皇上你被困彭城，兵败于荥阳、成皋一带的时候，项王之所以不能顺利西进，就是因为彭王据守着梁地，跟汉军联合而给楚为难的缘故啊。在那个时候，只要彭王掉头一走，跟楚联合，汉就失败；跟汉联合，楚就失败。再说垓下之战，没有彭王，项羽不会灭亡。现在天下已经安定了，彭王接受符节受了封，也想把这个封爵世世代代地传下去。现在陛下仅仅为了到梁国征兵，彭王因病不能前来，陛下就产生怀疑，认为他要谋反，可是谋反的形迹没有显露，却因苛求小节而诛灭了他的家族，我

担心有功之臣人人都会感到自己危险了。现在彭王已经死了，我活着倒不如死去的好，就请您烹了我吧！"于是皇上就赦免了栾布的罪过，任命他做都尉。

汉文帝的时候，栾布担任燕国国相，又做了将军。于是对曾经有恩于自己的人，便优厚地报答他；对有怨仇的人，一定用法律来除掉他。吴、楚七国反叛时，栾布因打仗有功被封为俞侯，又做燕国的国相。燕、齐这些地方都替栾布建造祠庙，叫做栾公社。

汉景帝中元五年（前145）栾布去世。

论赞

太史公曰：以项羽的气概，季布因为勇敢而在楚地扬名，他身入敌军，拔取敌人军旗多次，真算得上是好汉了。然而他遭受髡钳之刑，给人做奴仆不肯死去，又是多么卑下啊！他一定是自负于自己的才能，才会蒙受屈辱而不以为羞耻，等待有机会可以发挥他未曾施展的才干，所以最终成了汉朝的名将。贤能的人能够很看重他的死，至于奴婢、姬妾这些低贱的人因为感愤而自杀的，并不是勇敢，那是因为他们认为再也没有别的办法了。栾布痛哭彭越，把死看得同回家一样，他真正晓得要死得其所，而不是吝惜自己的生命。即使古代重义轻生的人，又怎么能超过他呢？

袁盎 晁错列传

本传是袁盎和晁错的合传。袁盎深得汉文帝的信任，所言皆听，但到汉景帝时，却被降为庶人；晁错在汉文帝时屡次进谏都不被重用，到景帝时，却扶云直上，权倾九卿，可谓戏剧。本传虽为合传，但对袁盎、晁错的记述却时合时分，井然有序，浑然一体，足可见太史公高超的笔力。

▶【正直之谏】

袁盎是楚地人，字丝。他的父亲从前曾经与强盗为伍，后来搬迁定居在安陵。吕后时期，袁盎曾经当过吕后侄吕禄的家臣。等到汉文帝登上了皇帝位，袁盎的哥哥袁哙保举他做了中郎的官。

绛侯周勃担任丞相，朝觐之后，便急急忙忙地走出朝廷，很是踌躇满志。皇上对他非常恭敬，常常亲自送他。袁盎进谏说："陛下以为丞相绛侯是什么样的人？"皇上说："他是国家的重臣。"袁盎说："绛侯是通常所说的功臣，并不是国家的重臣。国家的重臣能与皇上生死与共。当年吕后的时候，诸吕掌权，擅自争相为王，以致使刘家的天下就像丝带一样的细微，几乎快要断绝。在这个时候，绛侯周勃当太尉，掌握兵权，不能匡正挽救。吕后逝世，大臣们一起共同反对诸吕，太尉掌握兵权，又恰好遇到那个成功的机会，所以他是通常所说的功臣，而不是国家的重臣。丞相如果对皇上表现出骄傲的神色，而陛下却谦虚退让，臣下与主上都违背了礼节，我私下认为陛下不应该采取这种态度。"以后在上朝的时候，皇上逐渐威严起来，丞相也逐渐敬畏起来。过了不久，丞相怨恨地对袁盎说："我与你的兄长袁哙有交情，现在你小子却在朝廷上毁谤我！"袁盎也不向他谢罪。

等到绛侯被免除了丞相的职位，回到自己的封国，封国中有人上书告发他谋反，于是绛侯被召进京，囚禁在监狱中。皇族中的一些公侯都不敢替他说话，只有袁盎证明绛侯无罪。绛侯得以被释放，袁盎出了不少力。绛侯于是与袁盎倾心结交。

▶【妙语解主忧】

淮南王刘长来京朝见的时候，杀死了辟阳侯，他平时待人处事也相当骄横。袁盎劝谏皇上适当地削减他们的封地，以免因为骄横而容易发生祸患。皇上没有采纳他的意见，淮南王更加骄横。等到棘蒲侯柴武太子准备造反的事被发觉，追查治罪，这件事牵连到了淮南王，淮南王被征召，皇上便将他贬谪到蜀地去，用囚车押送。袁盎便劝谏说："陛下向来骄贯淮南王，以至落到了现在这种地步，如今又突然摧折他。万一在路上遇到风寒而死在半途中，陛下就会被认为以天下之大却容不得他，而背上杀死弟弟的恶名，到那时怎么办呢？"皇上不听。

淮南王到了雍地就病死了，这个消息传来，皇上不吃也不喝，哭得很悲哀。袁盎进入，叩头请罪，说："皇上请自我宽心，这已经是过去的事了，难道还可以追悔吗？再说陛下有三种高出世人的行为，这件事不足以毁坏您的名声。"皇上说："我高于世人的行为是哪三种？"袁盎说："陛下住在代国的时候，太后曾经患病，三年的时间，陛下不曾合眼，也不脱下衣服睡觉，凡汤药不是陛下亲口所尝过的，就不准进奉给太后，比起曾参的孝来那是超过得很多了；诸吕当权时，大臣独断专行，而陛下从代地乘坐六辆下等马拉的车子，奔驰到祸福难料的京城来，即使是孟贲、夏育那样的勇士，也比不上陛下；陛下到达代国在京城的客馆，面向西两次辞让天子位，面向南坐着有三次辞让天子位。许由辞让天下也只是一次，而陛下五次将天下辞让，超过许由四次之多啊！再说陛下贬谪

淮南王，是想让他的心志受些劳苦，使他改正过错，由于官吏护卫得不谨慎，所以他才病死。"于是皇上才感到宽解，说道："那以后怎么办呢？"袁盎说："淮南王有三个儿子，随您安排好了。"于是文帝便把淮南王的三个儿子都封为王。而袁盎也因此在朝廷中名声大振。

【不与阉同车】

袁盎常常称引些有关大局的道理，说得慷慨激昂。宦官赵同因为不只一次地受到皇上的宠幸，常常暗中伤害袁盎，袁盎为此感到忧虑。袁盎的侄儿袁种担任侍从骑士，手持符节护卫在皇帝左右。袁种向袁盎献计说："你和他相斗，在朝廷上侮辱他，使他所毁谤的话不起作用。"汉文帝出巡，赵同陪同乘车，袁盎伏在车前，说道："我听说陪同天子共乘高

🔴 **犀牛尊·西汉**

尊高 34.1 厘米、长 58.1 厘米，陕西兴平豆马村出土。犀牛形象极为写实，鼻生双角，小耳圆眼，昂首挺立。在背上开口，装有可启合的盖，体腔中空，可容酒浆。

大车舆的人，都是天下的英雄豪杰。如今汉王朝虽然缺乏人才，陛下为什么单单要和受过宫刑的人同坐一辆车呢？"于是皇上笑着让赵同下去，赵同流着眼泪下了车。

【讽劝丞相】

袁盎请假回家的时候，路上碰到丞相申屠嘉，便下车行礼拜见，丞相只从车上表示谢意。袁盎回到家里，在下属官吏面前感到羞愧，于是到丞相府上，要求拜见丞相。丞相过了很长时间才出来见他，袁盎就跪着劝说道："您当丞相，与陈平、绛侯相比怎么样？"丞相说："我比不上他们。"袁盎说："好，您自己都说比不上他们。陈平、绛侯辅佐保护高祖，平定天下，当了将相，诛杀诸吕，保全了刘氏天下；您只是脚踏弓弩，才当了低级武士，又提升为队长，积累功劳做到了淮阳郡守，并没有出什么奇计，在攻城夺地、野外厮杀中立下战功。再说陛下从代地来，每次上朝，郎官呈上奏书，他从来没有不停下车来听取他们的意见。意见不能采用的，就搁置一边；可以接受的，就采纳。从来没有人不称道赞许。这是为了什么呢？是想用这种办法来招致天下贤能的士大夫。皇上每天听到自己从前所没听过的事情，明白以前所不曾明白的道理，一天比一天更加英明智慧。您现在自己封闭天下人的口，而一天天更加愚昧。以圣明的君主来督责愚昧的丞相，您遭受祸患的日子为期不远了

啊！"丞相于是拜了两拜，说道："我是个粗鄙庸俗的人，就是不聪明，幸蒙将军教诲。"申屠嘉引袁盎入内室同坐，把他待为上宾。

【进言杀晁错】

袁盎向来不喜欢晁错，只要有晁错在的地方，袁盎就离去；只要有袁盎在的地方，晁错也就离开。两个人从来没有在一起谈过话。等到汉文帝去世，汉景帝继位，晁错当上了御史大夫，派官吏查核袁盎接收吴王刘濞财物的事，要按罪行的轻重给予惩罚。皇帝下诏令赦免袁盎为平民。

吴楚叛乱的消息传到京城，晁错对丞史说："袁盎接收了吴王的许多金钱，专门为他遮掩，说他不会反叛。现在反叛已成事实，我打算请求处治袁盎。他必当知道叛乱的阴谋。"丞史说："事情还没有暴露出来，就惩治他，可能中断叛乱阴谋。现在叛军向西进发，惩办袁盎有什么好处呢！再说袁盎也不该有什么阴谋"。晁错犹豫不决。有人将这件事告知了袁盎，袁盎害怕，当夜去见窦婴，向他说明吴王所以反叛的原因，希望能到皇上面前亲口对质。窦婴进宫向皇上报告了，皇上就召袁盎进宫会见。晁错就在面前，等到袁盎请求皇上避开别人单独接见时，晁错退了下去，心里非常怨恨。袁盎详细地说明了吴王谋反的情况，是因为晁错的缘故，只有赶快杀掉晁错来向吴王认错，吴军才可能停止。

列传

史记

【袁盎之死】

等到晁错已被诛杀，袁盎以太常的身份出使到吴国。吴王想让他担任将领，袁盎不肯。吴王想杀死他，派一名都尉带领五百人把袁盎围困在军中。曾经的从吏司马把袁盎营救出来。袁盎解下了节旄揣在怀中，拄着杖，步行了七八里，天亮的时候，碰上了梁国的骑兵，骑兵奔驰而去，终于将袁盎出使吴国的情况报告了皇上。

吴楚叛军已被攻破，皇上便把楚元王的儿子平陆侯刘礼改封为楚王，袁盎担任楚相。袁盎曾经上书进言，但未被采纳。袁盎因病免官，闲居在家，与乡里人在一起混日子，跟他们玩斗鸡赛狗的游戏。

袁盎虽然闲居在家，汉景帝经常派人来向他询问计谋策略。梁王想成为汉景帝的继承人，袁盎进言劝说，从此以后，这种议论便被中止，梁王因此怨恨袁盎，曾经派人刺杀袁盎。刺客来到关中，打听袁盎到底是一个怎样的人。众人都赞不绝口。刺客便去见袁盎说："我接受了梁王的金钱来刺杀您，您是个厚道人，我不忍心刺杀您。但以后还会有十多批人来刺杀您，希望您好好防备一下！"袁盎心中很不愉快，家里又接二连三地发生了许多怪事，便到棓生那里去占卜问吉凶。回家的时候，随后派来的梁国刺客果然在安陵外城门外面拦住了袁盎，把他刺杀了。

【才奇不被用】

晁错是颍川人。曾经在轵县张恢先生那里学习过申不害和商鞅的刑名学说，与洛阳人宋孟和刘礼是同学。

上林苑斗兽图·西汉

六博木俑·汉

这一罕见的汉代人物木雕，以简洁明快的艺术造型，刻画出两个老者对弈的紧张气氛。

凭着通晓典籍，担任了太常掌故。

晁错为人严峻刚正，却又苛刻严酷。汉文帝的时候，天下没有研究《尚书》的人，只听说济南伏先生是原来秦朝的博士，研究过《尚书》，年纪已经九十多岁，因为太老无法征召他来，文帝于是下令太常派人前往学习。太常派遣晁错前往伏先生那里学习《尚书》。学成回来后，趁着向皇上报告利国利民的事，称引解说《尚书》。汉文帝下诏令，任命晁错担任太子舍人、门大夫、家令。晁错凭着他的辩才，得到太子的宠幸，太子家称他为"智囊"。汉文帝的时候，晁错多次上书，说到削减诸侯势力的事，以及修改法令的事。几十次上书，汉文帝都没有采纳，但认为他有奇特的才能，提升为中大夫。当时，太子称赞晁错的计策谋略，袁盎和诸位大功臣却大多都不喜欢晁错。

【擅权修法】

汉景帝继位后，任命晁错为内史。晁错多次请求皇帝单独与他谈论政事，景帝每每都听，宠信他超过了九卿，晁错修改了不少的法令。丞相申屠嘉心里不满意，但又没有足够的力量来毁伤他。内史府建在太上庙内墙外的空地上，门朝东，出入很不方便，晁错便在太上庙南面的外墙上开了两个门出入。丞相申屠嘉听到了这件事，非常生气。打算就这次晁错的过失写成奏章，请求诛杀晁错。晁错听到了这个消息，当夜请求单独进见皇上，具体详细地向皇上说明了这件事情。丞相申屠嘉上朝奏事，乘机禀告了晁错擅自凿开太上庙的外墙做门，请求皇上把他交给廷尉处死。皇上说："晁错所凿的墙不是太上庙的墙，而是庙外空地上的外墙，不致触犯法令。"丞相谢罪。退朝之后，生气地对长史说："我本当先杀了他再报告皇上，却先奏请，反而被这小子给出卖，实在是大错。"丞相终于发病死了，晁错因此更加显贵。

【悔失晁错】

晁错被提升为御史大夫，请求就诸侯的罪过相应地削减他们的封地，收回各诸侯国边境的郡城。奏章呈送上去，皇上命令公卿、列侯和皇族一起讨论，没有一个人敢非难晁错的建议，只有窦婴与他争辩，因此和晁错有了隔阂。晁错所修改的法令有三十章，诸侯们都叫喊着反对，痛恨晁错。晁错的父亲听到了这个消息，就从颍川赶来，对晁错说："皇上刚刚继位，你当政办事，侵害削弱诸侯的力量，疏远人家的骨肉，人们纷纷议论怨恨你，为什么要这样做呢？"晁错说："事情本来就应该这样，不这样的话，天子不会受到尊崇，国家不会得到安宁。"晁错的父亲又说："照这样下去，刘家的天下安宁了，而我们晁家却危险了，我要离开你回去了。"便服毒药而死，死前说道："我不忍心看到祸患连累自己。"晁错的父亲死后十几天，吴楚七国果然反叛，以诛杀晁错为名义。等到窦婴、袁盎进言，皇上就命令晁错穿着朝服，在东市把他处死。

晁错死后，谒者仆射邓公担任校尉，攻打吴楚的军队时，他担任将军。回京城后，上书报告军事情况，进见皇上。皇上问道："你从军中来，听到晁错死了，吴楚的军队退了没有？"邓公说："吴王蓄意谋反已经

有几十年了啊，他为您削减他的封地而发怒，所以以诛杀晁错为名义，他的本意并不在晁错呀。再说我担心天下的人从此都将闭口，再也不敢进言了。"皇上说："为什么呢？"邓公说："晁错担心诸侯强大了不能够制伏，所以要求削减诸侯的封地，借以尊崇朝廷，这实在是关乎万世的好事啊！计划才开始实行，竟然遭到杀戮，对内杜塞了忠臣的口，对外反而替诸侯报了仇，我私下认为陛下这样做是不足取的。"此时景帝沉默了好久，说："您的话很对，我也悔恨这件事。"

论赞

太史公曰：袁盎虽然不好学，可是他能融会贯通，以仁爱之心为本质，称引大义，慷慨激昂。正赶上汉文帝刚刚继位，他的才智刚好遇上了适宜的时代，因此能得以施展。时局变动，等到吴楚反叛时，他建议诛杀晁错。虽然他的建议被采纳实行，但以后朝廷不再重用他了。爱好名声，夸耀才能，终于因为追求名声而招致祸害。晁错做太子家令的时候，多次进谏而不被采用。后来擅权，修改了国家的许多法令。诸侯发动叛乱，晁错不急于匡正挽救这个危机，却想报一己之仇，反而因此招来杀身之祸。俗话说："改变古法，扰乱常规，不是身死，就是逃亡。"难道就是说的晁错这种人吗？

张释之 冯唐列传

本传是汉文帝时的杰出之士张释之、冯唐的合传。他们不仅有真知灼见，而且敢于批评最高统治者，正直进言，太史公对他们充满着景仰之情，同时在一个侧面也隐含着作者的憎恨之情。情节细致，对话精彩，人物传神，描绘生动。

【智谏文帝】

廷尉张释之，是堵阳人，字季。和他的哥哥仲生活在一起。由于家中资财多而作了骑郎，事奉汉文帝，十年内得不到升迁，默默无名。张释之便对他的上司说："长时间地做郎官，耗减了哥哥的资财，使人不安。"想要辞职回家。他的上司中郎将袁盎知道他德才兼备，惋惜他的离去。就请求汉文帝调补他做谒者。张释之

🔴 木雕马俑·西汉

朝见文帝后，就趋前陈说利国利民的大计方针，文帝说："说些接近现实生活的事，不要高谈阔论，说的应该现在就能实施。"于是，张释之又谈起秦汉之际的事，谈了很长时间关于秦朝灭亡和汉朝兴盛的原因。文帝很赞赏他，就提拔他做了谒者仆射。

一次，张释之跟随汉文帝出行，登临虎圈，汉文帝询问书册上登记的各种禽兽的情况，问了十几个问题，上林尉只能东瞧西看，全都不能回答。看管虎圈的啬夫从旁代上林尉回答了皇帝提出的问题，答得极周全。想借此显示自己回答问题有如声响回应之快而且无法问倒。汉文帝说："做官吏不该像这样吗？上林尉不可依靠。"于是命令张释之让啬夫做上林令。张释之过了一会儿才上前说："陛下认为绛侯周勃是怎样的人呢？"文帝说："是长者啊！"又再一次问："东阳侯张相

如是怎样的人呢？"文帝再一次回答说："是个长者。"张释之说："绛侯与东阳侯都被称为长者，可这两个人议论事情时都不善于言谈，现在这样做，难道让人们去效法这个喋喋不休伶牙俐齿的啬夫吗？秦代由于重用了舞文弄法的官吏，所以官吏们争着以办事迅急苛刻督责为高，然而这样做的流弊在于徒然具有官样文书的表面形式，而没有怜悯同情的实质。因为这个缘故，秦君听不到自己的过失，国势日衰，到秦二世时，秦国也就土崩瓦解了。现在陛下因为啬夫伶牙俐齿就越级提拔他，我想恐怕天下人都会追随这种风气，争相施展口舌之能而不求实际。况且在下位的人被在上的人感化，快得犹如影之随形声之回音一样，陛下做任何事情都不可不审慎啊！"文帝说："好吧！"于是，取消原来的打算，不再任命啬夫为上林令。

【出任廷尉】

此后不久，皇帝出巡经过长安城北的中渭桥，有一个人突然从桥下跑了出来，皇帝车驾的马受了惊。于是命令骑士捉住这个人，交给了廷尉张释之。张释之审讯那个人。那人说："我是长安县的乡下人，听到了清道禁止人通行的命令，就躲在桥下。过了好久，以为皇帝的队伍已经过去了，就从桥下出来，一下子看见了皇帝的车队，马上就跑起来。"然后廷尉向皇帝报告那个人应得的处罚，说他触犯了清道的禁令，应处以罚金。文帝发怒说："这个人惊了我的马，我的马幸亏驯良温和，假如是别的马，说不定就摔伤了我，可是廷尉才判处他罚金！"张释之说："法律是天子和天下人应该共同遵守的。现在法律就这样规定，却要再加重处罚，这样法律就不能取信于民。而在那时，皇上您让人立刻杀了他也就罢了。现在既然把这个人交给廷尉，廷尉是天下公正执法的带头人，稍一偏失，而天下执法者都会任意或轻或重，老百姓岂不会手足无措？愿陛下明察。"许久，皇帝才说："廷尉的判处是正确的。"

后来，有人偷了高祖宗庙神座前的玉环，被抓到了，文帝发怒，交给廷尉治罪。张释之按法律所规定的偷盗宗庙服饰器具之罪奏报皇帝，判处死刑。皇帝勃然大怒说："这人胡作非为无法无天，竟偷盗先帝庙中的器物，我交给廷尉审理的目的，想要给他灭族的惩处，而你却一味按照法律条文把惩处意见报告我，这不是我恭敬奉承宗庙的本意啊！"张释之脱帽叩头谢罪说："依照法律这样处罚已经足够了。况且在罪名相同时，也要区别犯罪程度的轻重不同。现在他偷盗祖庙的器物就要处以灭族之罪，万一有愚蠢的人挖长陵一捧土，陛下用什么刑罚惩处他呢？"过了一些时候，文帝和薄太后谈论了这件事，才同意

史记

列传

木雕独角兽·西汉

了廷尉的判决。当时，中尉条侯周亚夫与梁国国相山都侯王恬开看到了张释之执法论事公正，就和他结为亲密的朋友。张释之由此得到天下人的称赞。

后来，文帝死去，景帝即位。张释之内心恐惧，假称生病。想要辞职离去，又担心随之招致被诛杀；想当面向景帝谢罪，又不知怎么办好。用了王生的计策，终于见到景帝道歉谢罪，景帝没有责怪他。

王生是喜好黄老学说的处士。曾被召进朝廷中，三公九卿全齐聚站在那里，王生是个老年人，说："我的袜带松脱了。"回过头来对张廷尉说："给我结好袜带！"张释之就跪下结好袜带。事后，有人问王生说："为什么在朝廷上羞辱张廷尉，让他跪着结袜带？"王生说："我年老，又地位卑下。自己料想最终不能给张廷尉什么好处。张廷尉是天下名臣，我故意羞辱张廷尉，让他跪下结袜带，想用这种办法加强他的名望。"各位大臣们听说后，都称赞王生的贤德而且敬重张廷尉。

张廷尉事奉景帝一年多，被贬谪为淮南王相，这还是由于以前得

罪景帝的缘故。过了一些时候，张释之死了。他的儿子叫张挚，字长公，官职一直做到大夫，后被免职。因为他不能迎合当时的权贵显要，所以直到死也没有再做官。

【冯唐荐魏尚】

冯唐，他的祖父是战国时赵国人。他的父亲移居到了代地。汉朝建立后，又迁到安陵。冯唐以孝行著称于时，被举荐做了中郎署长，事奉汉文帝。一次文帝乘车经过冯唐任职的官署，问冯唐说："老人家怎么还在做郎官？家在哪里？"冯唐都如实作答。汉文帝说："我在代郡时，我的尚食监高祛多次和我谈到赵将李齐的才能，讲述了他在钜鹿城下作战的情形。现在我每次吃饭时，心里总会想起钜鹿之战时的李齐。老人家知道这个人吗？"冯唐回答说："他尚且比不上廉颇、李牧的指挥才能。"汉文帝说："凭什么这样说呢？"冯唐说："我的祖父在赵国时，担任过统率士兵的职务，和李牧有很好的交情。我父亲从前做过代相，和赵将李齐也过从甚密，所以能知道他们的为人。"汉文帝听完冯唐的述说，很高兴，拍着腿说：

"我偏偏得不到廉颇、李牧这样的人做将领，如果有这样的将领，我难道还忧虑匈奴吗？"冯唐说："臣诚惶诚恐，我想陛下即使得到廉颇、李牧，也不会任用他们。"汉文帝大怒，起身回宫。过了好长一会儿，才又召见冯唐责备他说："你为什么当众侮辱我？难道就不能私下告诉我吗？"冯唐谢罪说："我这个鄙陋之人，不懂得忌讳回避。"

在这时，匈奴人新近大举侵犯朝那县，杀死北地都尉孙卬。汉文帝正为此忧虑，就终于又一次询问冯唐："您怎么知道我不能任用廉颇、李牧呢？"冯唐回答说："我听说古时候君王派遣将军时，跪下来推着车轮说，国门以内的事我决断，国门以外的事，由将军裁定。所有军队中因功封爵奖赏的事，都由将军在外决定，归来再奏报朝廷。这不是虚夸之言呀！如今我听说魏尚做云中郡郡守，他把军市上的税金全部用来犒赏士兵，还拿出个人的薪俸，五天杀一次牛，宴请宾客、军吏、亲近左右，因此匈奴人远远躲开，不敢靠近云中郡的边关要塞。匈奴曾经入侵一次，魏尚率领军队出击，杀死很多敌军。那些士兵都是农家的子弟，从村野来参军，哪里知道军中的文书和花名册一类的东西呢？他们只知道整天拼力作战，杀敌捕俘，到幕府报功，只要有一句话不合实际情况，掌管文书的官吏就用法律条文进行纠劾。应得的奖赏不能兑现，而文吏却依法必究。我愚蠢地认为陛下的法令太严明，奖赏太轻，惩罚太重。况且云中郡郡守魏尚只犯了错报多杀敌六人的罪，陛下就把他交给法官，削夺他的爵位，判处一年的徒刑。由此说来，陛下即使得到廉颇、李牧，也是不能重用的。我确实愚蠢，触犯了禁忌，该当死罪！该当死罪！"文帝很高兴，当天就让冯唐拿着汉节出使前去赦免魏尚，重新让他担任云中郡郡守，而任命冯唐作车骑都尉，掌管中尉和各郡国的车战之士。

汉文帝后元七年（前163），汉景帝即位，让冯唐去做楚国的丞相，不久被免职。汉武帝即位时，征求贤良之士，大家举荐冯唐。冯唐这年已九十多岁，不能再做官了，于是任用他的儿子冯遂做了郎官。冯遂字王孙，也是杰出的人才，和我友好。

论赞

太史公曰：张释之称赞长者的一番话，和他严守法度不迎合皇帝心意的事，以及冯公谈论任用将帅的话，真是耐人寻味、耐人寻味啊！俗话说："不了解那个人，看看他身边的朋友什么样就知道了。"他们两位所赞许长者将帅的话，应该标著于朝廷。《尚书》说："不偏袒不结党，王道才会宽广；不结党不偏私，王道才能畅顺。"张季与冯公近似于这种说法呀！

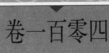

卷一百零四

田叔列传

在本传记中，太史公颂扬了田叔刻廉自喜、"义不忘贤、明主之美以救过"的品质，寄寓作者对自己所处时代的现实的憎恶。作者对典型事例进行了细致地描写，从而突出了田叔鲜明的个性与品质。文末补叙田叔之子不肯接受皇帝的祭金以保持父亲清誉的事迹，令人称誉。

【随王进京】

田叔是赵国陉城人，他的祖先是齐国田氏的后代。田叔喜欢剑术，曾跟随乐巨公学习黄、老的学说。田叔为人严刻、廉洁，自觉得意，喜欢和那些德高望重的人交往。赵国人把他推荐给赵国国相赵午，赵午又在赵王张敖那里推崇他，赵王任命他为郎中。任职几年，他清廉公平，赵王虽赏识他，却还未来得及提升他。

恰逢陈豨在代地谋反，汉七年（前200），高祖前去诛伐，途经赵国，赵王张敖亲自端着食盘献食，礼节十分隆重恭敬，汉高祖却傲慢地平伸开两腿坐着大骂他。当时赵午等几十人都愤怒不已，要求造反。赵王咬破自己的指头流了血，说："我的父亲失去了国家，没有陛下，我们死后会尸体生蛆无人收尸，你们怎么能说这样的话呢？不要再说了！"于是贯高等议论说："赵王是忠厚长者，不肯背弃皇上的恩德。"于是就私下里谋划刺杀皇上。不料汉朝发觉了此事，下令逮捕赵王和谋反的群臣。于是赵午等人都自杀了，只有贯高愿被囚禁。这时汉朝又下诏书说："赵国有胆敢跟随赵王进京的罪诛三族。"只有孟舒、田叔等十多人穿着赤褐色的囚衣，剃掉自己的头发，脖子上带着刑具，假装赵王的家奴跟随赵王张敖到了长安。等贯高等人谋反的事弄清楚了，赵王张敖才被释放出狱，被废黜为宣平侯，他就推荐包括田叔在内的十多个人。皇上全部召见了他们，与他们交谈，认为朝中的大臣没有能超过他们的。皇上大喜，任命他们做了郡守或诸侯的国相。田叔做汉中郡守十多年，恰逢高后去世，诸吕作乱，大臣们杀死他们，拥立了汉文帝。

【力辩孟舒得失】

汉文帝即位后，召见田叔问他道："先生知道谁是天下的忠厚长者吗？"田叔答道："臣不知道。"皇帝说："先生是长者啊，你应该知道。"田叔叩头说："从前的云中郡太守孟舒是长者。"当时孟舒因为抵御匈奴冒犯边境抢劫不力而触犯刑律，云中郡遭侵犯抢劫尤为严重，于是被免职。文帝说："先帝安置孟舒任云中郡太守十多年了，匈奴才入侵，孟舒就不能坚守，毫无道理地死掉几百士兵。长者本该杀人吗？先生怎么能说孟舒是长者呢？"田叔叩头回答说："这就是孟舒为长者的原因啊！贯高等人谋反，皇上下达了明确的诏书，赵国有敢跟随赵王张敖的人罪及三族。然而孟舒自己剃掉头发，颈带刑具，跟随赵王张敖到他要去的地方，想要为他效死，自己哪里料到要做云中郡太守呢！汉、楚长期对峙，士兵疲劳困苦。匈奴王冒顿平定北夷不久，又来危害我们边塞，孟舒知道士兵疲劳困苦，不忍心命令他们再作战，士兵们登城拼死作战，像儿子为父亲、弟弟为兄长打仗一样，由于这个原因，战死了好几百人。孟舒哪里是故意驱使他们作战呢？这就是孟舒是长者的原因。"于是皇帝说："孟舒真是贤德啊！"于是召回了孟舒，让他重新做了云中郡太守。

【任相鲁国】

几年后，田叔因触犯了刑法而被免去汉中郡太守的职务。梁孝王派人暗杀从前的吴国丞相袁盎，汉景帝召回田叔命他到梁国审查此案。田叔查清了这个案件的事实，回朝复命。汉景帝说："梁王有派人暗杀袁盎的事吗？"回答说："臣死罪！确实有！"

皇帝说："有罪证吗？"田叔说："皇上不要过问梁王的事。"皇帝说："为什么？"田叔说："如果梁王不能伏法被处死，这是汉朝的刑法不能实行；如果他伏法而死，太后就会吃饭不香睡眠不安，这又是您的忧虑啊！"汉景帝非常赏识他，让他做了鲁国的丞相。

田叔刚到任上，一百多位百姓来找他，指责鲁王夺取百姓财物的事情。田叔抓住为首的二十个人，每人答打五十大板，其余的人各打手心二十，然后对他们发怒道："鲁王不是你们的君主吗？你们怎么敢毁谤君主呢！"鲁王听说这话后非常惭愧，从内库中拿出钱来让国相偿还他们。田叔说："君王自己夺来的却让国相偿还，这是君王做坏事而国相做好事。国相不能参与偿还的事。"于是鲁王就将财物尽数还给百姓。

几年后，田叔在鲁国国相的任上死去，鲁王送来一百斤黄金给他做祭礼。小儿子田仁不肯接受，说："不能因为一百斤黄金而使先父的名声受损。"

论赞

太史公曰：孔子用称赞的口气说"住到这个国家一定参与它的政务"，说的就是田叔这样的人吧！他有节义而不忘贤德，发扬君主的美德，还能纠正君王的过失。田仁和我私交很好，所以我把他们父子放在一起记述。

扁鹊 仓公列传

这是战国时期的扁鹊和西汉初年的淳于意两位名医的合传。作者运用浪漫主义与现实主义相结合的手法，使得笔下的两位名医不但具有传奇色彩，而且具有浓厚的生活气息，从而展示了中国古代医术的精湛与高超。

【巧遇神人】

扁鹊是渤海郡郑县人，姓秦，名叫越人。扁鹊年轻时做别人家客馆的主管。有个叫长桑君的客人常到客馆来，只有扁鹊时常恭敬地对待他。他来来去去有十多年了，一天悄悄地对扁鹊说："我有秘藏的医方，我老了，想传给你，你千万不要泄露出去。"扁鹊说："遵命。"他这才从怀中拿出一种药给扁鹊，并说："用未落地的露水送服这种药，三十天后你就能通晓许多事了。"接着又将全部秘方都给了扁鹊。忽然间人就不见了，大概他不是凡人吧！扁鹊按照他说的话，服了三十天药，就能看见墙另一边的人。凭着这种本事，他给人看病时，能看见五脏内所有的病症，只是表面上假装在为病人切脉。他有时在齐国行医，有时在赵国行医。在赵国时名叫扁鹊。

【名医妙手】

晋昭公时，众多大夫的势力强盛而国君的力量衰弱，

赵简子是大夫，却独揽国政。赵简子病了，五天都昏迷不醒，大夫们都很担心，于是把扁鹊召来。扁鹊入室诊视病后走出，大夫董安于向扁鹊询问病情，扁鹊说："他的血脉很正常，你们何必大惊小怪？从前秦穆公也曾出现过这种情形，昏迷了七天才苏醒。醒来的当天，对公孙支和子舆说：'我到天帝那里后非常快乐。我之所以去

🔸 **扁鹊像**

那么长时间，正好碰上天帝要指教我。天帝告诉我说晋国将要大乱，五代都不得安定。之后有人将成为霸主，称霸不久他就会死去。霸主的儿子将使我的国家男女淫乱。'公孙支把这些话记下收藏起来，后来秦国的史书才记载了此事。晋献公的内乱，晋文公的称霸，及晋襄公在殽山打败秦军后放纵淫乱，这些都是你所知道的。现在你们主君的病和他是一样的，不出三天就会痊愈，那时也必定会说一些话。"

过了两天半，赵简子醒了，告诉众大夫说："我到天帝那儿非常快乐，与百神在天的中央游玩，各种乐器奏着许多乐曲，跳着各式各样的舞，不像上古三代时的乐舞，乐声优美动人。有一只熊要抓我，天帝命令我射杀它，熊中了箭死了。有一只罴走过来，我又射它，又射中了，罴也死了。天帝十分高兴，赏赐给我两个竹笥，里边装满首饰。我看见我的儿子在天帝的身边，天帝把一只翟犬托付给我，并说：'等到你的儿子长大成人时赐给他。'天帝又告诉我说：'晋国将会一代一代地衰弱下去，七代后就会灭亡。秦国人将在范魁的西边打败周人，但他们也不能拥有这片土地。'"董安于听了这些话后，记录并收藏起来。人们把扁鹊说过的话告诉赵简子，赵简子赐给扁鹊四万亩田地。

【起死回生】

后来，扁鹊路过虢国。正赶上虢太子死了，扁鹊来到王宫门前，问一位喜好医术的中庶子说："太子得了什么病？"中庶子说："太子的病是血气运行没有规律，阴阳交错而不能疏泄，猛烈地暴发在体表，从而造成内脏受伤害。又因此阳脉弛缓阴脉急迫，所以突然昏倒而死。"扁鹊说："请禀告虢君，我是渤海郡的秦越人，家在鄚县，听说太子死了，我可以让他复活。"中庶子说："先生不会是在胡说吧？怎么说太子可以复活呢？"中庶子进去把扁鹊的话告诉虢君。虢君听后十分惊讶，走出内廷在宫廷的中门接见扁鹊。扁鹊说："您的太子得的病就是人们所说的'尸蹶'，人的身体安静得像死去的样子，但太子实际并没有死。"

扁鹊就叫他的学生子阳磨砺针和砭石，在百会穴施针。过了不久，太子苏醒了。扁鹊又进一步调和阴阳，仅仅吃了二十天汤剂，太子的身体就恢复得跟以前一样了。因此，天下的人都认为扁鹊能使死人复活。扁鹊却说："我不是能使死人复活啊，而是他应该活下去，我能做的只是帮助他恢复健康罢了。"

【讳疾忌医】

扁鹊到了齐国，齐桓侯以礼相待。他到朝廷拜见桓侯，说："您有小病在皮肤和肌肉之间，不治的话将会深入体内。"桓侯说："我没病。"扁鹊走出宫门后，桓侯对群臣说："医生好大喜功，想把没病的人说成有病，以显示自己治疗的功绩。"五天后，

白话精编二十四史 ◉第一卷◉

扁鹊再去见桓侯说："您的病已在血脉里，不治恐怕会深入体内。"桓侯说："我没有病。"扁鹊出去后，桓侯不高兴。过了五天，扁鹊又去见桓侯，说："您的病已在肠胃间，不治将更深侵入体内。"桓侯连话都不想回答。扁鹊出去后，桓侯更不高兴了。过了五天，扁鹊又去了，远远看见桓侯就往回跑走了。桓侯派人问他跑的缘故。扁鹊说："疾病在皮肉之间，汤剂、药熨的效力就能达到治病的目的；疾病在血脉中，靠针刺、砭石的效力就能达到治病的目的；疾病在肠胃中，靠药酒的效力就能达到治病的目的；疾病深入骨髓，就是掌管生死的神也无可奈何了。现在疾病深入骨髓，我因此不再要求为他治病。"五天后，桓侯身上患了重病，派人去请扁鹊，扁鹊已逃离齐国。于是桓侯就病死了。

【名扬天下】

扁鹊名扬四海。他到邯郸时，听说当地人尊重妇女，就做治妇女病的医生；到洛阳时，听说此地人敬爱老人，就做专治耳聋眼花四肢麻痹的医生；到咸阳时，听说秦人喜爱孩子，就做治儿科病的医生。他随着各地的习俗来改变自己的医治范围。秦国的太医令李醯自知医术不如扁鹊，派人把扁鹊刺杀了。到现在，天下谈论诊脉法的人，都遵从扁鹊的理论与实践。

【名医仓公】

太仓公是齐国都城管理粮仓的长官。他是临淄人，姓淳于名意，年轻就喜好医术。汉高后八年（前180），他再次向同郡元里的公乘阳庆拜师学医。这时的阳庆已七十多岁，没有后人能继承医术，就让淳于意把从前学的医方全部抛弃，然后把自己掌握的秘方全传给了他，并将黄帝、扁鹊的脉书传给他，教给他观察面部不同颜色来诊病的方法，使他能预知病人的生死，决断疑难病症，判断能否治疗，对药剂的理论等都十分精通。三年后，他无论为人治病，或是预断死生，大多能应验。然而他却到处交游诸侯，不在家中久居，有时不肯为别人治病，因此许多病人怨恨他。

【缇萦救父】

汉文帝四年（前176），有人上书朝廷告发淳于意，根据刑法，要用传车将他押解到长安去。淳于意的五个女儿都跟在后面哭。他发怒了，骂道："生孩子不生男孩，到紧要关头就没有能用的人！"最小的女儿缇萦听了父亲的话后很感伤，就随父亲西行到了长安。她上书朝廷说："我父亲是朝廷的官吏，齐国人民都称颂他的廉洁公正，现在却因犯法而被判刑。我很痛心被处死的人再也不能重生，而受刑致残的人也不能再复原，即使想改过自新也没有办法。我情愿自己没入官府做奴婢，以此来赎父亲的罪，使父亲能有改过自新的机会。"汉文帝看了缇萦的上书，怜悯她的用心，赦免了淳于意，并在这一年将肉刑废除了。

【妙手神医】

淳于意住在家里，皇帝下诏问他为人治病决断死生应验的有多少人，他们都是谁。

诏书问太仓淳于意的问题是："医术有什么专长及能治愈什么病？有没有医书？都向谁学的医？学了几年？曾治好哪些人？他们是什么地方的人？得的什么病？治疗用药后，病情怎样？全部详细回答。"淳于意的回答是：

"齐国一个名叫成的侍御史说他得了头疼病，我给他诊完脉，告诉他说：'您的病情很严重，不能一下子说清楚。'我出来后只告诉他的弟弟昌说：'他得的是疽病，在肠胃之间，五天后就会肿起来，再过八天就会吐脓血而死。'成果然到了那天就死了。我之所以能诊知他的病，是因为切脉时发现他的肝脏有病的脉气。脉气重浊而平静，这是内里严重而外表不明显的疾病。络脉之间交互阻塞，就使热邪上侵，头部受到侵扰，所以才头疼。

"齐王二儿子的男孩生病，将我召去切脉诊治。我告诉他说：'这是气膈病，这种病使人心中烦闷，吃不下东西，时常呕出胃液。这种病是因为内心忧郁，常常厌食的结果。'我立即调制下气汤让他喝

下去，一天后，膈气下消，又过了两天就能吃东西，三天后就痊愈了。

"齐国名叫信的中御府长病了，我去给他诊治，切脉后告诉他说：'这是热病的脉气，暑热多汗，脉气稍衰，不会死人的。'又说：'得这种病的原因是因为天气严寒时曾在水流中洗澡，然后身体就发热了。'他说：'对，就是这样！去年冬天，我为齐王出使楚国，走到莒县阳周水边，看到莒桥坏了，我就揽住车辕不想过河，谁知马突然受惊，一下子坠到河里，我的身子也掉进水里，差一点儿被淹死。随从官吏马上跑来救我，把我从水中救出来后，我的衣服全湿了，身体冷了一阵，冷一止住就全身发热如火，

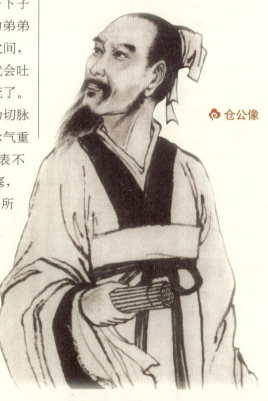
仓公像

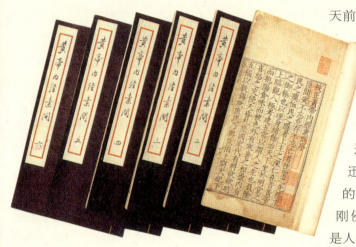

天前，你腰肋疼得不能俯仰，也不能小便。如果不赶快医治，病邪就会侵入肾脏。趁着还没滞留在五脏，迅速治愈。现在你的病情只是病邪刚刚侵入肾脏，这就是人们说的"肾痹"。'

●《黄帝内经素问》书影

到现在都不能受寒。'我立即为他调制液汤火剂驱除热邪，服一剂药后不再出汗，服两剂药热退去了，服三剂药后病就控制住了。我又让他服了约二十天的药，身体就痊愈了。

"从前济北王的奶妈说自己的足心发热且胸口发闷，我告诉她：'这是热厥病。'在她足心各刺三穴，出针时，用手按住穴孔，不让血流出，病很快就好了。她的病是因为喝酒大醉而得。

"菑川王的美人怀孕难产，召我诊治，我用莨菪药末一撮，用酒让她服下，很快就顺利生产了。我又诊她的脉，发现脉象急躁。脉急表明她还有其他的病，我就用消石一剂让她喝下，接着下身流出血块来，约有五六枚，像豆子一样大小。

"齐王黄姬的哥哥黄长卿在家宴请宾客，把我也请了去。客人入座，还没上菜。我见王后弟弟宋建脸色有些异常，就说：'你身体有病。四五

宋建说：'你说得太对了，我曾经确实腰脊疼过。四五天前，天正下雨，黄氏的女婿们到我家里，看到了我家库房墙下的方石，就去搬弄，我也想跟着那样做，却根本举不起来，就把它放下了。到了黄昏，腰脊疼痛就不能小便了，到现在也没有痊愈。'他的病是因喜好举重物引起。我之所以能诊治他的病，是看到了他的脸色，太阳穴处色泽枯干，两颊显示肾病部位边缘四分处颜色干枯，所以才知道四五天前病发作。我为他调制药汤让他服下去，十八天病就痊愈了。

"济北王一个姓韩的侍女腰背疼，恶寒发热，许多医生都认为是寒热病，我诊脉后说：'是内寒，月经不通。'我用药为她熏灸，过一会儿，月经就来了，病好了。她的病是因想得到男人却不能够而引起的。我所以能知道她的病，是切脉时，知道她的肾脉有病气，脉象涩滞不连续。这种脉，出现得艰难而又坚实有力，所以就月经不通。她的肝脉硬直而长，像弓弦一

样，超出左手寸口位置，所以说病是想要得到男人却不能够而造成的。

"临菑氾里一个叫薄吾的女人病得很重，许多医生都认为是寒热病，会死，无法医治。我诊脉后说：'这是"蛲瘕病"。'这种病，使人肚子大，腹部皮肤黄而粗糙，用手触摸肚腹，病人感到难受。我用芫花一撮用水送服，随即泄出约有几升的蛲虫，病也就好了。过了三十天，身体和病前一样。蛲瘕病得自寒湿气，寒湿气郁积太多，不能发散，变化为虫。我能知道她的病，因为我切脉时，循按尺部脉位，她尺部脉象紧而粗大，又毛发枯焦，这是有虫的病状。她的脸色有光泽，是内脏没有邪气，病也不重的缘故。

"臣淳于意说：'其他能正确诊治，决断死生时间以及治好的病太多了，因为时间一长忘了，不能完全记住，所以不敢随便回答。'"

【广传医术】

诏书又问："官吏或百姓曾有人向你学医术吗？有人把你的医术全学会了吗？他们是哪里人？"回答说："临菑人宋邑曾向我求教，我教他从察看人的脸色来诊病，学了一年多。济北王派太医高期、王禹向我求教，我教给他们经脉上下分布的情形和异常脉络的联结位置，常常论说腧穴所处的方位，以及经络之气运行时的邪正顺逆的情况，怎样选定合适的石针治疗方案，确定砭灸治疗的穴位，学

了有一年多。菑川王时常派遣名叫冯信的太仓署中管理马政的长官前来，让我指教医术。我教他按摩的逆顺手法，论述用药的方法，以及判定药的性味和配制汤剂。高永侯的家丞名叫杜信，喜好诊脉，前来求学，我把上下经脉的分布及《五色诊》教给了他，学了两年多的时间。临菑召里叫唐安的人来求学，我教给他《五色诊》、上下经脉的位置、《奇咳术》以及四时和阴阳相应各有偏重的道理，还没有学成，就被任命做了齐王的侍医。"

又问："你给人诊治病症断定人的死生，能完全没有失误吗？"回答说："我医治病人时，一定先为他切脉后，才去医治。脉象衰败与病情违背的不给他医治，脉象和病情相顺应的才给他医治。如果不能精心切脉，所断定的死生时间及能否治愈，也往往会出现差错，我不能完全没有失误。"

论赞

太史公曰：女人无论美与丑，住进宫中就会被人嫉妒；士人不管贤与不贤，进入朝廷就会遭人疑忌。所以扁鹊因为他的医术而遭殃，太仓公自隐形迹还被判处刑罚。缇萦上书皇帝，才保住父亲的平安。所以老子说"美好的东西都是不吉祥之物"，这哪里是说扁鹊这样的人呢？像太仓公这样的人，和这句话的意思就差不多接近了。

卷一百零六

吴王濞列传

刘濞是西汉前期发动吴、楚七国之乱的罪魁祸首。他苦心经营三十多年，结果却在短短的三个月内土崩瓦解、身败名裂。太史公从文学角度将一个桀骜不驯、积谋慎算、狂妄自大、刚愎自用的枭雄形象树立了起来，增强了人物的艺术魅力。同时，太史公站在朴素唯物主义理论的高度，揭示了刘濞必然灭亡的命运，认为只有统一才是历史的进步。

【刘濞封王】

吴王刘濞是汉高祖的哥哥刘仲的儿子。高祖平定天下七年后，将刘仲封为代王。后来，匈奴围攻代国，刘仲败落，丢弃封国从小路跑到洛阳，向天子自首。天子顾念骨肉兄弟，不忍将其依法制裁，只是废黜王号贬他做郃阳侯。高祖十一年（前196）秋，淮南王英布谋反，向东兼并了荆地，西渡淮水，攻击楚国，高祖亲自率军诛讨他。这年刘仲的儿子刘濞刚刚二十岁，强壮有力，以骑将的身份跟随高祖在蕲县西边的会甀打败英布的军队，英布逃走。荆王刘贾被英布杀死，没有后嗣。皇帝担心吴地、会稽地的人浮躁强悍，没有勇壮的王来震慑他们，自己的儿子们年龄又还很小，就将刘濞封立在沛地做吴王，统辖三郡五十三个县。已经拜官受印后，高祖召来刘濞，要为刘濞相面，看后说：“你的容貌有反叛之相。”同时心里就后悔起来，但任命已经结束了，就拍拍他的背，告诫他说：“汉兴立以后五十年间东南方向将有叛乱发生，难道是你吗？天下同姓是一家，你千万不要造反！”刘濞叩头，说：“不敢！”

嵌金片花纹铁匕首·西汉

【称病不入朝】

到孝惠帝、高后时，天下刚刚安定，许多郡国的诸侯们各自努力安抚自己的百姓。吴国拥有豫章郡的铜矿山，刘濞就招募天下亡命之徒私下铸钱，煮海水制盐，因此国家虽不征赋税而费用富足。

孝文帝时，吴王太子入京朝见，陪伴皇太子喝酒下棋。吴太子的老师都是楚地人，浮躁强悍，平时又很骄纵，与皇太子下棋时发生争执，态度不恭敬，皇太子拿起棋盘打吴太子，将他打死了，事后就将他的遗体运回吴国安葬。到了吴国，吴王怨愤地说："天下同姓一家，死在长安就应该葬在长安，何必送来吴国下葬呢！"又送遗体到长安下葬。吴王自此逐渐不再遵守藩臣的礼节，称病不肯入朝。京城的人知道他因儿子的死才称病不肯入朝的，经查问确实没有病，此后吴王的使臣一来，就拘禁诘问而治罪。吴王害怕了，更积极地谋划造反行动。后来孝文帝赐给吴王几案、手杖，说他老了可以不入京朝见。吴王得以解除他的罪过，谋反的事情也就放松了。然而吴国因为有铜盐的收益，百姓没有赋税的重担，士兵服役就发给价格公平的代役金。吴王每年定期去慰问有才能的人，赏赐平民。这样四十多年下来，吴王因此能驱使利用他的百姓了。

【景帝削藩】

晁错做太子家令，得到太子的宠幸，多次怂恿太子，说吴王有罪应削减他的封地。又多次上书劝说文帝，文帝宽厚，不忍处罚，因此吴王更加骄横。等到景帝即位，晁错做御史大夫，又劝皇帝说："从前高祖刚刚平定天下时，兄弟少，儿子弱小，就赐封了很多同姓的人。如今吴王因以前有儿子被打死的嫌隙，假称生病不肯入京朝见，依照古法应杀，文帝不忍

心，就赏给他几案、手杖。朝廷对他的待遇很优厚，他本当改过自新，谁知却更加骄蛮，靠近铜矿铸造钱币，煮海水制盐，引诱天下亡命之徒谋划叛乱。现在削减他也是造反，不削减他也是造反。削减他，反得快，灾祸小；不削减他，反得晚，灾祸大。"

汉朝的大臣都在商议削减吴王的土地。吴王刘濞担心削地没有止境，想借机把个人图谋公开，要起兵发难，又想到诸侯中没有能共同谋划的人。他知道胶西王盛勇，好逞强斗胜，几个齐地的诸侯王都惧怕他，于是派中大夫应高去诱惑胶西王。经过应高的劝说，胶西王答应与吴王联合。并派使者联合齐王、菑川王、胶东王、济南王及济北王，他们都同意共同谋反了。

等到削减吴国会稽郡、豫章郡的文书一到吴国，吴王率先起兵作乱，胶西王将朝廷派来的二千石以下的官员杀死了，胶东王、菑川王、济南王、楚王、赵王也都如此效法，于是向西进兵。齐王后来后悔，于是服毒自杀，背弃盟约。济北王的城墙损坏没有竣工，他的郎中令劫持控制着他，使他不能发兵。胶西王为首领，和胶东王、菑川王、济南王一起率兵围攻临菑。赵王刘遂也反叛了，暗中派使者到匈奴商议联合作战的事。

【七国之乱】

七国发难之时，吴王将他的士兵全部征召起来，下令全国说："我

六十二岁了，亲自统率军队。小儿子年仅十四岁，也身先士卒。所以凡是年长和我相同的，年轻如我的小儿子的人，都要出征。"于是征发了二十多万人。他派人到南边的闽越和东越去，东越也跟随吴王发兵。景帝三年（前154）正月，吴军先从广陵起兵出发，向西渡过淮河，于是和楚军会合。派使者送给诸侯的信上说："吴王刘濞恭敬地问候胶西王、胶东王、菑川王、济南王、赵王、楚王、淮南王、衡山王、庐江王及已故的长沙王的儿子：希望得到你们的指教！因为汉朝有奸臣，并无什么功劳，却侵夺诸侯的土地，派官吏弹劾囚禁及审讯惩治诸侯，专以侮辱诸侯为能事，不用诸侯王的礼仪对待刘氏骨肉同胞，抛开先帝的功臣，进用坏人，蛊惑天下，想要危害国家。皇帝体弱多病，神志失常，不能明察政令。我想要起兵诛讨他们，所以恭敬地听从各位指教。本人虽没什么才能，愿亲自追随各位王侯。南越正与长沙接壤，他们可追随长沙王的儿子平定长沙以北，然后迅速向西攻取蜀汉。派人告诉东越王、楚王、淮南王三个侯王，和我一起向西进攻；齐地诸王和赵王平定河间、河内后，有的进入临津关，有的和我在洛阳会和；燕王、赵王本来与匈奴王有盟约，燕王在北方平定代郡、云中郡，然后统领匈奴军队进入萧关，直取长安，纠正天子的错误，安定高祖庙。希望诸王勉力去做。楚元王的儿子和淮南的淮南王、衡山王、庐江

王各自心有所想已经十多年了，怨恨深入骨髓，早就想有所行动了，只是我不清楚诸王的心意，不敢听命。现在诸位王侯如能保存延续将要灭绝的国家，扶弱除强，安定刘氏，这是宗庙社稷所希望的。我国虽然贫穷，我用节省衣食的费用积蓄金钱，修治兵器甲胄，积累粮食，夜以继日地准备已有三十多年了，为的无非就是今天，希望诸王努力利用这些条件。能逮捕杀死大将军的，赏赐黄金五千斤，封邑万户；逮捕杀死将军的，赏赐黄金三千斤，封邑五千户；能逮捕杀死副将的，赏赐黄金二千斤，封邑二千户；能逮捕杀死俸禄二千石的官员，赏赐黄金一千斤，食邑一千户；能逮捕俸禄一千石的官员，赏赐黄金五百斤，封邑五百户。以上有功的人都可被封为列侯。那些带着军队或者城邑来投降的，士兵有万人，城中户口万户，赏赐如同捕获到大将军；人口五千户的，如同捕到将军；人口数三千户的，如同捕到副将；人口一千户的，如同捕到二千石的官员；那些投降的小官吏也依职位差异受到封爵赏金。其他的封赏比汉朝规定的高一倍。那些原有封爵城邑的人，再加封赏只会增加不会保持原状。希望诸王明确地向士大夫们宣布，我不敢欺骗大家。我的金钱天下到处都有，不必一定到吴国来取，诸王日夜使用也不能用光。有应赏赐的人告诉我，我将前往送给他。恭敬地奉告诸王。"

七国反叛的书信报知天子后，天

子派太尉条侯周亚夫率领三十六个将军去攻打吴、楚；派曲周侯郦寄攻打赵；派将军栾布攻打齐；派大将军窦婴驻扎在荥阳，监视齐、赵两国的军队。

条侯乘坐六匹马拉的传车，去荥阳会师。到洛阳看见剧孟，高兴地说："七国反叛，我乘传车到这里，没有想到会安全抵达，还以为诸侯们已经得到了剧孟。剧孟现在没有起兵的举动。我又占据荥阳，荥阳以东没有值得忧虑的人了。"他到达淮阳，询问父亲绛侯以前的门客邓都尉说："有什么好的计策呢？"门客说："吴兵锐气正盛，和他交战很难取胜。楚兵骄躁，锐气不能长久保持。现在有一个计策，不如率军在东北的昌邑筑垒坚守，把梁国丢给吴军，吴军一定会调用全部精锐部队攻打梁。将军深挖沟高筑垒坚守，派轻装的军队断绝淮河与泗水交汇处，将吴军的粮道阻塞住。吴、梁之间必然会相持不下，都身心疲惫且粮草耗尽的时候。就用保持强盛锐气的军队制伏那些疲惫已极的军队，打败吴国是必然的。"条侯说："好。"按照他的计策，条侯派部队在昌邑南边坚守，接着派轻装的军队断绝吴军粮道。

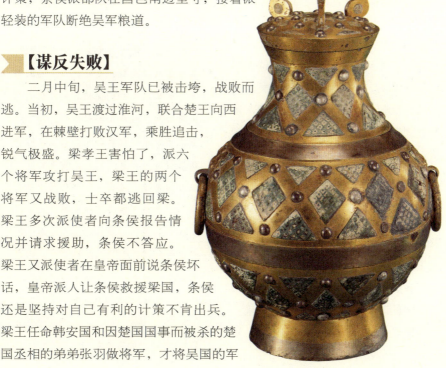

🔴 **长乐食官壶·西汉**

出土于河北满成陵中山靖王刘胜墓中，因壶盖、底及圈足均刻有铭文，推测该壶原为长乐官中物。

【谋反失败】

二月中旬，吴王军队已被击垮，战败而逃。当初，吴王渡过淮河，联合楚王向西进军，在棘壁打败汉军，乘胜追击，锐气极盛。梁孝王害怕了，派六个将军攻打吴王，梁王的两个将军又战败，士卒都逃回梁。梁王多次派使者向条侯报告情况并请求援助，条侯不答应。梁王又派使者在皇帝面前说条侯坏话，皇帝派人让条侯救援梁国，条侯还是坚持对自己有利的计策不肯出兵。梁王任命韩安国和因楚国国事而被杀的楚国丞相的弟弟张羽做将军，才将吴国的军

八龙纹金带扣·西汉

队打败。吴国的军队想要西进，梁国据城坚守，吴军不敢西去，就跑到条侯驻军的地方，在下邑与条侯的军队相遇。吴军想与条侯作战，条侯坚守营垒拒不交战。吴粮断绝，士兵饥饿，多次向条侯挑战没有结果，就夜里偷袭条侯的营垒，惊扰东南方向。条侯派军队防备西北方，敌人果然从西北方向入侵。吴军大败，士兵多半饿死，有的叛逃溃散。于是吴王和他的几千部下壮士连夜奔逃，渡过长江逃到丹徒，得到东越的保护。东越大约有一万军队，又派人收容集揽吴国的逃兵。汉朝派人用厚利诱惑东越，东越立即欺骗吴王，让吴王出去慰劳军队，然后就派人用矛戟刺杀吴王，装了他的人头，派快车迅速报知汉朝皇帝。吴王的儿子子华、子驹逃到了闽越。吴王丢下他的军队逃跑时，他的军队就溃散了，大多陆续投降了太尉、梁王的军队。楚王刘戊兵败，自杀而亡。齐的胶西王、胶东王、菑川王围攻齐国的临菑，三个月都拿不下来。汉朝军队到来，胶西王、胶东王、菑川王各自率领军队回去。胶西王自杀，

太后、太子也都跟着死去。胶东王、菑川王、济南王也先后死去，封国被废除，收归汉朝。郦将军围攻赵都城十个月才攻克，赵王自杀。济北王因被劫持才没被诛杀，被迁封为菑川王。

当初，吴王刘濞带头反叛，把楚军和吴军联合在一起率领，联合齐、赵的军队。正月起兵作乱，到三月全线溃败，只攻克了赵国。景帝又封立楚元王的小儿子平陆侯刘礼为楚王，作为楚元王的继承人，迁封汝南王刘非统辖吴国原有封地，做了江都王。

论赞

太史公曰：吴王之所以能被封吴王，是因为父亲被贬的缘故。吴王能减轻赋税，支使民众，是因为他拥有矿藏海盐的优势。他叛乱的念头是因儿子被打死而萌生的。因下棋争执而发难，最后国灭身亡；亲近外族的越人而谋害同宗，最后身亡。晁错为国家深思远虑，灾祸反而降临在自己身上；袁盎善于权变游说之术，最初受到宠信，最后却遭受屈辱。所以古时候诸侯封地不超过百里，山海也不分封给他们。"不要亲近夷狄，以致疏远宗亲"，大概就是说的吴王吧！"不要做出谋划策的人，不然会受到惩罚"，难道说的不是袁盎和晁错吗？

魏其武安侯列传

本传是窦婴、田蚡和灌夫三人的合传，通过描述他们三人的事迹和相互争斗，展现了宫廷中的矛盾、人情冷暖和世态炎凉，对统治阶级的丑陋面目进行了鞭挞。太史公运用高超的笔力将三个人的合传写得分合相间，层次清楚，浑然一体。其中，魏其设宴、灌夫骂座和东朝廷辩的情景可谓精彩至极。

【魏其失意】

魏其侯窦婴是汉文帝窦皇后堂兄的儿子。他的父辈祖先是观津人。他喜欢招揽宾客。汉文帝时，窦婴为吴国国相，后来因病免职。汉景帝刚刚即位时，他任詹事一职。

梁孝王是汉景帝的弟弟，他的母亲窦太后很疼爱他。汉景帝还没被立为太子时，有一次梁孝王入朝，汉景帝以兄弟的身份跟他一起吃饭。酒兴正浓时，汉景帝随便说道："我死之后把帝位传给梁王。"窦太后听了非常高兴。这时窦婴端起一杯酒献给皇上，说道："天下是高祖打下的，帝位应当父子传承，这是汉朝立下的规定，皇上凭什么要擅自做主传给梁王！"窦太后因此憎恨窦婴。窦婴也嫌詹事的官职太小，就借口生病辞职。窦太后于是开除了窦婴进出宫门的名籍，每逢节日也不准许他进宫朝见。

汉景帝四年（前153），立栗太子，派魏其侯担任太子的太傅。汉

景帝七年（前150），栗太子被废黜，魏其侯多次为栗太子争辩都没有结果。魏其侯就推说有病，隐居在蓝田县南山下好几个月，许多宾客、辩士都来劝说他回京城，但根本没有人能说服他。梁地人高遂于是来规劝魏其侯说："能使您富贵的是皇上，能使您成为朝廷亲信的是太后。现在您担任太子的师傅，太子被废黜而不能力争，力争又不能成功，又不能跟着殉职。自己托病引退，拥抱着歌姬美女，退隐闲居而不参加朝会。从这些情况来看，您这是自己表明要张扬皇帝的过失。如果皇上和太后都要加害于您，那您的妻子儿女都会一个不剩地被杀害。"魏其侯认为他说得很对，于是就出山回朝，还像过去一样朝见皇帝。

在桃侯刘舍被免去丞相职务时，窦太后多次推荐魏其侯当丞相。汉景帝说："太后难道认为我有所吝啬而不让魏其侯当丞相吗？魏其侯这个人骄傲自满，容易自我欣赏，做事草率

轻浮，难以出任丞相，担当重任。"
终于没有任用他，任用了建陵侯卫绾
作丞相。

【武安得宠】

　　武安侯田蚡是汉景帝皇后的同母
弟弟，在长陵出生。当魏其侯已经当
了大将军，声名显赫的时候，田蚡还
是个郎官，没有显贵。他经常在魏其
侯家中陪侍吃饭喝酒，跪拜起立如同
魏其侯的子孙辈一样。等到汉景帝晚
年的时候，田蚡也显贵起来，受到宠
信，做了太中大夫。田蚡能言善辩，
口才很好，学习过《槃盂》之类的书，
王太后认为他有才能。汉景帝去世，
太子即位后，王太后执掌政权，她在
全国的镇压、安抚行动大都采用田蚡
门下宾客的策略。田蚡和他的弟弟田
胜都因为是王太后的弟弟，在汉景帝
去世的同一年（前141），被分别封
为武安侯和周阳侯。

　　武安侯刚掌权想当丞相，所以对
他的宾客非常谦卑，推荐闲居在家的
名士出来做官，让他们显贵，想以此
来压倒窦婴等将相的势力。建元元年
（前140），丞相卫绾因病免职，皇上
酝酿安排丞相和太尉。籍福劝说武安
侯道："魏其侯显贵已经很久了，天
下有才能的人一向归附他。现在您刚
刚发迹，不能和魏其侯相比，就是皇
上任命您做丞相，也一定要让给魏其
侯。魏其侯当丞相，您一定会当太尉。
太尉和丞相的尊贵地位是相等的，您
还有让相位给贤者的好名声"。武安

侯于是就委婉地告诉太后暗示皇上，
于是便任命魏其侯当丞相，武安侯当
太尉。籍福去向魏其侯道贺，就便提
醒他说："您的天性是喜欢好人憎恨
坏人，当今好人称赞您，所以您当了
丞相，然而您也憎恨坏人，坏人相当
多，他们也会毁谤您的。如果您能并
容好人和坏人，那么您丞相的职位就
可以保持长久；如果不能够这样的话，
马上就会受到毁谤而离职。"魏其侯
不听从他的话。

　　魏其侯窦婴和武安侯田蚡都爱好
儒家学说，推荐赵绾当了御史大夫，
王臧担任郎中令。把鲁国人申培迎到
京师来，准备设立明堂，命令列侯们
回到自己的封地上，废除关禁，按照
礼法来规定吉凶的服饰和制度，以此
来表明太平的气象。同时检举谴责窦
氏家族和皇族成员中品德不好的人，
开除他们的族籍。这时诸外戚中的列
侯，大多娶公主为妻，都不想回到各
自的封地中去，因为这个缘故，毁谤
魏其侯等人的言语每天都传到窦太后
的耳中。窦太后喜欢黄老学说，而魏
其侯、武安侯、赵绾、王臧等人则努
力推崇儒家学说，贬低道家的学说，
因此窦太后更加不喜欢魏其侯等人。
到了建元二年（前139），御史大夫
赵绾请皇上不要把政事禀奏给太后。
窦太后大怒，便罢免并驱逐了赵绾、
王臧等人，还解除了丞相和太尉的职
务，任命柏至侯许昌当了丞相，武强
侯庄青翟当了御史大夫。魏其侯、武
安侯从此以列侯的身份闲居家中。

武安侯虽然不再当官，但因为王太后的缘故，仍然受到皇上的宠信，多次议论政事且建议大多都被采用，天下趋炎附势的官吏和士人，都离开了魏其侯而归附了武安侯。武安侯越来越骄横。建元六年（前135），窦太后去世，丞相许昌和御史大夫庄青翟因为丧事办得不周到，都被罢官。于是任用武安侯田蚡担任丞相，任用大司农韩安国担任御史大夫。天下的士人、郡守和诸侯王，就更加依附武安侯了。

【将军灌夫】

自从窦太后去世后，魏其侯就越来越被皇上疏远而不受重用，没有了权势，宾客们纷纷离去，甚至对他懈怠傲慢，只有灌将军一人没有改变原来的态度。魏其侯天天抑郁不乐，唯独对灌将军格外厚待。

将军灌夫是颍阴人，他的父亲是张孟，曾经是颍阴侯灌婴的家臣，受到灌婴的宠信，并因此官至二千石级，所以冒用灌氏家的姓叫灌孟。吴、楚叛乱时，颍阴侯灌何任将军，是太尉周亚夫的一名部下，他将灌孟推荐给太尉当了校尉。灌夫也带领一千人与父亲一起从军。灌孟已经老了，颍阴侯勉强推荐他，所以灌

孟郁郁不得志，作战常常攻击敌人的坚固阵地，最后战死在吴军中。按照当时军法的规定，父子一起从军参战，有一个为国战死，未死者可以护送灵柩回家。但灌夫不肯随同父亲的灵柩回家。他慷慨激昂地说："希望斩取吴王或者吴国将军的头来替父亲报仇。"于是灌夫披上铠甲，手拿戈戟，召集了军中与他有交情又愿意跟他同去的几十个勇士。等到走出军门，没有人敢再前进。只有两人和灌夫属下的十多个家奴骑兵冲入吴军中，一直到达吴军的将旗之下，杀伤杀死敌军几十人。不能再继续前进了，又飞马返回汉军营地，同去的家奴全都战死了，只有他独自回来。灌夫身上受了十多处重创，幸好有名贵的良药，所以才没死。灌夫的伤刚刚好转，又向将军请命说："我现在更加了解吴军营垒中的曲折路径，请您让我再回去。"将军认为他勇敢又重义气，害怕他战死，便向太尉周亚夫报告，太

🔴 铜羊尊灯·西汉

尉便坚决地阻止了他。等到吴军被攻破，灌夫也因此名闻天下。

【魏其设宴】

灌夫在服丧期内去拜访丞相，丞相顺口说道："我想和你一起去拜访魏其侯，但你正在服丧不好前往。"灌夫说："您竟肯屈驾光临魏其侯，我灌夫怎敢因为服丧而推辞呢？请允许我告诉魏其侯设置帷帐，备办酒宴，恭候您明天的光临。"武安侯答应了。灌夫将情况详细地告诉了魏其侯，就像他对武安侯所说的那样。魏其侯和他的夫人特地买了许多酒肉，连夜打扫房子，布置帷帐，准备酒宴，一直忙到天亮。天刚亮，就让府中管事的人在宅前伺候。谁知等到中午也不见丞相到来。魏其侯对灌夫说："难道丞相忘了这件事？"灌夫很不高兴地说："我灌夫不嫌丧服在身而应他之约，他应该来。"于是他便驾着车亲自前去迎接丞相。丞相前一天只不过开玩笑似地答应了灌夫，根本没有打算来赴宴的意思。等到灌夫来到门前，丞相还在睡觉。于是灌夫进门去见他，说："将军昨天答应拜访魏其侯，魏其侯夫妇准备了酒宴，从早晨到现在没敢吃一点东西。"武安侯装作惊讶地道歉说："我昨天喝醉了，忘记了跟您说的话。"于是便驾车前往，但又走得很慢，灌夫更加生气。等到喝酒喝醉了，灌夫起身跳了一番舞，跳完后邀请丞相，丞相竟然不起身，灌夫在酒宴上用话讽刺他。魏其侯便扶灌夫离去，向丞相表示了歉意。丞相一直喝到天黑，尽欢才离去。

丞相曾经派籍福去要魏其侯在城南的田产。魏其侯十分怨恨地说："我虽然被废弃不用，将军虽然显贵，怎么可以仗势强夺我的田产呢？"灌夫听说后也很生气，大骂籍福。籍福怕两人有隔阂，就自己编造了好话向丞相道歉说："魏其侯年事已高，就快死了，还不能忍耐吗？暂时先等待着吧！"不久，武安侯听说魏其侯和灌夫实际是愤怒而不肯

🔥 鎏金银铜竹节柄熏炉·西汉
陕西兴平县茂陵一号无名冢出土，通高58厘米，口径9厘米。

让出田地，也很生气地说："魏其侯的儿子曾经杀人，我救了他的命。我事奉魏其侯没有不顺从他的时候，为什么他竟舍不得这几项田地？再说，灌夫为什么非要干涉这件事呢？我不敢再要这块田地了！"从此武安侯十分怨恨灌夫和魏其侯。

【灌夫骂座】

元光四年（前131）的夏天，丞相娶燕王的女儿做夫人，太后下了诏令，让列侯和皇族都去祝贺。魏其侯拜访灌夫，打算同他一起去。灌夫推辞说："我多次因为酒醉失礼而得罪了丞相，丞相近来又和我有隔阂。"魏其侯说："事情已经和解了。"于是便硬拉他一起去。酒喝得差不多了，武安侯起身敬酒祝寿，在座的宾客都离开席位，伏在地上，表示不敢当。过了一会儿，魏其侯起身为大家敬酒祝寿，只有那些魏其侯的老朋友离开了席位，其余多半的人仍旧坐在那里不动，只是稍微欠了欠上身。灌夫很不高兴。他起身依次敬酒，敬到武安侯时，武安侯照常坐在那里，只微欠了一下上身说："不能喝满杯。"灌夫火了，便苦笑着说："您是个贵人，这杯就托付给您了！"武安侯还不肯答应。敬酒敬到临汝侯，临汝侯正在跟程不识贴着耳朵说悄悄话，也不离开席位。灌夫没有地方发泄怒气，便骂临汝侯说："平时诋毁程不识不值一钱，今天长辈给你敬酒祝寿，你却跟女人一样在那儿同程不识咬耳说

话！"武安侯对灌夫说："程将军和李将军都是东西两宫的卫尉，现在当众侮辱程将军，仲孺难道不给你所尊敬的李将军留有余地吗？"灌夫说："今天杀我的头，刺我的胸我都不在乎，还顾什么程将军、李将军！"宾客们纷纷起身上厕所，陆续离去。魏其侯也离去，招手示意让灌夫出去。武安侯于是发怒道："这是我宠惯灌夫的过错。"于是便命令骑士扣留灌夫。灌夫想出去又出不去。籍福起身替灌夫道了歉，并按着灌夫的脖子让他道歉。灌夫火更大了，不肯道歉。武安侯便指挥骑士们将灌夫绑了放在客房中，叫来长史说："今天请宗室宾客来参加宴会，是太后下了诏令的。"于是便弹劾灌夫，说他在宴席上辱骂宾客，侮辱诏令，犯了"不敬"之罪，把他囚禁在特殊的监狱里。于是追查他以前的事情，派遣差吏分头追捕所有灌氏的分支亲属，都判为杀头示众的罪名。魏其侯心里感到十分惭愧，出钱让宾客向田蚡求情，也不能救灌夫于危难之中。武安侯的从吏都是他的耳目，所有灌氏的人都逃跑、躲藏起来了，灌夫被拘禁，于是无法告发武安侯的秘事。

【东朝廷辩】

魏其侯挺身而出营救灌夫。他的夫人劝解他说："灌将军得罪了丞相，他是在和太后家的人作对，你有什么本事能营救得了呢？"魏其侯说："侯爵是我挣来的，现在我把它丢掉不要，

◎ 玉角形杯·西汉

没有什么可遗憾的。再说，我总不能让灌仲孺一个人去死，而我独自活着。"于是就瞒着家人，私下里给皇帝上书。皇帝立即召他进宫去，魏其侯就将灌夫因喝醉了而失言的情况详细地说了，认为他的过错不足以被判处死刑。皇上认为他说得对，赏赐魏其侯一同吃饭，说："到东宫去公开辩论这件事。"

魏其侯到东宫，极力夸赞灌夫的长处，说他酗酒获罪，而丞相却拿别的罪来诬陷灌夫。武安侯接着又竭力诋毁灌夫骄横放纵，犯了大逆不道的罪。魏其侯揣测着没有其他的办法应付，便攻击丞相的短处。武安侯说："幸亏天下太平无事，我才得以做皇

上的心腹，爱好音乐、狗马和田宅。我所喜欢的不过是歌伎艺人、巧匠这类人，不像魏其侯和灌夫那样，招集天下的豪杰壮士，不分昼夜地商讨，满怀对朝廷的不满，不是抬头观天象，就是低头在地上画，窥测于东、西两宫，希望天下发生点什么变故，好让他们建功立业。我真是不明白，魏其侯他们到底要干什么？"于是皇上向在朝的大臣问道："他们两人的话谁的对呢？"御史大夫韩安国说："魏其侯说灌夫的父亲为国而死，灌夫手持戈戟冲入到强大的吴军中，身受几十处重伤，名冠全军，这是天下的勇士。如果没有特别大的罪恶，只是因为喝了酒而引起口舌之争，是不值得寻找其他的罪责来判处死刑的。魏其侯的话是对的。丞相又说灌夫同奸猾之人结交，欺压平民百姓，积累数万家产，横行颍川，凌辱侵犯皇族，这是所谓'树枝比树干大，小腿比大腿粗'，其后果不是折断，就是分裂。丞相的话也不错。希望英明的主上自己裁断这件事吧。"主爵都尉汲黯认为魏其侯对。内史郑当时也认为魏其侯对，但后来又不敢坚持自己的意见去回答皇上。其余的人都不敢回答。皇上怒斥内史道："你平日多次说到魏其侯、武安侯的长处和短处，今天当庭辩论，畏首畏尾地像驾在车辕下的马驹，我将你们这些人一起杀掉。"马上起身罢朝，进入宫内事奉太后用餐。太后也已经派人在朝廷上探听消息，他们把廷辩的情况详细地报告了

太后。太后发火了，不肯吃饭，说："现在我还活着，别人都竟敢作践我的弟弟，如果有天我死了，那所有的人都会像宰割鱼肉那样宰割他了。再说皇帝怎么能像石头人一样自己不做主张呢？现在幸亏皇帝还在，这班大臣就随声附和，假设皇帝死了以后，这些人还可以信赖吗？"皇上安慰说："都是皇室的外家，所以在朝廷上辩论他们的事。不然的话，只要一个狱吏就可以解决了。"这时郎中令石建向皇上分别陈述了魏其侯和武安侯两个人的事情。

于是皇上派御史按照文簿记载的灌夫的罪行进行追查，与魏其侯所说的有很多不相符的地方，犯了欺骗皇上的罪行。于是魏其侯被弹劾，拘禁在都司空的监狱里。元光五年（前130）十月，灌夫和他的家属全部被处决了。过了很长时间，魏其侯才听到这个消息，心里十分愤慨，患了中风病，开始绝食了，抱着一死的决心。有人听说皇上没有杀魏其侯的意思，魏其侯又开始吃饭和医治疾病。但竟然有人散布流言蜚语，制造了许多诽谤魏其侯的话。皇上听到了这些话。因此，在当年十二月的最后一天，魏其侯在渭城大街上被斩首示众。

这年春天，武安侯病了，嘴里老是喊着服罪谢过的话。家人请来能看见鬼的巫师来诊视他的病，巫师看见魏其侯和灌夫两个人的鬼魂共同监守着武安侯，要杀死他。最后武安侯终于死了。儿子田恬继承了爵位。元朔

三年（前126），武安侯田恬因穿短衣进入宫中，犯了"不敬"之罪，被废除封爵。

淮南王刘安谋反的事被发觉了，皇上派人追查这件事。淮南王前次来朝，武安侯担任太尉，当时在灞上迎接淮南王说："皇上没有太子，大王最贤明，又是高祖的孙子，一旦皇上去世，大王不继承皇位还会有谁呢？"淮南王大喜，送给武安侯许多金银财物。皇上自魏其侯的事件发生时就不认为武安侯是对的，只是碍着王太后的情面罢了。等听到淮南王向武安侯送金银财物时，皇上说："如果武安侯还活着的话，也该灭族了。"

论赞

太史公曰：魏其侯和武安侯都凭外戚的关系而身居要位，灌夫因为替父报仇冒险驰入吴军立功而显名于当时。魏其侯被重用是由于平定吴、楚七国叛乱；武安侯的显贵则是由于利用了汉武帝刚刚即位，王太后掌权的机会。然而，魏其侯实在是太不懂时势的变化，灌夫没有机谋又傲慢无理，两人互相依傍才酿成了这场祸乱。武安侯倚仗显贵的地位而且喜欢玩弄权术，为一杯酒的怨恨而陷害了两位贤人。可悲啊！灌夫迁怒于他人，以致自己的性命也不长久。灌夫受不到百姓的爱戴，终究落了坏名声。可悲啊！由此可见，灾祸由来已久啊！

李将军列传

"飞将军"李广是骁勇善战、智勇双全的英雄。他一生与匈奴争战七十余次，常常以少胜多，险中取胜，让匈奴人对他闻风丧胆。然而，这位战功卓著的一代名将却终生未得封爵。太史公通过对李广的悲剧的记述，鞭挞了统治者对贤能的无情与扼杀，使这篇传记的政治意义很强。多种文学手法的运用（如正反对比、侧面烘托等），都让本传具有突出的文学色彩。

▶【将门之后】

将军李广是陇西郡成纪县人。他的祖先是秦将李信，就是追获了燕太子丹的那位将军。他的家原来在槐里县，后来搬到成纪。李广家世代传习射箭之术。文帝十四年（前166），匈奴人大举向萧关入侵，李广以良家子弟的身份参军抗击匈奴，因为他善于骑射，斩杀了许多敌人的首级，所以被任命为汉朝廷的中郎。李广的堂弟李蔡也被任为中郎。二人又都任武骑常侍，年俸八百石。李广曾随从皇帝出行，常有冲锋陷阵、抵御敌人以及格杀猛兽的事。文帝说："可惜啊！你没生在好时候，如果让你正赶上高祖的时代，封个万户侯那还不是轻而易举的事吗？"

▶【智退匈奴】

匈奴大举进攻上郡，天子派一名宦官跟随李广学习作战，抗击匈奴。这位宦官带领几十名骑兵飞驰，半路上遇到三个匈奴人，就与他们交战。三个匈奴人回身放箭，把宦官射伤了，几乎将他的随从骑兵全部杀光了。宦官逃回到李广那里，李广说："这一定是匈奴的射雕能手。"于是李广带上一百名骑兵前去追赶那三个匈奴人。那三个人没有马，徒步前行。走了几十里，李广命令他的骑兵左右分开，两路夹击。他亲自去射杀那三个人，射死了两个，活捉了一个，果然是匈奴的射雕手。李广将他捆绑上马后，远远望见几千名匈奴骑兵奔驰而来。他们也看到了李广，以为是诱敌的骑兵，吃惊之余跑上山去拉开了阵势。李广的百名骑兵也都十分惊恐，想回马飞驰逃跑。李广说："现在我们距离大军有几十里，照现在的情况，我们这一百名骑兵只要一跑，匈奴就要来追击射杀，我们会立刻被杀光的。现在我们停留不走，匈奴一定以为我们是为大军来诱敌的，必定不敢攻击我们。"李广下令骑兵："前进！"骑兵向前进发，到了距离匈奴阵地还有大约二里的地方停下来，李广下令说："全体下马解下马鞍！"骑兵们说："敌人那么多，并且又离得那么近，如果有了紧急情况怎么办？"李广说："那些敌人原以为我们会逃跑，现在我们都解下马鞍表示没有逃跑之心，这样就能使他们更坚定地相信我们是诱敌之兵。"于是匈奴骑兵最终不敢来攻击。有一名骑白马的匈奴将领出阵来监护他的士兵，李广立即上马和十几名骑兵一起飞奔，将那骑白马的匈奴将领射死了，之后又回到自己的骑兵队里，解下马鞍，命士兵们都放开马，随便躺卧。这时正是黄昏时刻，匈奴军队始终觉得十分奇怪，不敢贸然进攻。到了半夜，匈奴兵又以为汉朝有伏兵在附近，想趁夜偷袭他们，因而匈奴就撤走全部人马。第二天早晨，李广才回到他的大军营中，大军始终不知道李广的去向，所以无法随后接应。

【飞身夺马】

后来，汉朝用马邑城引诱单于，派大军埋伏在马邑两旁的山谷中，李广任骁骑将军，由护军将军韩安国统率。当时，单于察觉了汉军的计谋，就逃跑了，于是汉军都没有战功。四年以后，李广由卫尉升任为将军，从雁门关出发进攻匈奴。匈奴

兵多，打败了李广的军队，并生擒了李广。单于素来就听说李广很有才能，下令说："俘获李广一定要活着送来。"匈奴骑兵俘虏了李广，当时李广受伤生病，他们就把李广放在两匹马中间，装在绳编的网兜里躺着。行了十多里，李广假装死去，斜眼看到他旁边的一个匈奴少年骑着一匹好马，李广突然飞身一跃跳上匈奴少年的马，趁势将少年推下马去，夺了他的弓，打马向南飞驰数十里，遇到他的残部，于是带领他们进入关塞。匈奴出动几百名骑兵来追赶他，李广一边逃一边用匈奴少年的弓射杀追来的骑兵，因此得以逃脱。李广回到汉朝京城，朝廷把李广交给执法官吏。执法官判决李广损失伤亡太多，自己又被敌人活捉，应该斩首。李广用财物赎了死罪，削职为民。

【汉朝的飞将军】

转眼间，李广在家已闲居好几年。没过多久，匈奴入侵，杀死辽西太守，将韩安国将军打败了，韩将军迁调右北平。于是天子就召见李广，任命他

🔴 李广骑射图

● 李广墓

中令。元朔六年（前123），李广又被任命为后将军，跟随大将军卫青的军队从定襄出塞，讨伐匈奴。许多将领因斩杀敌人首级符合规定的数目，以战功而被封侯，而李广的军队却没有战功。两年后，李广以郎中令官职率领四千骑兵从右北平出塞，博望侯张骞率领一万骑兵与李广一同出征，分两条路行进。行军约几百里后，匈奴左贤王率领四万骑兵包围了李广，李广的士兵都很害怕，李广就派他的儿子李敢骑马奔往匈奴军中。李敢独自和几十名骑兵飞奔，直穿匈奴骑兵阵，又从其左右两翼突出，回来向李广报告说："匈奴兵很容易对付啊！"士兵们这才放心。李广将军队布成圆形兵阵，面朝外，匈奴猛攻，箭如雨下。汉兵死了一半多，箭也快用完了。李广就命令士兵拉满弓，不要放箭，而李广亲自用大黄弩弓射杀匈奴的副将，杀死了好几个，匈奴军才渐渐散去。这时天色已晚，官兵都面无人色，可是李广却依然泰然自若，更加注意整顿军队。从此军中官兵都更加佩服他的勇敢。第二天，李广率兵又去奋力作战，博望侯的军队也赶到了，匈奴军才解围退去。汉军非常疲惫，所以也没有去追击。当时李广的军队几乎全军覆没，只好撤兵回朝。按汉朝的法律规定，博望侯行军迟缓，

做右北平太守。

李广驻守右北平，匈奴听说后，称他为"汉朝的飞将军"，躲避他好几年，不敢轻易向右北平入侵。

李广为官清正廉明，得到赏赐就分给他的部下，也总与士兵在一起吃饭。李广一生共做了四十多年二千石俸禄的官，家中却没有什么财物，也从不谈及家产方面的事。李广身材高大，两臂如猿，他善于射箭也是天赋，即便是他的子孙或外人向他学习，也没人能赶得上他。

▶【征战无功】

没过多久，石建去世，于是皇上召见李广，让他接替石建的职务任郎

延误限期，应处死刑，用钱赎罪，降为平民。李广功过相抵，没有封赏。

【慷慨自刎】

元狩四年（前119），李广跟随大将军卫青出征匈奴，出边塞以后，卫青因捉到敌兵，知道了单于的驻地，就自己带领精兵去追逐单于，而命令李广和右将军的队伍合并，从东路出击。东路有些绕远，而且大军行进在缺少水草的地方，根本不能并队行进。李广就亲自请命说："我的职务是前将军，如今大将军却命我改从东路进军，况且我从年少时就与匈奴作战，到今天才有一次与单于当面对敌的机会，我愿做前锋，先和单于决一死战。"大将军卫青曾暗中受到皇上的告诫，认为李广年老，命运不好，不要让他与单于对敌，否则恐怕不能俘获单于。大将军不答应他的请求，命令长史写文书发到李广的幕府，告诉他说："赶快到右将军部队中去，照文书上写的做。"李广不向大将军告辞就起程了，心中非常恼怒地前往军部，领兵与右将军赵食其合兵后从东路出发。军队没有向导，时常迷路，最后落在大将军之后。大将军与单于交战，单于逃跑了，卫青无功而返。大将军向南行穿过沙漠，遇到了前将军和右将军。李广谒见大将军之后，返回自己军中。大将军派长史带着干粮和酒送给李广，顺便询问李广和赵食其迷路的情况，卫青要给天子上书报告军情的详况。李广没有回答。大将军派长史急切责令李广幕府的人前去对质受审。李广说："校尉们没有罪，是我自己迷失道路，我现在亲自到大将军幕府去对质受审。"

到了大将军幕府，李广跟自己的部下说："我从少年起就与匈奴打仗，算下来大小也有七十多次，如今有幸跟随大将军出征同单于军队交战，可是大将军又调我的部队去走绕远的路，偏又迷路，难道这不是天意吗？况且我已六十多岁了，毕竟不能再受那些刀笔吏的侮辱。"于是李广就拔刀自刎了。他军中的所有官兵都为之痛哭。百姓听到这个消息，不论认识的还是不认识的，也不论老的还是少的，都为李广落下泪来。右将军赵食其被单独交给执法官吏，判为死罪，用财物赎罪，降为平民。

论赞

史公曰：《论语》里说："在上位的人行为端正，不下命令也能让事情实行；行为不端正，下了命令也没人听从。"说的就是李将军这种人吗？我所看到的李将军，老实忠厚像个乡下人，不善言辞，可在他死的那天，天下无论认识或不认识他的人，都为他尽情哀伤。他那忠实的品格确实得到了将士们的信赖呀！谚语说："桃树李树不会说话，可树下却自然地被人踩出一条小路。"这话虽然说的是小事，但可以用来比喻大道理啊！

卫将军 骠骑列传

本文是汉代名将卫青和霍去病的合传，主要记述卫青七出边塞，霍去病六出北疆，攻讨匈奴，扬威大漠的赫赫战功。太史公写作本传的另一个用意是颂扬他们为了汉、匈人民的和平生活所作出的突出贡献。结构上主次分明，前后呼应，浑然一体。全文虽以记事为主，但却不乏精彩的战争场面描写，兵戈铁马，万马奔腾，浩气千里，使读者如闻其声，很有艺术感染力。

【外戚入仕】

大将军卫青是平阳人，他的父亲郑季充任县中的小官吏，在平阳侯曹寿家做事的时候，曾与平阳侯的小妾卫媪通奸，生下了卫青。卫青的同母哥哥卫长子，同母姐姐卫子夫在平阳公主家得到汉武帝的宠爱，所以冒充姓卫，字仲卿。

● 陶射俑·西汉

卫青是平阳侯家的仆人，小的时候回到父亲郑季那里，父亲让他去放羊。郑季前妻生的儿子们都把他当做奴仆来对待，从不把他当兄弟看待。卫青长大后当了平阳侯家的骑兵，时常跟随在平阳公主身边。汉武帝建元二年（前139）的春天，卫青的姐姐卫子夫进入皇宫，受到武帝的宠幸。皇后陈阿娇是堂邑大长公主刘嫖的女儿，自己没生儿子就嫉妒别人，大长公主听说卫子夫受到武帝宠幸，且有了身孕，很嫉妒她，就派人逮捕了卫青，想杀死他。卫青的朋友骑郎公孙敖就和一些壮士将他抢救了出来，因此卫青才没有死。武帝听到这个消息，就召来卫青，任命他为建章宫监，加侍中官衔，连同他的同母兄弟们都得到显贵，皇上给他们的赏赐，使他们几日之间竟累积千金之多。

卫子夫做了武帝的夫人。卫青升为大中大夫。

【战功赫赫】

元光五年（前130），卫青当了车骑将军，讨伐匈奴，从上谷出兵；太仆公孙贺做轻车将军，由云中进发；大中大夫公孙敖做骑将军，由代郡出兵；卫尉李广任骁骑将军，由雁门出兵；每军各有一万骑兵。卫青领兵到达茏城，斩杀数百敌人。骑将军公孙敖损失七千名骑兵，卫尉李广被敌人俘获，逃脱而回。公孙贺也没有功劳。

元朔元年（前128）的春天，卫子夫生了个儿子，被立为皇后。卫青任车骑将军，从雁门关出发，率领三万骑兵攻打匈奴，斩杀几千敌人。第二年，匈奴入侵边境，汉朝命令将军李息从代郡出兵攻打匈奴；又命令车骑将军卫青从云中出发，向西去攻打匈奴，直到高阙。于是卫青攻取了河南地区，直到陇西，俘虏了几千名敌人，缴获十万头牲畜，使白羊王、楼烦王逃亡。汉朝封卫青为长平侯。

【推功让爵】

元朔五年（前124）的春天，朝廷命令车骑将军卫青率领三万骑兵从高阙出兵；命令卫尉苏建做游击将军，左内史李沮做强弩将军，太仆公孙贺做骑将军，代国之相李蔡做轻车将军，他们都隶属车骑将军卫青，一同从朔方出兵；朝廷又命令大行李息、岸头侯张次公为将军，从右北平出兵；

他们全都向匈奴进攻。匈奴右贤王正对着卫青等人的大兵，以为汉朝军队不能到达这里，便喝起酒来。晚上，汉军攻来，包围了右贤王。右贤王大惊，连夜奔逃，带着他的一个爱妾和几百个精壮的骑兵向北突围而去。汉朝的轻骑校尉郭成等追赶了几百里没有追上。汉军捕获了右贤王的十多个小王，男女民众一万五千余人，牲畜数千百万头，于是卫青便领兵凯旋。卫青的军队走到边塞，武帝派遣使者拿着大将军的官印，就在军中任命车骑将军卫青为大将军，其他将领都隶属于大将军卫青，大将军确立名号，班师回朝。武帝说："大将军卫青亲自率军杀敌，大获全胜，俘虏了十多个匈奴王，加封卫青六千户。"又封卫青的儿子卫伉为宜春侯、卫不疑为阴安侯、卫登为发干侯。卫青坚决推辞说："我侥幸地能在军队中当官，依赖陛下的英明领导，才使军队获得大捷，同时这也是各位校尉拼力奋战的结果。陛下已经降恩加封我的食邑。臣卫青的儿子们年龄还小，没有征战的功劳，蒙皇上恩宠，割地封他们三人为侯，这不是我在军队中当官，用来鼓励战士奋力抗敌的本意啊！卫伉等三人怎敢接受封赏？"天子说："我并没有忘记各位校尉的功劳，现在就要考虑他们的奖赏。"这年秋天，匈奴侵入代郡，杀死都尉朱英。

【不敢专权】

第二年春天，大将军卫青从定

襄出兵。合骑侯公孙敖为中将军，太仆公孙贺为左将军，翕侯赵信为前将军，卫尉苏建为右将军，郎中令李广为后将军，左内史李沮为强弩将军，他们都隶属大将军，斩杀几千敌人而回。一个多月后，他们又全都从定襄出兵进攻匈奴，杀死一万多敌人。右将军苏建、前将军赵信的军队合二为一，共三千多骑兵，独遇匈奴单于的军队，同他们交战一天多，汉军将要全军覆灭。前将军赵信原本是匈奴人，投降汉朝后被封为翕侯，他看到军情危急，匈奴人又引诱他，于是率领残余的八百名骑兵投降了单于。右将军苏建的军队全部损失了，独自一人逃回，自己来到大将军卫青那里。大将军卫青向军正闳、长史安和议郎周霸等征询苏建的定罪意见，说："怎样定苏建的罪？"周霸说道："自从大将军出征，不曾杀过副将。如今苏建弃军而回，可以杀苏建以显示大将军的威严。"闳和安都说："不可。兵书上说：'两军交锋，军队少的一方即使奋力拼杀，也要被军队多的一方打败。'如今苏建率几千人的军队抵御单于的几万人的军队，奋力战斗了一天多，战士全部牺牲，仍

然不敢有背叛汉朝的心意，自己归来。自己归来而被杀死，这是告诉战士今后如果兵败一定不要返回汉朝。不能杀苏建。"大将军卫青说："卫青我侥幸以皇帝亲戚的身份在军队中当官，不忧虑没有威严，而周霸劝我树立个人的威严，大失做人臣的旨意。况且，即使我的职权允许我斩杀有罪的将军，但是凭我尊宠的地位，不敢在国境外擅自这样做，而是把情况向天子详细报告，让天子自己裁决，由此表现出做臣子的不敢专权，不也是可以的吗？"军吏们都说："好！"于是卫青就命人将苏建关押起来，送往皇帝的所在地。卫青领兵进入边塞，停止了对匈奴的征伐。

▶【少年将军】

这一年（前123），大将军卫青姐姐的儿子霍去病已经十八岁了，受到武帝宠爱，做了皇帝的侍中。霍去病擅长骑马射箭，两次跟随大将军出征，大将军奉皇上之命，拨给他一些勇猛的战士，任命他为剽姚校尉。他率领八百名轻捷勇敢的骑兵，径直甩开大军几百里，寻找有利时机攻杀敌人，结果他们所斩杀的敌兵数量超过了他们的损失。于是皇上说："剽姚校尉霍去病杀敌二千零二十八人，其中包括匈奴相国和当户，杀死单于祖父一辈的籍若侯产，活捉单于叔父罗姑比，他的功劳，在全军两次名列第一，划定一千六百户封霍去病为冠军侯。"

《漠北之战》绘画

【河西大战】

冠军侯霍去病被封侯三年后，元狩二年（前121）的春天，皇帝命冠军侯霍去病做骠骑将军，率领一万骑兵，从陇西向匈奴进攻，立下军功。武帝说："骠骑将军亲自率领战士越过乌鳖山，讨伐遨濮，渡过了狐奴河，又经过五个匈奴的王国，不掳掠顺从的民众的财物，只希望捕获单于的儿子。转战六天，越过焉支山一千余里，与敌人短兵相接，杀死了折兰王，砍下了卢胡王的头，消灭其全部人马，抓获了浑邪王的儿子及匈奴相国、都尉，歼敌八千余人，缴获了休屠王的祭天金人。加封霍去病二千户。"

这年夏天，骠骑将军与合骑侯公孙敖都从北地出兵，然后分道进军；博望侯张骞、郎中令李广都从右北平出兵，也分道进军。他们都向匈奴进攻。骠骑将军出了北地后，已远远地深入到匈奴之中，因合骑侯公孙敖走错了路，没能相会。骠骑将军越过居延泽，到达祁连山，捕获了很多敌人。

武帝说："骠骑将军越过居延泽，攻到祁连山，俘虏酋涂王，使二千五百人投降，杀敌三万零二百人，俘虏五个匈奴小王，五个匈奴小王的母亲，单于的妻子、匈奴王子五十九个，还俘获匈奴相国、将军、当户、都尉等共六十三人，汉军大概损失十分之三官兵，增封霍去病五千户。"从此以后，骠骑将军越来越被皇上宠信，更加显贵，跟大将军卫青不相上下。

【漠北大战】

元狩四年（前119）的春天，武帝命令大将军卫青、骠骑将军霍去病各率五万骑兵、几十万步兵，运送物资的人紧跟其后。骠骑将军计划要先从定襄出兵，迎击单于。后来捕到的匈奴俘虏说单于向东去了，于是就改令骠骑将军从代郡出兵，命令大将军卫青从定襄出兵。大军越过沙漠，连人带马共五万骑兵连同骠骑将军等都攻打匈奴的单于。赵信替单于出谋划策说："汉军已越过沙漠，人马困疲，匈奴可以坐收汉军俘虏了。"于是把他们的辎重全部运到遥远的北方，将精兵全部安插在大漠以北等待汉军。恰巧大将军卫青的军队开出塞外一千多里，看见单于的军队排成阵势等在那里。于是大将军下令让武刚车排成环形营垒，又命五千骑兵纵马奔驰，抵挡匈奴。匈奴的大约一万骑兵也相向奔驰而来。这时，太阳就要落山，刮起大风，沙石打在

● 汉武帝茂陵旁的
霍去病墓

汉武帝茂陵旁的
霍去病墓

人们的脸上，两军都无法看见对方。汉军又命左右两翼急驰向前，包抄单于。单于看到汉军很多，而且战士和战马都很强大，如果双方交战则对匈奴不利。因此，傍晚时分，单于乘着大车同几百名勇猛的骑兵，一起径直冲开汉军包围圈，向西北方向奔驰而去。这时，黄昏已近，汉军同匈奴人相互厮杀，双方的死伤人数大致相当。汉军左校尉捕到匈奴俘虏，说单于在天还没黑时就已离去，于是汉军就派出轻骑兵连夜追击，大将军的军队也紧随其后。匈奴的士兵四处逃散。直到天快亮时，汉军已追了二百余里，没有追到单于，却俘获和斩杀敌兵一万多人，于是到达了窴颜山赵信城，缴获匈奴存储的粮食供给军队。汉军在那里逗留了一天，把城中剩余的粮食全部烧掉才归来。

这时，匈奴的部众十多天都没有单于的消息，右谷蠡王听到这个消息

后，就自立为单于。单于后来又与他的部众相会合，右谷蠡王就去掉自立的单于之名。

骠骑将军也率领五万骑兵从代郡、右北平出兵一千余里，遇上左贤王的军队，他们斩获敌兵的数量很多，已经远远超过了大将军卫青。出征的大军全部归来时，武帝说："骠骑将军霍去病亲率军队出征，又亲自率领所俘虏的匈奴士兵，携带少量军需物资，越过大沙漠，渡河捕获单于近臣章渠，诛杀匈奴小王比车耆，转而攻击匈奴左大将，斩杀敌将，夺取敌军军旗和战鼓。翻越离侯山，渡过弓闾河，捕获匈奴屯头王和韩王等三人，以及将军、相国、当户、都尉等八十三人。然后在狼居胥山祭天，在姑衍山祭地，登上高山遥望大漠。共俘获和杀死敌人七万零四百四十三，汉军损失十分之三士兵。划定五千八百户增封骠骑将军霍去

病。"而大将军卫青没能加封,军中的官员和士卒没有被封侯的。

【处事风格】

卫青和霍去病率领两支大军即将出塞时,曾在边塞阅兵,当时官府和私人共十四万匹马,而当他们重回塞内时,剩下的战马还不足三万匹。于是朝廷增置大司马官位,大将军和骠骑将军都当了大司马。而且定下法令,让骠骑将军的官阶和俸禄与大将军相等。从此以后,大将军卫青的权势逐渐减弱,而骠骑将军却越来越显贵。大将军的老友和门客多半离开了他,而去事奉骠骑将军,这些人也因此而得到官爵,只有任安不肯这样做。

骠骑将军为人少言寡语,从不泄密,办事有气魄,敢作敢为。武帝曾想教他孙子和吴起的兵法,他回答说:"战斗时只要注意方针策略就行了,没有必要学习古代兵法。"武帝为他修建府第,让骠骑将军去察看,他回答说:"匈奴还未消灭,没有心思考虑私家的事情。"从此以后,武帝更加重用和喜爱骠骑将军霍去病。但是,霍去病从少年时代起就在宫中事奉皇帝,无比显贵,却不知体恤士卒。他出兵打仗时,天子派宫里的官吏给他送去几十车食物,等到他回来时,辎重车上丢弃了许多剩余的米和肉,而他的士卒还有忍饥挨饿的。他在塞外打仗时,士卒缺少粮食,有的人饿得都站不起来,而骠骑将军还在画定球场,玩踢球游戏。他做的事多半如此。大将军卫青的为人却是仁厚善良,有退让的精神,以宽缓柔和取悦皇上,但是民众却多不称赞他。

骠骑将军自元狩四年(前119)出击匈奴以后三年,即元狩六年(前117)就去世了。武帝对他的死很悲伤,调遣边境五郡的铁甲军,从长安到茂陵排列成阵,给霍去病修的坟墓外形像祁连山的样子。给他命名谥号,把勇武与扩地两个原则加以合并,称他为景桓侯。霍去病的儿子嬗接替了冠军侯的爵位。霍嬗年龄小,表字叫子侯,皇上喜爱他,希望长大后任命他为将军。过了六年,即元封元年,霍嬗死去,谥为哀侯。他没有儿子,因而后代断绝了,封国被废除。

论赞

太史公曰:苏建曾对我说:"我曾经责备大将军卫青太尊贵,而全国的贤士大夫却不称赞他,希望将军能够效仿古代那些招揽贤人的名将,尽力去做吧。大将军谢绝说:'自从魏其侯窦婴和武安侯田蚡厚待宾客,天下之人常切齿愤恨。那亲近和安抚士大夫,招选贤才,废除不肖者的事,是国君的权柄。当大臣的只需遵守法度尽职尽责便好,何必参与招选贤士的事呢?'"骠骑将军霍去病也效法这种做法,他们当将军的就是这样。

司马相如列传

史记

列传

本 传是西汉著名文学家司马相如的传记。太史公记述了司马相如娶卓文君、通西南夷等几件事，又大量收录他的文和赋全文，司马相如的思想的评价寄寓于他的文赋之中，也借相如之文从另一个角度来反映自己的思想，艺术手法高超。文中写司马相如与卓文君的情感故事，生动婉丽，后人称其为"唐人传奇小说之祖"。

▶【改名相如】

司马相如是蜀郡成都人，字长卿。他年少时喜欢读书，也学习剑术，所以他父母给他取名为犬子。司马相如学成之后，很仰慕蔺相如的为人，于是改名为相如。最初，他因为家中资财的富足而做了郎官的职务，事奉孝景帝，做了武骑常侍。但这并不是他的心中所好。恰逢汉景帝不喜欢辞赋。这时梁孝王到京城来朝见景帝，跟他来的善于游说的人有齐郡人邹阳、淮阴人枚乘、吴县人庄忌先生等。相如见到这些人后很是喜欢，因此就借生病为由辞去官职，旅居梁国。梁孝王让相如这些读书人居住在一起，相如才有机会与读书人和游说之士相处了好几年，于是写了《子虚赋》。

▶【琴挑卓文君】

梁孝王去世后，相如只好返回成都。然而，他的家境贫寒，又没有可以维持生活的职业。相如同临邛县令王吉一向相处得很好。临邛县里富人卓王孙家与程郑家商量说："县令有贵客，我们置办酒宴请请他怎样？"他们一并也把县令请来了。当县令到了卓家后，卓家的客人已经有百人了。中午，他们去请司马长卿，长卿却推托有病不肯前来。临邛令见相如没来，不敢进食，还亲自前去迎接相如。相如不得已，勉强来到卓家，满座的客人无不惊羡他的风采。酒兴正浓时，临邛县令走上前去，把琴放到相如面前说："我听说长卿特别喜欢弹琴，希望聆听一曲，助助兴。"相如推辞了一番，然后便弹奏了一两支曲子。这时，卓王孙有个女儿叫文君，刚刚守寡，很喜欢音乐。相如佯装与县令相互敬重，实际上是用琴声暗自诱发她的爱慕。卓文君从门缝里偷偷看他，心生欢喜，对他产生了爱慕之情，却怕他不了解自己的心情。宴会散后，相如托人用重金赏赐文君的侍者，以此向她转达倾慕之情。于是，卓文君趁着夜色逃出家门，同相如一起私奔。相如便同文君急忙赶回成都，进家一看，家中空无一物，徒立四壁。卓王孙得知女儿私奔的事，勃然大怒，说一个钱也不会分给她。过了很长时间后，文君感到不快乐，说："长卿，只要你同我一起去临邛，向兄弟们借贷也完全可以维持生活，何至于让自己困苦到这个地步！"相如就同文君来到临邛，把自己的车马全部卖掉，买下一家酒店，做卖酒生意。他让文君亲自主持炉前的酤酒及应对顾客之事，而自己穿起犊鼻裤，与雇工们一起操作忙活，在闹市中洗涤酒器。卓王孙听说这件事后，感到很羞耻，于是闭门不出。有些兄弟和长辈陆续前来劝说卓王孙道："你只有一个儿子和两个女儿，家中并不缺钱财。如今文君已经成了司马长卿的妻子，生米已经成了熟饭，长卿本来也已厌倦了离家奔波的生涯，虽然贫穷，但他确实是个人才，完全可以依靠。况且他又是县令的贵客，为什么偏偏这样轻视他呢？"卓王孙不得已，只好分给文君家奴一百人，钱一百万，以及她出嫁时的衣服被褥和各

种财物。文君就同相如回到成都，置了田地房屋，成为富有的人家。

【拜中郎将】

过了很长一段时间，蜀郡人杨得意担任狗监，事奉汉武帝。一天，武

🔊 司马相如琴挑卓文君

帝读《子虚赋》，认为写得好极了，说："我偏偏不能与这个作者同时代。"杨得意说："我的同乡人司马相如自称是他写的这篇赋。"武帝很惊喜，就把相如召来询问。相如说："是这样的。但是，此赋只写诸侯之事，不值得看。请让我写篇《天子游猎赋》，写成后就进献皇上。"武帝应允了，并命令尚书给他笔和木简。相如用"子虚"这虚构的言辞，是为了陈述楚国之美；"乌有先生"就是哪有此事，以此为齐国驳难楚国；"无是公"就是没有此人，以阐明做天子的道理。所以相如假借这三个人写成文章，用来推演天子和诸侯的苑囿的美丽景色。赋最后一章的主旨归结到节俭上去，借以规劝皇帝。赋被进献给天子后，天子十分高兴，任命相如为郎官。无是公称说上林苑的广大，山谷、水泉和万物，以及子虚称说云梦泽所有之物甚多，奢侈淫靡，言过其实，而且也不是礼仪所崇尚的，所以删取其中的要点，归之于正道加以评论。

【出使西南夷】

相如担任郎官好几年后，正逢唐蒙受命掠取和开通夜郎及其西面的僰中，征发巴、蜀两郡的上千官吏士卒，两郡又多为他征调陆路及水上的一万多运输人员。他又用战时法规杀了他们的大帅，巴、蜀百姓十分惊恐。皇上听说此事后，就派相如去责备唐蒙，趁机告知巴、蜀百姓，唐蒙的所作所为并不是皇上本人的意思。

相如出使完毕，回京向汉武帝汇报。唐蒙已掠取并开通了夜郎，趁机要开通西南夷的道路，征发巴、蜀、

🔥司马相如古琴台

广汉数万士卒筑路，修了两年都没有修成，士卒伤亡的很多，耗费的钱财数以亿计。蜀地民众和汉朝当权者有很多人反对。这时，邛、筰的君长听说南夷已与汉朝交往，得到很多赏赐，因而大多数都想做汉朝的臣仆，希望按照南夷的待遇，请求汉朝委任官职给他们。皇上向相如询问此事，相如说："邛、筰、冉、駹等都离蜀很近，容易开通道路。秦朝时就已设置郡县，到汉朝建国时才废除。如今真要重新开通，设置为郡县，其价值超过南夷。"皇上认为相如说得很对，就任命相如为中郎将，令其持节出使。相如及随从到达蜀郡后，蜀郡太守及其属官都到郊界上迎接相如，县令背着弓箭在前面开路，蜀人都以此为荣。于是卓王孙、临邛诸位父老都凭借关系来到相如门下，献上牛和酒，与相如欢歌畅饮。这时的卓王孙常常暗自感叹，认为自己把女儿嫁给司马相如的时间太晚，便又送给文君一份丰厚的财物，这样她与儿子所分得的相等了。司马相如就平定了西南夷。邛、筰、冉、駹及斯榆的君长都请求成为汉王朝的臣子。于是拆除了旧有的关隘，扩大了边关，西边到达沫水和若水，南边到达牂柯，以此为边界，开通了灵关道，在孙水上建桥，直通邛都。相如返京报告皇上，皇上特别高兴。

【上疏劝谏】

相如口吃，但却擅长写文章。他做官后不愿意同公卿们一起讨论国家大事，而常借病在家闲待着，对官爵没有什么兴趣。他曾经跟随皇上到长杨宫去打猎。这时的天子喜欢亲自驰马猎杀熊和野猪等野兽的畅快感觉，相如上疏加以规劝，疏上写道：

臣听说万物中有的虽是同类而能力却不同，兽也应该有这种情况。现在陛下喜欢登上高险的地方射击猛兽，突然遇到凶暴迅捷的野兽，在毫无戒备之时，突然狂暴进犯您的车驾和随从，车驾来不及转弯，人们也没机会施展技巧，这不是很危险吗！这本不是天子应该接近的地方。

……

皇上认为司马相如说得很好。相如被授官为汉文帝的陵园令。武帝赞美子虚之事。相如又看出皇上对仙道很感兴趣，趁机说："上林之事算不上是最美好的，还有更美丽的。臣曾经写过《大人赋》，还未写完，请允许我写完后献给皇上。"相如认为传说中的众仙人居住在山林沼泽中，形体容貌特别清瘦，这不是帝王心意中的仙人，于是就写成《大人赋》。

相如向皇上献上《大人之颂》，天子特别欢喜，飘飘然有凌驾云天的气概，心情好似遨游天地之间那般畅快。

【留书谏封禅】

相如因病免官，住在茂陵家里。天子说："司马相如病得很厉害，可派人将他的书稿全部取回来；如果不这样做，以后就散失了。"于是派所忠前往茂陵。但是，这时的相如已经死了，家中没有书。所忠询问相如的妻子，她说："长卿从来都没有书。他时时写书，别人就时时取走，因此家中总是空空的。长卿还没死的时候，写过一卷书，他说如有使者来取书，就把它献上。此外再没有别的书了。"他留下来的书上写的是有关封禅的事，进献给所忠。所忠把书再进献给天子，天子看到此书后大为惊讶。那书上写道：

上古开始之时，由天降生万民，历经各代君王，直至到秦。沿着近代君王的足迹加以考察，聆听远古君王的遗风美名，纷纷杂杂，名声和事迹被隐没而未称道的数也数不尽。能够继承舜、禹，有尊号美谥的，封禅秦山而稍可称道者只有七十二君。顺从善道行事，没有谁不昌盛；违逆常理，不施德政，谁能长存？

《尚书》上说："君王贤明啊，大臣杰出。"由此可见，君王的圣明没有超过唐尧的，大臣的贤良没有比得上后稷的。周公的业绩兴盛于成王时代，而其功德之高超过文、武王二王。揣度其所始，考察其所终，并没有什么特别优异超凡的政绩，可与当今汉朝相比。然而，周人尚且走上梁父山，登上泰山，建立显贵的封号，施加尊崇的美名。伟大汉朝的恩德，像万泉奔涌，盛大恢弘，广布四方。如云雾散布，上通九天，下至八方极远之地。一切生灵，皆受恩德，和畅之气，广泛散布，威武之节，飘然远去。周朝不该封禅而封禅，汉朝应该封禅却不

封禅，进让的原则，相差何其远呢？

于是大司马进谏君王修行礼仪，尊奉土地神，诚恳地竭告天神，在嵩山刻石记功，以表彰其尊贵的地位，宣盛明的德行，显示尊号与荣耀，承揽厚福，与百姓共享。

于是天子有所感悟地改变了神色，说："好啊，我就试试看吧！"天子暗自忖度，将公卿们的建议归纳了，询问了封禅的具体事宜，记述恩泽的博大，推衍符瑞的富饶。

司马相如死后五年，天子才开始祭祀土地神。他死后八年，天子终于首先祭祀中岳嵩山，然后又封泰山，再到梁父山，禅肃然山。

论赞

太史公曰：《春秋》能推究到事物的极隐微处，《易经》原本隐微却能阐释得浅显，《大雅》说的是王公大人德及黎民百姓，《小雅》讥刺卑微者的得失，其流言却能影响朝廷政治。所以，言辞的外在表现虽然不同，但是其教化功能却是一致的。相如的文章虽然多借喻与夸张，主旨却归于节俭，这与《诗经》讽谏的意旨有何不同？扬雄认为相如的辞赋华丽，鼓励奢侈与倡言节俭是相等的，就如同尽情演奏郑、卫之音，而在曲终之时演奏一点雅乐一样，这不是减损了相如的辞赋价值吗？我采录了他的一些可以论述的文字，放在这篇文章中。

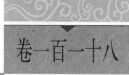

淮南 衡山列传

白话精编二十四史

第一卷

本传是淮南厉王刘长及其子刘安和刘赐的合传。之所以将本该列入世家的诸侯降为列传，实际是太史公对刘长父子的叛逆之罪的一种贬抑。本文叙事角度较单一，但文笔仍不乏变化，简繁有致，紧凑顺畅，命意一线到底，这是本传的一个很大的特色。

▶【高祖幼子】

淮南厉王刘长是汉高祖的最小的儿子。他的母亲是过去赵王张敖的嫔妃。高祖八年（前199），高祖从东垣县经过赵国，赵王将厉王的母亲献给他。皇上很宠幸她，使她有了身孕。于是赵王张敖不敢再让她住在宫内，为她另外建造了宫室居住。第二年，赵相贯高等人在柏人县谋划刺杀高祖的事情败露，赵王也一并被捕，他的母亲、兄弟和嫔妃一起遭到了拘禁，被囚禁在河内郡官府。厉王的母亲对狱吏说："我受到皇上宠幸，已有身孕。"狱吏如实禀报，皇上正因赵王的事气恼，就没有理会厉王母亲的申诉。厉王母亲的弟弟赵兼拜托辟阳侯审食其告知吕后，吕后心生妒忌，不肯向皇上进言求情，辟阳侯也没有再尽力劝解。厉王的母亲生下厉王后，心中怨恨，于是就自杀了。狱吏抱着厉王送到皇上面前，皇上后悔莫及，下令吕后收养他，并在真定县安葬了厉王的母亲。真定县是厉王母亲的故乡，她的祖辈就居住在那里。

高祖十一年（前196）七月，淮南王黥布谋反，皇上立即立儿子刘长为淮南王，让他掌管黥布曾经领属的四郡封地。皇上亲自率军出征，剿灭了黥布，于是厉王即淮南王位。

▶【倨傲无礼】

孝文帝三年（前177），淮南王从封国入朝进见，态度很傲慢。他跟随皇上到御苑打猎，和皇上同乘一辆车驾，还常常称呼皇上为"大哥"。厉王有勇有谋，能奋力举起重鼎，于是前往辟阳侯府上求见。辟阳侯出来见他，他便取出藏在袖中的铁椎捶击辟阳侯，又命随从魏敬杀死了他。事后，厉王驰马飞奔到宫中，赤裸着上身向皇上谢罪。皇上哀悯厉王的心愿，出于手足亲情，不忍治他的罪，就将他赦免了。这一时期，薄太后和太子以及诸位大臣都很畏惧厉王，因此厉王返国后更加骄纵蛮横，不依朝廷法令行事，出入宫中皆号令警戒清道，还称自己发布的命令为"制",自订法令,一切模仿天子的样子。

▶【谋反而死】

孝文帝六年(前174),厉王让七十名无官爵的男子和棘蒲侯柴武的儿子柴奇商议,谋划用四十辆大货车在谷口县谋反起事,并派出使者前往闽越、匈奴各处联络。朝廷发觉此事,将谋反者治罪,派使臣召淮南王入京,让他来到长安。

朝廷商议后给厉王定罪,最终认为:刘长犯有大死之罪。陛下不忍心依法惩治,施恩赦免,废其王位。

朝廷将刘长的同谋者全部杀了,于是命淮南王启程,一路用辎车囚载,令沿途各县递解入蜀。沿途各县押送淮南王的人都不敢打开囚车的封门,于是淮南王对仆人说:"谁说你老子我是勇猛的人?我哪里还能勇猛?我因为骄纵看不到自己的过错,才落得这般地步。人生在世,怎能忍受这样的苦闷?"于是厉王绝食身亡。囚车行至雍县,县令打开封门,将刘长的死讯上报天子。于是皇上命令丞相、御史搜捕、拷问各县押送淮南王而不打开封门让他进食的人,一律弃市问斩。然后按照列侯的礼仪在雍县安葬了淮南王,并安置三十户人家守冢祭祀。

▶【刘安嗣位】

孝文帝八年(前172),皇上心中怜悯淮南王。淮南王有四个儿子,都是七八岁的光景,封其子刘安为阜陵侯,刘勃为安阳侯,刘赐为阳周侯,刘良为东城侯。孝文帝十六年(前164),皇上迁淮南王刘喜复返城阳故地,哀怜淮南厉王无视王法、图谋不轨,而自惹祸患失国早死,便封立他的三个儿子:阜陵侯刘安为淮南王,安阳侯刘勃为衡山王,阳周侯刘赐为庐江王,他们共享厉王时的封地。东城侯刘良在此之前已死,没有后代。

淮南王刘安喜好读书弹琴,不爱狩猎及犬马之物,他也想暗中做好事来安抚百姓,美名传天下。他常因厉王的死怨恨朝廷,常想反叛朝廷,但是没有机会。

▶【密谋造反】

到了孝武帝建元二年(前139),淮南王入京朝见皇上。与他一向交好的武安侯田蚡当时做太尉。田蚡在灞上迎候淮南王,告诉他说:"现今皇上没有太子,大王您是高皇帝的亲生孙子,施行仁政,天下无人不知。假如有一天皇上过世,除了您还有谁继承王位呢?"淮南王大喜,厚赠武安侯金银钱财物品。淮南王暗中结交宾客,安抚百姓,谋划叛逆的事宜。

元朔三年(前126),皇上赏赐淮南王几案、手杖,恩准他不必入京朝见。淮南王王后叫荼,淮南王很宠幸她。王后生太子刘迁,刘迁娶王皇太后外孙修成君的女儿做妃子。淮南王制造谋反的器具,害怕太子的妃子知道后向朝廷泄露机密，就和太子商议，让他假装不爱妃子，三个月不和她同床共枕。于是淮南王假装生了太子的气，把他关起来，让他和妃子同居一室三月，而太子始终不亲近她。妃子请求离去，淮南王便上奏朝廷致歉，把她送回娘家。王后荼、太子刘迁和女儿刘陵受淮南王宠爱，独掌国权，侵吞百姓田地房宅，任意加罪拘捕无辜之人。

淮南王有个庶出的儿子名叫刘不害，年纪最大，淮南王不喜欢他，王后和太子也都不把他视为儿子或兄长。刘不害有个儿子名叫刘建，才高气负，时常怨恨太子不来问候自己的父亲；又埋怨当时诸侯王都可以分封子弟为诸侯，而淮南王只有两个儿子，一个当了太子，唯独刘建父亲不得封侯。刘建暗中结交宾客，想要告发击败太子，让他的父亲取而代之。太子知道这件事后，多次囚禁并拷打刘建。刘建对太子想要杀害朝廷中尉的阴谋知道得很清楚，就让和自己私交很好的寿春县人庄芷在元朔六年（前123）向天子上书告发淮南王谋反。

皇上将此事交付廷尉，廷尉又下达河南郡府审理。这时，原辟阳侯的孙子审卿与丞相公孙弘交好，他仇恨淮南厉王杀死自己

的祖父，就极力向公孙弘构陷淮南王的罪状，于是公孙弘怀疑淮南王有叛逆的阴谋，决意深入追究查办此案。河南郡府审问刘建，他供出了淮南王太子及其朋党。淮南王担忧事态严重，意欲举兵反叛。

于是廷尉把淮南王孙刘建供词中牵连出淮南王太子刘迁的事呈报了皇上。皇上派廷尉监趁前去拜见淮南国中尉的机会，逮捕太子。廷尉监来到淮南国，淮南王得知，和太子谋划，打算召国相和二千石大臣前来，杀死他们就发兵。他再三犹豫，定不下行动的计策。太子想到自己所犯的是阴谋刺杀朝廷中尉的罪，而参与密谋的人已死，便以为活口都堵住断绝，就对父王说："群臣中可依靠的先前都

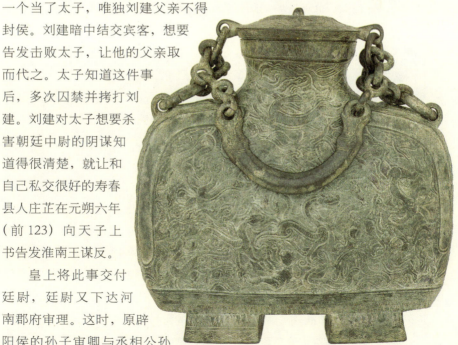

🔴 青铜龙纹扁壶·西汉

拘捕了，现今已没有可以倚重举事的人。您在时机不成熟时发兵，恐怕不会成功，臣甘愿前往廷尉处受捕。"淮南王心中也暗想罢手，就答应了太子的请求。于是太子刎颈自杀，却未能丧命。伍被独自往见执法官吏，告发了自己参与淮南王谋反的事情，将谋反的详情全盘供了出来。

天子便派宗正手持符节去审判淮南王。宗正还未行至淮南国，淮南王刘安已提前自刎而死。王后荼、太子刘迁和所有共同谋反的人都被满门杀尽。天子因为伍被曾劝阻淮南王刘安谋反时言词雅正，说了很多赞美朝政的话，想不杀他。廷尉张汤说："伍被最先为淮南王策划反叛的计谋，他的罪不可赦免。"于是杀了伍被。淮南国被废为九江郡。

【衡山王刘赐】

衡山王名刘赐，王后乘舒共生有三个孩子，长男刘爽立为太子，二儿刘孝，三女刘无采。他的姬妾徐来生了儿女四人，妃嫔厥姬生了一儿一女。衡山王和淮南王两兄弟在礼节上相互责怪抱怨，关系疏远，很不和睦。衡山王听说淮南王正在

青铜鼎式灯·西汉

制造用于叛逆谋反的器具，于是也招揽结交宾客，以此来防范他，害怕有一天被他吞并。

元光六年（前129），衡山王入京朝见，他的谒者卫庆会方术，想上书去事奉天子。衡山王很生气，故意告发卫庆犯下死罪，用严刑拷打逼他招认。衡山国内史认为这样做不对，不愿审理此案。衡山王便指使人上书控告内史，内史被逼无奈只得办理此案，但直言衡山王理屈。衡山王又多次侵夺他人田产，毁坏他人坟墓辟为田地。有关部门长官请求逮捕并追究衡山王的罪责，天子不应允，只收回他原先可以自行委任本国二百石以上的官吏的权力，改为由天子任命。衡山王因此心怀愤恨，和奚慈、张广昌谋划，多方寻找熟悉兵法和会观测星象以占卜吉凶的人，他们日夜怂恿衡山王谋反。

王后乘舒死后，衡山王立徐来为王后。厥姬也同时得到宠幸。二人互相嫉妒，厥姬就在太子面前说王后徐来的坏话，使得太子心中怨恨徐来。徐来的哥哥来到衡山国，太子与他饮酒，席间用刀刺伤了他。王后很是恼怒，多次在衡山王面前诋毁太子。

元朔四年（前125），有人杀伤王后的继母，衡山王怀疑是太子在背后指使人做的，就用竹板将太子毒打了。后来衡山王病了，太子声称有病不去服侍。太子知道父王常想废掉自己而立弟弟刘孝。元朔五年（前124）秋，衡山王将入京朝见天子。经过淮南国时，淮南王对他讲了一些兄弟情谊的话，解除了从前的嫌隙，共同约定制造谋反的器具。衡山王便上书推说身体有病，皇上赐书准许他可以不入朝。

元朔六年（前123）中，衡山王指使人上书皇上，请求废掉太子刘爽，改立刘孝。刘爽闻讯，就派和自己很要好的白嬴前去长安上书，控告刘孝私造战车箭支，并与衡山王的女侍通奸，想要以此挫败刘孝。白嬴来到长安，还没来得及上书就被官吏逮捕了，因他与淮南王谋反的事有牵连，所以被囚禁起来。衡山王听说刘爽派白嬴去上书，害怕他讲出国中不可告人的秘密，就上书反告太子刘爽做了大逆不道的事应被处以死罪。朝廷将此事交给沛郡审理。

元狩元年（前122）冬，负责办案的公卿大臣到沛郡搜捕与淮南王一起谋反的罪犯，一无所获，却在衡山王儿子刘孝家抓住了陈喜。官吏控告刘孝带头藏匿陈喜。刘孝以为陈喜平常多次和衡山王商议谋反的事，很害怕他会将此事供出。他听说律令规定事先自首者可免除其罪责，又怀疑太子指使白嬴上书将

告发谋反之事，就抢先自首，控告救赫、陈喜等人参与谋反。廷尉经过审讯后，证实此事属实，公卿大臣便请求将衡山王逮捕起来审讯。天子说："不要拘捕。"他派遣中尉司马安、大行令李息到衡山国就地查问衡山王，衡山王将全部事情据实以答。官吏们包围了王宫，严加看守。中尉、大行回朝，将情况上奏，公卿大臣请求派宗正、大行和沛郡府联合审判衡山王。衡山王听说后，便刎颈自杀了。刘孝被处死弃市。王后徐来也因犯有以巫蛊谋杀前王后乘舒之罪，连同太子刘爽犯了被衡山王控告不孝的罪，都被处死弃市。所有参与衡山王谋反事的罪犯一概满门抄斩。衡山国被废为衡山郡。

论赞

太 史公曰：《诗经》上说"抗击戎狄，惩治楚人"，这话说得真是对啊！淮南王、衡山王虽是骨肉至亲，有疆土千里，封为诸侯，却不致力于遵守藩臣的职责以辅佐天子，反而心怀邪恶之计，图谋叛逆，致使父子相继两次亡国，不得寿终而死，被天下人耻笑。这不只是他们的过错，也是当地习俗熏染及臣子影响不良的后果。楚国人轻捷勇猛凶悍，喜好作乱，这是早自古代就有记载的事。

汲黯 郑当时列传

本篇是汲黯和郑当时的合传。本传将众多的零散事迹集凑交织在一起，语言犀利、言情恳切，从多方面刻画出汲黯疾恶如仇、忠直敢谏的品格。郑当时是汲黯的好友，他的品行与汲黯有相似之处，但在严正直谏方面稍逊一筹，所以，在材料的安排上，太史公遵循了一详一略、一重一轻的原则。

【河南放赈】

汲黯字长孺，濮阳县人。他的先辈曾受古卫国国君恩宠。到他已是第七代，代代都在朝中任卿、大夫的职位。靠父亲保举，孝景帝时汲黯当了太子洗马，因为他为人严肃正直而被人敬畏。景帝死后，太子即位，任命他做谒者之官。东越的闽越人和瓯越人发生战乱，皇上派汲黯前往视察。他还没有到达东越，走到吴县便返回来了，禀报说："东越人相攻，是当地民俗本来就如此好斗，不值得劳烦

玉牛·汉

天子的使臣去过问。"河内郡发生了火灾，祸及一千余户人家，皇上又派汲黯去视察。他回来报告说："那里普通人家不慎失火，由于住房密集，火势便蔓延了，没有必要忧虑。我路过河南郡时，眼见当地贫民饱受水旱灾害之苦，灾民多达万余家，有的竟然父子相食，我就趁便凭所持的符节，下令发放了河南郡官仓的储粮以赈济当地灾民。现在我请求缴还符节，承受假传圣旨的罪责。"皇上认为汲黯贤良，恕他无罪，调任为荥阳县令。

汲黯认为当县令耻辱，便称病辞官还乡。皇上闻知，召汲黯到朝中任中大夫。由于他屡次向皇上直言进谏，仍然不能久留朝中，被外放当了东海郡太守。

【刚正立朝】

汲黯与人相处常常表现得很傲慢，不讲究礼数，经常当面顶撞人，容不得别人的过错。与自己心性相投的，他就亲近友善；

与自己合不来的，连见面都不耐烦，士人也因此不愿依附他。但是汲黯好学，又好仗义行侠，很注重志气节操。他与灌夫、郑当时和宗正刘弃交情很好。他们也因为多次直谏而不得久居其官位。

就在汲黯任主爵都尉而位列九卿之时，太后的弟弟武安侯田蚡做了宰相。年俸中二千石的高官来谒见时都行跪拜之礼，田蚡却不予还礼。而汲黯求见田蚡从不下拜，经常向他拱手作揖就算完事。这时天子正在招揽文学之士和崇奉儒学的儒生，皇上刚说了"我想……"，汲黯便答道："陛下心里欲望很多，只在表面上施行仁义，怎么能真正仿效唐尧、虞舜的政绩呢？"皇上沉默不语，但心中恼怒，脸色一变就退朝了，公卿大臣都为汲黯惊恐担心。皇上退朝后对身边的近臣说："太过分了，汲黯太愚直！"群臣中有人责怪汲黯，汲黯说："天子设置公卿百官这些辅佐的臣位，难道是让他们一味阿谀奉迎，将君主陷于违背正道的窘境吗？何况我已身居九卿之位，纵然爱惜自己的生命，但要是损害了朝廷大事，那怎么行？"

大将军卫青入侍宫中，皇上曾蹲在厕所内接见他；丞相公孙弘平时有事求见，皇上有时连帽子也不戴；至于汲黯进见，皇上不戴好帽子是不会接见他的。有一次皇上坐在威严的帷帐中，恰巧汲黯前来启奏公事，皇上没戴帽，看见他就连忙躲避到帐内，派近侍代为批准他的奏议。汲黯被皇上尊敬礼遇到了这种地步。

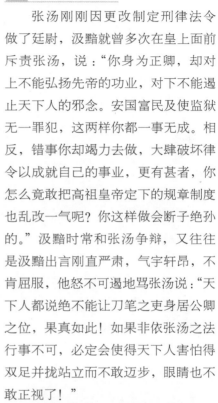

【面责人过】

张汤刚刚因更改制定刑律法令做了廷尉，汲黯就曾多次在皇上面前斥责张汤，说："你身为正卿，却对上不能弘扬先帝的功业，对下不能遏止天下人的邪念。安国富民及使监狱无一罪犯，这两样你都一事无成。相反，错事你却竭力去做，大肆破坏律令以成就自己的事业，更有甚者，你怎么竟敢把高祖皇帝定下的规章制度也乱改一气呢？你这样做会断子绝孙的。"汲黯时常和张汤争辩，又往往是汲黯出言刚直严肃，气宇轩昂，不肯屈服，他怒不可遏地骂张汤说："天下人都说绝不能让刀笔之吏身居公卿之位，果真如此！如果非依张汤之法行事不可，必定会使得天下人害怕得双足并拢站立而不敢迈步，眼睛也不敢正视了！"

这时，汉朝正在征讨匈奴，招抚各地少数民族。汲黯力求国家少事，常借向皇上进言的机会建议与胡人和亲，不要兴兵打仗。皇上正倾心于儒家学说，尊用公孙弘，对此不以为意。最后到了国内事端纷起，下层官吏和不法之民都想尽奇计来逃避法网，皇上这才要分条别律，严明法纪，张汤等人也就不断上奏所审判的大案，以此博取皇上的宠幸。而汲黯常常诋毁儒学，当面抨击公孙弘之流内怀奸诈而外逞智巧，以此博得主上欢心；刀笔吏专门细抠法律条文，巧言诋毁无罪之人，使事实真相不得昭示，并把胜狱作为邀功的资本。但是皇上越来越重视公孙弘和张汤，公孙弘、张汤则深恨汲黯，就连皇上也不喜欢他，想借故杀死他。

当初汲黯享受九卿待遇时，公孙弘、张汤不过还是一般的小官吏而已。等到公孙弘、张汤日渐显贵，和汲黯官位相当时，汲黯又责难诋毁他们。不久，公孙弘升为丞相，封为平津侯；张汤官至御史大夫；以前汲黯属下的郡丞、书史也都和汲黯同级了，有的地位甚至还超过了他。汲黯心胸狭窄，脾气暴躁，不可能没有一点儿怨言。朝见皇上时，他趋前说道："陛下使用群臣就像堆柴垛一样，将后来的堆在上面。"皇上沉默不语。一会儿汲黯退了下去，皇上说："一个人确实不能没有学识，听听汲黯这番话，就知道他的愚直越来越严重了。"

▶【治理淮阳】

过了几年，遇上国家改铸五铢钱，很多老百姓私铸钱币，楚地尤其严重。皇上认为淮阳郡是通往楚地的交通要道，就征召汲黯，将他任命为淮阳郡太守。汲黯拜伏于地，辞谢圣旨，不肯接印，皇上屡次下诏令强迫他，他才领命。皇上下诏召见汲黯，汲黯哭着对皇上说："我自以为死后尸骨将被弃于沟壑，再也见不到陛下了，想不到陛下又召纳任用我。我常有这病那病的，体力难以胜任太守之职的烦劳。我希望当中郎，出入宫禁之门，

为您纠正过失，补救缺漏，这就是我的愿望。"皇上说："你看不上淮阳郡太守这个职位吗？过段时间我会召你回来的。只因淮阳地方官民关系紧张，我只好借助你的威望，请你躺在家中去治理吧！"汲黯拜别皇上后，又去探望大行令李息，他说："我被弃置于外郡，不能参与朝廷的政事了。可是，御史大夫张汤的智谋足以阻挠他人的批评，奸诈足以文饰自己的过失，皇上不想要的，他就顺其心意诋毁；皇上想要的，他就跟着夸赞。他喜欢无事生非，搬弄法令条文，在朝中，他满心奸诈以逢合皇上的旨意，在朝外伙同危害社会的官吏来加强自己的威势。您位居九卿，如果不及早进言皇上，您和他都会被诛杀的。"李息害怕张汤，始终不敢向皇上进谏。汲黯治理郡县事务，一如往昔作风，淮阳郡政治清明起来。后来，张汤果然身败名裂。皇上得知汲黯当初对李息说的那番话后，判李息有罪，诏令汲黯享受诸侯国相的俸禄待遇，依旧掌管淮阳郡。七年后，汲黯逝世。

▶【名臣郑当时】

郑当时，字庄，陈县人。他的先辈郑君曾做过项籍的部下。项籍死后，不久他就归属了汉朝。高祖下令所有项籍的旧部下在提到项籍时都要直呼其名，偏偏郑君不服从诏令。高祖下旨把那些肯直呼项籍名字的人都拜为大夫，而单单赶走了郑君。郑君死于孝文帝时。

郑庄做右内史时，告诫属下官吏说："有来访者，不论尊贵或低贱，一律不得让人在门口滞留等候。"他遵照主人待客之礼，以自己的高贵身份屈居于客人之下。郑庄很廉洁，又不添置私产，仅依靠官俸和赏赐所得供给门客，而所馈送的礼物，最多不过是些用竹器盛的吃食。每逢上朝，遇到有向皇上进言的机会，他必得称道天下的年高望重的人。他推举士人和属下的丞、史诸官吏，非常津津乐道，饶有兴味，言语中时常称赞他们比自己有才能。他从不对官吏直呼其名，与属下谈话时，谦和得好像生怕伤害了对方。听到别人有高见，便马上报告皇上，唯恐延迟误事。因此，崤山以东广大地区的士人和知名长者都众口一词地称赞他的为人。

🔴 **镶嵌神兽博山炉·西汉**

郑庄被派遣视察黄河决口，他请求给五天时间准备行装。皇上说："我听说'郑庄远行，千里必不带粮'，为什么还要请求准备行装的时间？"郑庄在外的人缘虽然很好，但在朝中常常附和顺从主上的心思，不敢过于明确表示自己的是非主张。到他晚年的时候，汉朝征讨匈奴，招抚各地少数民族，耗费很多财物，国家财力、物力更加匮乏。郑庄保举的人及其宾客，替大农令承办运输，亏欠很多钱款。司马安任淮阳郡太守，检举此事，郑庄因此落下罪责，赎罪后削职为平民。不久，他又入丞相府行长史之职。皇上认为他年事已高，让他去做汝南郡太守。几年后，他死在任上。

郑庄、汲黯当初位列九卿，为政清廉，平日居家品行也很端正。这两人中途都曾被罢官，家境清贫，于是宾客日趋没落。等到做郡守，死后家中没有剩余的财物。郑庄的兄弟子孙因他的缘故，官至二千石的有六七人之多。

论赞

史公曰：凭着汲黯、郑当时的贤德，有权势时宾客十倍，无权势时则情形完全相反，又何况一般人呢！下邽翟公曾说，当初他做廷尉时，家中宾客盈门；等到他丢了官，门外便冷清得可以张网捕雀。他复官后，宾客们又想来见，翟公就在大门上写道："一死一生，乃知交情。一贫一富，乃知交态。一贵一贱，交情乃见。"汲黯、郑庄也有这样不幸的经历吧，可悲！

酷吏列传

> **这**是一篇类传，记述了以酷刑厉法为统治工具，凶狠残暴的几位官吏。太史公记述酷吏，实际上寄寓了自己反对苛政虐民的思想，但其中太史公也坚持了一贯的"不虚美，不隐恶"的历史实录精神，对几位酷吏身上的一些品质也进行了赞扬，显示了客观与追求实事求是的录史态度。

【"苍鹰"郅都】

郅都是杨县人，以郎官的身份事奉孝文帝。景帝时期，郅都当了中郎将，敢于向朝廷直言进谏，常常在朝廷上使人当面折服。他曾经跟随天子到上林苑，贾姬到厕所去，野猪突然闯进去了。皇上用眼神示意郅都，郅都不肯动。皇上想亲自拿着武器去救贾姬，郅都跪在皇上面前说："失去一个姬妾还会有个姬妾进宫，难道天下会缺少贾姬这样的人吗？纵然陛下看轻自己，可祖庙和太后怎么办呢？"皇上回转身来，野猪也离开了。太后听说了这件事，赏赐郅都百斤黄金，从此重视郅都。

济南姓瞯的宗族共有三百多家，蛮横奸猾，济南太守不能将他们制服，于是汉景帝就任命郅都做济南太守。郅都来到济南郡所，就把一个家族中的首恶分子的全家都杀了，其余姓瞯的坏人都吓得大腿发抖。过了一年多，济南郡路不拾遗。周围十多个郡的郡守畏惧郅都就像畏惧上级官府一样。

郅都为人勇敢，有力气，公正廉洁，不私自拆开私人求情的信。若有人送礼，他不接受，私人的请托他不听。他常告诫自己说："已经背离父母而来这里当官，我就应当在官位上奉公尽职，保持节操而死，终究不能顾念妻子儿女。"

郅都调升中尉之官，丞相周亚夫官高而又傲慢，而郅都见到他只是作揖，并不跪拜。这时，民风淳朴，百姓都怕犯罪，都守法自重，郅都却先施行严酷的刑法，以致执法不畏避权贵和皇亲，连列侯和皇族的人见到他都不敢正眼看他，称呼他为"苍鹰"。

临江王被召到中尉府受审，他想要书写工具给皇上写信，表示谢罪，郅都却告诉官吏不给他书写工具。魏其侯派人暗中给临江王送去书写工具。临江王给皇上写了谢罪的信，于是就自杀了。窦太后听到这个消息，大怒，用严罚加害郅都，郅都被免官归家。汉景帝就派使者拿着符节任命郅都为雁门太守，并让他上路，直接

去雁门上任，根据实际情况独立处理政事。匈奴人一向听说郅都有操节，现在他来守卫边境，所以匈奴人便领兵离开汉朝边境，直到郅都死去，一直没敢靠近雁门。匈奴甚至做了像郅都模样的木偶人，让骑兵们奔跑射击，但竟然没有人能射中，可见他们害怕郅都到了如此的程度。匈奴人以郅都为祸患。窦太后最后竟以汉朝法律加害郅都，景帝说："郅都是忠臣。"于是想释放他。窦太后说："难道临江王就不是忠臣吗？"于是就把郅都杀了。

【酷吏张汤】

张汤，杜县人。他父亲曾做长安县丞，张汤小的时候，有一次父亲出门去，就让他在家看门。父亲回家后发现老鼠偷了肉，就对张汤发怒，用鞭子打了他。张汤挖开鼠洞，找到偷肉的老鼠和没吃完的肉，就历数老鼠的罪行，加以拷打审问，记录审问过程，把判决的罪状报告上级，并且把老鼠和剩肉取来，当堂最后定案，把老鼠分尸处死。他父亲看到这种情景，

玉猪·西汉

玉猪高 5 厘米，长 13.5 厘米，西安市南郊山门口村出土。猪作奔跑状，形态逼真。

又看到他的判决辞就像老练的法官所写，十分震惊，于是就让他学习断案的文书。父亲死后，张汤就当了长安县的官员，做了很长的时间。

武安侯田蚡做丞相，征召张汤做内史，经常向天子推荐他，于是张汤被任命为御史，处理案件。他主持处理陈皇后巫蛊案件时，深入追究同党。于是汉武帝认为他办事很有能力，提拔他当了太中大夫。他与赵禹一起制定各种法律条文，苛刻严峻约束在职的官吏。不久，赵禹被提升为中尉又改任少府，而张汤当了廷尉，两人友好交往。张汤为人多诈，善施智谋控制别人。他当小官，就喜欢以权自谋私利，曾与长安富商田甲、鱼翁叔这类人勾结。待到了九卿之位时，便结交天下名士大夫，自己内心虽然同他们不合，但表面却装出仰慕他们的样子。

这时，汉武帝倾心于儒家学说，张汤判决大案时就想附会儒家观点，因此就请博士弟子们研究《尚书》《春

秋》，担任廷尉史，让他们评判法律的可疑之处。每当他上报判决的疑难大案时，都预先将事情原委分析给皇上听，皇上认为对的，就记录下来让廷尉作为判案的法规，颂扬皇上的圣明。如果奏事遭到谴责，张汤就认错谢罪，顺着皇上的心意，一定要举出正、左右监和贤能的属吏，说："他们本来向我提议过，就像皇上责备我的那样，我没采纳，真是愚蠢啊！"因此，他的罪常被皇上宽恕不究。他所处理的案件，如果是皇上想要加罪的，他就交给执法严酷的监史去办；如果是皇上想宽恕的，他就交给执法轻而公平的监史去办理。他所处理的如果是豪强，则一定要玩弄法律条文，巧妙地进行诬陷；如果是平民百姓和瘦弱的人，则常常口头上向皇上陈述，虽然按法律条文应当判刑，但请皇上明察秋毫。于是皇上往往就宽释了张汤所说的人。

张汤虽做了大官，但很注重自身的修养，与宾客交往甚密，对于老朋友当官的子弟以及贫穷的兄弟们，照顾得都很好。他拜问三公，不避寒暑。所以张汤虽然执法严酷，内心嫉妒，处事不是绝对的公平，却得到这个好名声。后来张汤更加受到尊宠和信任，升为御史大夫。

河东人李文曾经同张汤有嫌隙，以后他当了御史中丞，心中怨恨张汤，屡次从宫中文书里寻找可以用来中伤张汤的材料，不留余地。张汤有个厚爱的下属叫鲁谒居，知道张汤对这件事心有不满，就让人以流言向皇上密告李文的坏事，而这事正好交给张汤处理，张汤就判决李文死罪，把他杀了，他也知道这事是鲁谒居干的。皇上问道："匿名上告李文的事是怎样发生的？"张汤假装惊讶地说："这大概是李文的老朋友怨恨他。"后来，鲁谒居病倒在同乡主人的家中，张汤亲自去探望他的病情，替鲁谒居按摩脚。赵国人以冶炼铸造为业，赵王刘彭祖屡次同朝廷派来主管铸铁的官员打官司，张汤常常打击赵王。赵王就不断查寻张汤的隐私之事。鲁谒居曾经检举过赵王，赵王怨恨他，于是就上告他们两个人说："张汤是大臣，其属官鲁谒居有病，张汤竟然给他按摩脚，我怀疑两人必定一起做了大的坏事。"这事交给廷尉处理，鲁谒居病死了，事情牵连到他的弟弟，就把他弟弟拘禁在导官署。张汤也到导官署审理别的囚犯，看到鲁谒居的弟弟后就想暗中帮助他，所以假装不察看他。鲁谒居的弟弟不知道这种情况，心里怨恨张汤，因此就让人上告张汤和鲁谒居搞阴谋，共同匿名告发了李文。这事交给减宣处理。减宣曾与张汤有嫌隙，待他接受了这案子，把案情查得水落石出后，没有上报。正巧有人偷挖了孝文帝陵园里的殉葬钱，丞相庄青翟上朝，同张汤约定一同去谢罪，到了皇上面前，张汤心想只有丞相必须按四季巡视陵园，丞相应当谢罪，与我张汤没关系，于是不肯谢罪。丞相谢罪后，皇上派御史查办此事。张汤想按法律条文判丞相明知故纵的罪过，丞相忧心忡忡。丞相手下的三个长史都忌恨张汤，想联合起来陷害他。

最初，长史朱买臣是会稽人，攻读《春秋》。庄助让人向皇帝推荐朱买臣，朱买臣因为熟悉《楚辞》的缘故，同庄助都得到皇上的宠信，从侍中升为太中大夫。这时的张汤只是个小官，在朱买臣等面前下跪听候差遣。不久，张汤当了廷尉，办理淮南王案件，排挤庄助。朱买臣心里很怨恨张汤。等到张汤当了御史大夫，朱买臣从会稽太守的职位上调任主爵都尉，位列九卿。几年后，朱买臣因犯法罢官，代理长史，去拜见张汤，张汤坐在日常所坐的椅子上接见朱买臣，他的丞史一类的属官也不以礼对待朱买臣。朱买臣是楚地士人，深深怨恨张汤，常想找个机会把他整死。王朝是齐地人，凭着儒家学说当了右内史。边通，学习纵横家的思想学说，是个性格刚强暴虐的强悍之人，当官两次做济南王的丞相。从前，他们都比张汤的官大，不久都丢了官，代理长史，对张汤行屈体跪拜的礼仪。张汤屡次兼任丞相的职务，知道这三个长史原来地位很高，就常常欺压他们。因此，三位长史合谋对庄青翟说："开始张汤同你约定一起向皇上谢罪，紧接着就把你出卖了；现在又用宗庙之事控告你，这是想代替你的职位。我们知道张汤的不法隐私。"于是就派属吏逮捕并审理张汤的同案犯田信等人，说张汤将要向皇上奏请政事，田信则预先就知道，然后囤积物资，发财致富，同张汤分赃，还有其他坏事。有关此事的供词被皇上听到了，皇上对张汤说："我要做的事，商人就预先知道，于是加紧囤积那些货物，这好像有人把我的想法告诉了他们一样。"张汤不谢罪，却又假装惊讶地说："应该说一定有人这样做了。"这时减宣也上书报告张汤和鲁谒居犯法的事。天子果然以为张汤心怀狡诈，当面欺骗君主，派八批使者按记录在案的罪证审问张汤。张汤不承认这些罪过，不服。于是皇上派赵禹审问张汤。赵禹来了

🔆 张汤墓纪念碑

以后，责备张汤说："皇上怎么可能不知道这些事呢？你办案时，被夷灭家族的有多少人呢？如今人家告你的罪状都有证据，天子难以处理你的案子，想让你自己自杀，何必还要对证答辩呢？"张汤就写信谢罪说："张汤没有一点功劳，起初只当文书小吏，陛下宠信我，让我位列三公之位，无法推卸罪责，然而阴谋陷害张汤的罪人是三位长史。"于是张汤就自杀了。

张汤死时，家产总值不超过五百金，都是所得的俸禄和皇上的赏赐，没有其他的产业。张汤兄弟和儿子们仍想厚葬张汤，他母亲说："张汤是天子的大臣，遭受恶言诬告而死，何必厚葬呢？"于是就用牛车拉着棺材，没有外椁。天子听说后，说："不是这样的母亲，生不出这样的儿子。"就深究此案，把三个长史全都杀了。丞相庄青翟也自杀了。田信被释放出去。皇上怜惜张汤，逐渐提拔他的儿子张安世。

【酷吏王温舒】

王温舒是阳陵人，他年轻时常做盗墓等坏事。不久，他当了县里的亭长，多次被免职。后来当了小官，因善于处理案件升为廷史。后来事奉张汤，升为御史。他督捕盗贼，杀伤很多人，逐渐升为广平都尉。他选择郡中十多个豪放勇敢的人当属官，做得力助手，掌握他们每个人的隐秘的重大罪行，从而放手让他们去督捕盗贼。如果谁捕获盗贼使王温舒很满意，此人虽然有百种罪恶也不加惩治；若是有所回避，就依据他过去所犯的罪行杀死他，甚至将其家族灭掉。因此，齐地和赵地乡间的盗贼不敢接近广平郡，广平郡有了路不拾遗的好名声。皇上听说后，升任王温舒为河内太守。

王温舒以前居住在广平时，对河内的豪强奸猾的人家很熟悉，他前往广平后九月份就上任了。他下令郡府准备五十匹私马，从河内到长安设置了驿站，部署手下的官吏就像在广平时所用的办法一样，逮捕郡中豪强奸猾之人，从而引出相连坐犯罪的有一千余家。他上书请示皇上，罪大者灭族，罪小者处死，家中财产完全没收，偿还从前所得的赃物。奏书送走不过两三日，就得到皇上的可以执行的答复。处决犯人，以至于鲜血流了十余里。河内人都奇怪王温舒的奏书，都认为太神速。十二月结束了，郡里没有人敢说话，也没有人敢在夜晚行走，郊野没有因盗贼引起狗叫的现象。少数没抓到的罪犯逃到附近的郡国去了，待到把他们追捕抓回来，春天来了，王温舒跺脚叹息道："唉！如果冬季再延长一个月，我的事情就办完了。"天子听了，认为他有才能，升为中尉。他治理政事还是仿效河内的办法，调来那些著名的奸猾官吏同他一起做事，河内的有杨皆与麻戊，关中的有杨赣和成信等。

后来，王温舒当了中尉，他为人很不斯文，在朝廷办事常常表现得很糊涂，不辨是非，到他当中尉以后，则心智开明。他督捕盗贼，因为原来熟悉关中习俗，了解当地豪强和凶恶的官吏，所以豪强和凶恶官吏都愿意为他出力及出谋划策。王温舒为人爱谄媚，善于巴结有权势的人，如果是没有权势的人，他对待他们就像对待奴仆一样。有权势的人家，虽然奸邪之事堆积如山，他也不去触犯。无权势的，即使高贵的皇亲，他也一定会去欺侮。他玩弄法令条文，巧言诋毁奸猾的平民来威胁大的豪强。他当中尉时就这样处理政事，对于奸猾之民，一定要深究其罪，大多数都被打得皮开肉绽，烂死狱中，凡是判决有罪的，没有一个人能走出狱中。他的得力部下都像戴着帽子的猛虎一样。于是在中尉管辖范围的中等以下的奸猾之人，都隐伏不敢出来，有权势的都替他宣扬名声，称赞他的政绩。他治理了几年，手下属官多因此而富有。

王温舒攻打东越回来后，议事不合天子的旨意，犯了小法被判罪免官。这时，天子正想修建通天台而没有人力，王温舒请求考核中尉部下逃避兵役的人，查出几万人可去参加修建。皇上很高兴，任命他为少府，又改任右内吏，处理政事同从前一样，奸邪之事稍被禁止。后来他犯法丢掉官职，不久又被任命为右辅，代理中尉的职务，处理政事一如往昔。

一年多以后，恰逢征讨大宛的军队出发，朝廷下令征召豪强官吏，王温舒把他的属官华成藏起来。有人告发王温舒接受皇帝侍从骑兵的贿赂和其他的坏事，罪行之重应当灭族，于是他就自杀了。这时，他的两个弟弟以及两个姻亲之家，各自都犯了其他的罪行而被灭族。光禄大夫徐自为说："可悲啊，古代有灭三族的事，而王温舒犯罪的情况竟然相当于同时夷灭五族！"

王温舒死后，他的家产累积有一千金。

论赞

太史公曰：从郅都到杜周十个人，都以严酷残暴而闻名。但郅都刚烈正直，辩说是非，对国家有益的事据理力争。张汤懂得观察君王的脸色而投其所好，皇上与他上下一致，国家因他而得到好处。张汤死后，法网严密，办案多诋毁严厉，政事逐渐荒废败坏。九卿之官碌碌无为，只求保护官职，防止有过错发生还来不及，哪有时间研究法律以外的事情呢？但是这些人中，廉洁者完全可以成为人们的师表，污浊者足以做人们的鉴戒，他们谋划策略，教化民众，禁止奸邪，一切作法皆斯文有礼。执法虽然严酷，但这与他的职务是相称的。至于像蜀郡太守冯当凶暴地摧残人，广汉郡太守李贞擅自肢解百姓，东郡太守弥仆锯断人的脖子，天水郡太守骆璧椎击犯人逼供定案，河东郡太守褚广妄杀百姓，京兆尹无忌、左冯翊殷周的凶狠，水衡都尉阎奉拷打逼迫犯人花钱买宽恕，哪里值得陈说？

游侠列传

本传是《史记》的名篇之一，太史公用实事求是的态度记述了汉代著名游侠朱家、剧孟和郭解的事迹，充分地肯定了"布衣之侠"、"乡曲之侠"、"闾巷之侠"的"其言必信，其行必果，已诺必诚，不爱其躯，赴士之厄困，不矜其能，羞伐其德"的高贵品质。通篇叙事与议论相结合，结构严谨有序，前后辉映，妙笔生花。

【开篇明义】

韩非子说："儒生以儒家经典来破坏法度，而侠士以勇武的行为违犯法令。"韩非对这两种人都加以讥笑，但儒生却多被世人所称扬。至于用权术取得宰相卿大夫的职位，辅助当代天子，功名都被记载在史书之中，这本来没有什么可说的。至于季次、原宪，是平民百姓，用功读书，怀抱着特异的君子的德操，坚守道义，不与当代世俗苟合，当代世俗之人也嘲笑他们。所以季次、原宪一生住在空荡荡的草屋之中，穿着粗布衣服，连粗饭都吃不饱。他们死了四百余年了，而他们的世代相传的弟子们，却不知倦怠地怀念着他们。现在的游侠者，他们的行为虽然不符合道德法律的准则，但是他们说话一定守信用，做事一定果敢决断，已经答应的必定实现，以示诚实，肯于牺牲生命，去救助别人的危难。已经经历了生死存亡的考验，却不自我夸耀本领，也不好意思夸耀自己功德，这些大概也是很值得赞美的吧！

🔶 彩绘三鱼耳杯·西汉

【游侠朱家】

鲁国的朱家跟高祖是同一时代的

人。鲁国人都搞儒家教育，而朱家却因侠义而闻名。他所藏匿和救活的豪杰有几百个，其余普通人被救的说也说不完。但他从来不夸耀自己的才能，不自负对别人的恩德，那些他曾经给予过施舍的人，唯恐再见到他们。他救济别人的困难，首先从贫贱的开始。他家中没有剩余的钱财，衣服破得连完整的色彩都没有，每顿饭只吃一样菜，乘坐的只是个牛拉的车子。他一心救助别人的危难，超过为自己办私事。他曾经暗中帮助季布将军摆脱了被杀的厄运，待到季布将军地位尊贵之后，他却终生不肯与季布相见。从函谷关往东，人们莫不伸长脖子希望能跟他成为朋友。

【游侠剧孟】

楚地的田仲因侠义而闻名，他喜欢剑术，对待朱家就像儿子对待父亲那样，他觉得自己的德行操守比不上朱家。田仲死后，洛阳出了个剧孟。洛阳人靠经商为生，而剧孟却因为行侠显名于诸侯。吴、楚七国叛乱时，条侯周亚夫当太尉，乘坐着驿站的车子，将到洛阳时得到剧孟，高兴地说："吴、楚七国发动叛乱而不求助于剧孟，我知道他们是无所作为的。"天下动乱，太尉得到他就像得到了一个相等的国家一样。剧孟的行为与朱家很类似，他却唯独喜欢博棋，所做的多半是少年人的游戏。但是剧孟的母亲死时，从远方来送丧的大概有上千辆车子。

等到剧孟死时，家中连十金的钱财也没有。这时符离人王孟也因为行侠仗义闻名于长江和淮河之间。

这时，济南的瞷某，陈地的周庸也因为豪侠而闻名。汉景帝听说后，暗中派人把这类人全都杀死了。这以后，代郡的白姓诸人、梁地的韩无辟、阳翟的薛兄、陕地的韩孺又陆续出现了。

【游侠郭解】

郭解是轵县人，字翁伯。他是善于给人相面的许负的外孙。因为行侠，郭解的父亲在汉文帝时被杀。郭解个子矮小，精明强悍，不喝酒。他小时候残忍狠毒，心里不痛快时，亲手杀了很多人。他不惜牺牲生命去替朋友报仇，藏匿亡命徒去犯法抢劫，停下来就私铸钱币，盗挖坟墓，不法活动数不胜数。但他却能遇到上天保佑，在窘迫危急时常常脱身，或者遇到大赦。等到郭解年龄大了，就改变行为，检点自己，用恩惠报答怨恨自己的人，屡次施舍别人，而且对别人怨恨很少。但他自己喜欢行侠的想法越来越强烈。已经救了别人的生命，却不自夸功劳，但其内心仍然残忍狠毒，为小事突然怨怒行凶的事依然像往昔。当时的少年仰慕他的行为，也常常为他报仇，却不让他知道。郭解姐姐的儿子倚仗郭解的势力同别人喝酒，让人家干杯。如果对方的酒量小不能再喝了，他就强行灌酒。那人发怒，拔刀刺死了他，就逃跑了。郭解

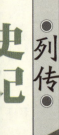

三羊盘 西汉

越发仰慕郭解的行为。

　　洛阳人有两家结下了仇，城中有十多个贤人豪杰从中调解，两方始终不听劝解。门客们就来拜见郭解，将情况说明。晚上郭解去会见结仇的人家，出于对郭解的尊重，他们委屈心意地听从了劝告，准备和好。郭解就对这两个仇家说："我听说洛阳诸公为你们调解，你们多半不肯接受。如今你们幸而听从了我的劝告，郭解怎能从别的县跑来侵夺城中贤豪们的调解权呢？"于是郭解当夜离去，不让人知道，说："暂时不要听我的调解，待我离开后，让洛阳豪杰从中调解，你们就听他们的。"

　　郭解一直恭敬待人，从不敢乘车走进县衙门。他替人到旁的郡国去办事，事能办成的，一定把它办成；即使事情办不成，也要使有关方面都满意，然后才敢去吃人家的酒饭。因此大家都很尊重他，争着为他效力。城中少年及附近县城的贤人豪杰，半夜上门拜访郭解的常常有十多辆车子，请求把郭解家的门客接回自家供养。

　　汉武帝元朔二年（前127），朝廷要将各郡国的豪富人家迁徙到茂陵居住，郭解家里穷，不符合三百万资财的迁转标准，但迁移名单中有郭解的名字，官吏害怕，不敢不让郭解迁移。当时卫青将军替郭解向皇上说："郭解家贫，不符合迁移的标准。"但

　　姐姐发怒说道："以弟弟翁伯的义气，人家杀了我的儿子，凶手却捉不到。"于是她把儿子的尸体丢弃在道上，不埋葬，想以此羞辱郭解。郭解派人暗中探寻凶手的去向。凶手窘迫，自动回来把真实情况告诉了郭解。郭解说："你杀了他本来应该，我的孩子无理。"于是放走了那个凶手，把罪责归于姐姐的儿子，并收尸埋葬了他。人们听到这个消息，都称赞郭解的道义行为，更加依附于他。

　　郭解每次出去或归来，人们都躲着他走，只有一个人傲慢地坐在地上看着他。郭解派人去问他的姓名。门客中有人说要把那个人杀掉，郭解说："居住在乡里之中，却不被人尊敬，这是我自己道德修养得还不够，他有什么罪过！"于是他就暗中嘱托尉史说："这个人是我最关心的，轮到他服役时，请免除掉。"以后每到服役时，有好多次，县中官吏都没找这个对郭解不礼貌的人。他感到很奇怪，就千方百计地询问原因，后来得知原来是郭解叫人免除了他的差役。于是他就袒露上身，去找郭解谢罪。少年们听到这消息，

列传

史记

240

是皇上说："一个百姓的权势竟能使将军替他说话，这可见他不穷。"于是郭解被迁移到茂陵。人们为郭解送行共出钱一千余万。轵人杨季主的儿子当县掾，是他提名迁移郭解的。郭解哥哥的儿子砍掉杨县掾的头。从此杨家与郭家结了仇。

郭解的家搬到关中，关中的贤人豪杰不管从前是否知道郭解，如今听到他的名声，都争着与他结为好朋友。郭解个子矮，不喝酒，出门不乘马。后来他又杀死杨季主。杨季主的家人上书告状，有人又把告状的在官门下给杀了。皇上听到这个消息，就命官吏捕捉郭解。郭解把母亲安置在夏阳，自己逃到临晋。临晋籍少公本来不认识郭解，郭解冒昧去会见他，顺便要求他帮助自己出关。籍少公把郭解送出关后，郭解转移到太原，他所到之处，常常把自己的情况告诉留他食宿的人家。官吏追逐郭解，追踪到籍少公家里。籍少公无奈自杀，口供断绝了。过了很久，官府才捕到郭解，并彻底深究他的罪行，发现一些郭解杀人的事，都发生在赦令公布之前。一次，轵县有个儒生陪同前来查办郭解案件的使者闲坐，郭解门客称赞郭解，儒生说："郭解专爱做奸邪犯法的事，怎能说他是贤人呢？"郭解门客听到这话，就杀了这个儒生，割下他的舌头。官吏以此责问郭解，令他交出凶手，而郭解委实不知道杀人的是谁。那人始终没查

出来，不知道是谁。官吏向皇上报告，说郭解无罪。御史大夫公孙弘议论道："郭解以平民身份为侠，玩弄权诈之术，因为小事而杀人，他自己虽然不知道，这个罪过比他自己杀人还严重。应该判处郭解大逆不道的罪。"于是郭解的家族全被诛杀了。

【游侠余风】

从此以后，行侠的人特别多，但都傲慢无礼没有值得称道的。但是关中长安的樊仲子、槐里赵王孙，长陵的高公子，西河的郭公仲，太原的卤公孺，临淮的儿长卿，东阳的田君孺，虽然行侠却能有谦虚退让的君子风度。至于像北道的姚某，西道姓杜的诸人，南道的仇景，东道的赵他、羽公子，南阳赵调之流，这些都是处在民间的盗跖罢了，哪里值得一提呢？这都是从前朱家那样的人引以为耻的。

论赞

太史公曰：我看郭解，相貌与身材赶不上中等，语言也没什么可取的地方。但是天下人，无论贤人或不肖之人，无论认识他或不认识他，都仰慕他的名声，谈论游侠的都标榜郭解以提高自己的名声。谚语说："相貌名声，那个短命？"唉，可惜呀！

卷一百二十六

滑稽列传

本传是记述滑稽人物的类传。滑稽是言辞流利、迅捷、反应灵敏的意思，后世有诙谐幽默之意。此篇的主旨是颂扬淳于髡、优孟、优旃一类滑稽人物，虽然出身寒微，但"不流世俗，不争势利"的可贵品质，及其"谈言微中，亦可以解纷"的非凡讽谏才能。

【齐国淳于髡】

淳于髡是齐国的一个入赘女婿，身高不足七尺，为人滑稽，能言善辩，曾多次出使诸侯国也没受过屈辱。齐威王在位时，喜爱说隐语，又好彻夜宴饮，淫乐无度，陶醉于饮酒之中，将政事委托给卿大夫。文武百官荒淫放纵，各国都来侵犯，国家存亡就在一线之间。齐王身边近臣都不敢进谏。淳于髡用隐语来规劝齐威王说："城中有只大鸟，落在了大王的庭院里，三年不飞又不叫，大王知道这只鸟是怎么一回事吗？"齐威王说："这只鸟不飞则已，一飞就直冲云霄；不叫则已，一叫就使人惊异。"于是他诏令全国七十二个县的长官入朝奏事，奖赏一人，诛杀一人；又发兵御敌，诸侯十分惊恐，纷纷把侵占的土地归还齐国。齐国的声威竟维持达三十六年。

齐威王八年（前349），楚国派遣大军侵犯齐国边境。齐王派淳于髡出使赵国请求救兵，让他携带黄金百斤、驷马车十辆作为礼物。淳于髡仰天大笑，将系帽子的带子都笑断了。威王说："先生是嫌礼物太少么？"淳于髡说："不敢！"威王说："那你笑什么，难道有什么想法吗？"淳于髡说："今天我从东边来时，看到路旁有个祈祷田神的人，拿着一个猪蹄、一杯酒，祈祷说：'高地上收获的谷物盛满篝笼，低田里收获的庄稼装满车辆；五谷繁茂丰熟，米粮堆积满仓。'我见他拿的祭品很少，而所祈求的东西太多，所以笑他。"于是齐威王就把礼物增加到黄金千镒、白璧十对、驷马车百辆。淳于髡辞别威王后，来到赵国。赵王拨给他十万精兵、一千辆裹有皮革的战车。楚国听到这个消息，连夜匆忙退兵而去。

齐威王十分高兴，在后宫摆下酒宴，召见淳于髡，赐他酒喝。问他说："先生能够喝多少酒才醉？"淳于髡回答说："我喝一斗酒也能醉，喝一石酒也能醉。"威王说："先生喝一斗就醉了，怎么能喝一石呢？这是什么说法呢？"淳于髡说："大王当面赐酒给我，执法官站在旁边，御史站在背后，我心惊胆战，低头伏地地喝，喝不了一斗就醉了；假如父母有尊贵的客人来，我卷起袖子，躬着身子，举酒敬客，客人不时赏我残酒，屡次举杯敬酒应酬，喝不到两斗就醉了；假如朋友间交游，久未会面而忽然间相见了，高兴地讲述往事，互诉衷肠，大约喝五六斗就醉了；至于乡里之间的聚会，男女杂坐，彼此敬酒，没有时间的限制，又作六博、投壶一类的游戏，呼朋唤友，相邀成对，握手言欢不受处罚，眉目传情不遭禁止，面前有落下的耳环，背后有丢弃的发簪，此时的我最开心，喝上八斗酒也不过两三分醉意。天黑了，酒也快完了，把剩余的酒放到一起，大家促膝而坐，男女同席，鞋子混杂在一起，杯盘杂乱不堪，堂屋里的蜡烛已经熄灭，主人单留住我，而把别的客人送走，绫罗短袄的衣服已经解开，隐隐有阵阵香气传来，这时我心里最为高兴，能喝下一石酒。所以说，酒喝得过多就容易出乱子，欢乐到极点就会发生悲剧。所有的事情都是如此。"这番话是说，无论什么事情都不可走极端，到了极端就会衰败。淳于髡以此婉转地劝说齐威王。威王说："好。"于是他就停止了彻夜欢饮之事，并任用淳于髡为接待诸侯宾客的宾礼官。齐王宗室设置酒宴，淳于髡常常作陪。

【楚国优孟】

优孟曾是楚国的老歌舞艺人。他身高八尺，能言善辩，常用说笑的方式劝谏楚王。楚庄王时，很喜爱一匹马，给它穿上华美的绣花衣服，养在富丽堂皇的屋子里，睡在设有帐幔的床上，用蜜饯的枣干来喂它。马因肥胖病死了，庄王派群臣给马办丧事，要用棺盛殓，依照大夫那样的礼仪来埋葬死马。左右近臣争论此事，认为不可以这样做。庄王下令说："有谁再敢以葬马的事来进谏，就处以死刑。"优孟听到此事，走进殿门仰天大哭。庄王吃惊地问他哭的原因。优孟说："马是大王所喜爱的，凭着楚国这样强大的国家，有什么事情办不到，却用大夫的礼仪来埋葬它，太简单了，请用人君的礼仪来埋葬它。"庄王问："那怎么办？"优孟答道："我请求用雕刻花纹的美玉做内棺，用优良的梓木做外椁，用梗、枫、豫章等名贵木材做护棺的题凑，派士兵给它挖掘墓穴，让老人儿童背土填筑坟，齐国、赵国的使臣在前面陪祭，韩国、

山戎饮酒器·战国

🐟 **龟鱼蟠螭纹方盘·战国**

盘体长方形，四角略圆转，浅腹，口沿
向外平折。盘体内外均布满华美的纹饰。
在盘的内底，以三角云纹为衬底，浮雕
七行以各种姿势和向不同方向游动的龟、
鱼和蛙，形态生动。盘外壁纹饰繁缛，
并在左右两侧壁各饰两个铺首衔环，其
间又浮雕出双熊、鸟嘴带翼怪兽、独角
兽和羊等。盘下四角，各浮雕一蟠螭，
下接伏虎形足。造型奇巧，工艺精致，
是东周时期青铜工艺佳作。

魏国的使臣在后面护卫，建立祠庙，
用牛、羊、猪祭祀，拨个万户大邑来
供奉。诸侯看到大王这样做，就都知
道大王轻人而重马了。"庄王说："我
的过错竟到这种地步吗？该怎么办
呢？"优孟说："请大王准许按埋葬
畜生的办法来埋葬它：在地上堆个土
灶当做外椁，用口铜鬲当做棺材，用
姜枣来调味，用木兰来解腥，用稻米
做祭品，用火光做衣服，把它安葬在
人的肠胃中。"于是庄王派人把马交
给了宫中主管膳食的太官，不让天下

人长久传扬此事。

楚国宰相孙叔敖知道优孟是位贤
人，待他很好。孙叔敖患病临终前，
叮嘱他的儿子说："我死后，你一定
很贫困。那时，你就去拜见优孟，说'我
是孙叔敖的儿子'。"过了几年，孙叔
敖的儿子果然十分贫困，靠卖柴为生。
一次路上遇到优孟，就对优孟说："我
是孙叔敖的儿子。父亲临终前，嘱咐
我贫困时就去拜见优孟。"优孟说："你
不要到远处去。"于是，他就立即缝
制了孙叔敖的衣服帽子穿戴起来，模
仿孙叔敖的言谈举止，音容笑貌。过
了一年多，模仿得活像孙叔敖，连楚
庄王及左右近臣都分辨不出来。楚庄
王摆酒设宴，优孟上前为庄王敬酒祝
福。庄王大惊，以为孙叔敖又复活了，
想要让他做楚相。优孟说："请允许
我回去和妻子商量此事，三日后再来
就任楚相。"庄王答应了他。三日后，
优孟又来见庄王。庄王问："你妻子
怎么说？"优孟说："妻子说千万别

做楚相，楚相不值得做。像孙叔敖那样的楚相，忠正清廉地治理楚国，才使楚王称霸。如今他死了，他的儿子竟无立锥之地，贫困到每天靠打柴为生。如果要像孙叔敖那样做楚相，还不如自杀。"接着唱道："住在山野耕田辛苦，难以获得食物。出外做官，自身贪赃卑鄙，不顾廉耻。自己死后家室虽然富足，但又恐惧贪赃枉法，做下非法之事，犯下大罪，自己被杀，家室也遭诛灭。贪官哪能做呢？想要做个清官，遵纪守法，忠于职守，到死都不敢做非法之事。唉，清官又哪能做呢？像楚相孙叔敖那样一生坚持廉洁的操行，现在妻儿老小却贫困到靠打柴为生。清官实在不值得做啊！"于是，庄王向优孟道了歉，立即召见孙叔敖的儿子，把寝丘这个四百户之邑封给他，以供祭祀孙叔敖之用。自此之后，后来传到十代没有断绝。优孟的这种聪明才智，可以说是用得其所，抓住了发挥的时机。

【秦国优旃】

优旃是秦国的歌舞艺人，个子非常矮小，擅长说笑话，却都能合乎大道理。秦始皇时，宫中设置酒宴，正遇天降大雨，殿阶下站岗的卫士都淋着雨，受着风寒。优旃见了十分可怜他们，对他们说："你们想要休息么？"卫士们都说："很想。"优旃说："如果我叫你们，你们要很快地答应我。"过了一会儿，他进宫殿向秦始皇祝酒，高呼万岁。优旃倚着栏杆大声喊道：

"卫士！"卫士答道："有。"优旃说："你们虽然长得高大，有什么用？只有幸站在露天淋雨。我虽然长得矮小，却有幸在这里休息。"于是，秦始皇准许卫士减半值班，轮流交接。

秦始皇曾经计议要扩大射猎的区域，东到函谷关，西到雍县和陈仓。优旃说："好。多养些禽兽在里面，敌人从东面来侵犯时，让麋鹿用角去顶他们就可以了。"秦始皇听了这话，就停止了扩大猎场的计划。

秦二世皇帝即位，又想用漆涂饰城墙。优旃说："好。皇上即使不讲，我本来也要请求您这样做的。漆城墙虽然给百姓带来愁苦和耗费，可是很美呀！城墙漆得漂漂亮亮的，敌人来了也爬不上来。这样看，涂漆倒是容易的，难办的是要找一所大房子，把漆过的城墙搁进去，使它阴干。"于是二世皇帝哈哈大笑，就将这个计划取消了。不久，二世皇帝被杀死，优旃归顺了汉朝，几年后就死了。

白话精编二十四史　第一卷

论赞

太史公曰：淳于髡仰天大笑，齐威王因而横行天下。优孟摇头唱歌，打柴为生的人因此受到封赏。优旃靠近栏杆大喊一声，阶下卫士因而得以减半值勤，轮流倒休。这些难道不都是伟大而可颂扬的吗？

245

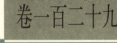

卷一百二十九

货殖列传

本 传是记述从事"货殖"活动的人物的类传。货殖，即利用货物的生产与交换进行商业活动，从中谋求利益。太史公所说的货殖，还包括各种手工业、农、牧、渔、矿山、冶炼等行业的经营在内。本文是司马迁的经济思想和物质观的反映。史学界认为："历史思想及于经济，是书盖为创举。"

【财货之论】

太行山以西盛产木材、竹子、榖树、野麻、旄牛尾、玉石；太行山以东多有鱼、盐、漆、丝、美女；江南出产楠木、梓树、生姜、桂花、金、锡、铅、朱砂、犀牛、玳瑁、珠子、象牙兽皮；龙门、碣石山以北地区盛产马、牛、羊、毡裘、兽筋兽角；铜和铁则分布在周围千里远近，山中到处都是，有如棋子满布。这是关于各地物产分布的大致情况。这些都是中国人民所喜好的，习用的穿着、饮食、养生、送死之物。所以，人们要靠农民耕种，取得食物，要靠虞人进山开采、渔夫下水捕捉，获得物品，要靠工匠制造，取得器具，要靠商人贸易，流通货物。这难道还需要官府发布政令，征发百姓，限期会集吗？人们都凭自己的才能，竭尽自己的力量，来满足自己的欲望。所以，低价的货物能够高价出售，高价的货物能够低价购进。人们各自努力经营自己的本业，乐于从事自己的工作，就像水从高处流向低处那样，日日夜夜没有休止的时候，不用召唤便会自动前来，不用请求便会生产出来。这难道不是符合规律而得以自然发展的证明吗？

玉龙纹杯·汉

【陶朱公】

范蠡帮助越王洗雪了会稽被困之耻后，便叹息着说："计然的策略有七条，越国只用了五条就实现了雪耻的愿望。既然将它用于治国很有效，我要把它用于治家。"于是，他便乘坐小船漂泊江湖，改名换姓，到齐国改名叫鸱夷子皮，到了陶邑改名叫朱公。朱公认为陶邑的位置正处于天下中心，与各地诸侯国四通八达，交流货物十分便利。于是就治理产业，囤积奇货，随机应变，与时逐利，而不责求他人。所以，善于经商致富的人，必定能选择信用靠得住的人并能得心应手地把握住时机。十九年间，他三次赚得千金之财，两次分散给贫穷的朋友和远房的同姓兄弟。这就是所谓君子富有便乐意去做仁德之事了。后来范蠡年老力衰，子孙继承了他的事业并有所发展，最后有了巨万家财。所以，后世谈论富人时，都称颂陶朱公。

【白圭】

白圭是周人。当魏文侯在位时，李克正致力于开发土地资源，而白圭却喜欢观察市场行情和年景收成丰歉的变化。所以，当货物过剩低价抛售时，他就收购；当货物不足高价征求时，他就出售。谷物成熟时，他买进粮食，出售丝、漆；蚕茧结成时，他买进绢帛棉絮，出售粮食。他十分清楚：太岁在卯位时，五谷丰收，转年年景就不会好；太岁在午位时，会发生旱灾，转年年景会很好；太岁在酉位时，五谷丰收，转年年景会变坏；太岁在子位时，天下会大旱，转年年景会很好且雨水丰沛；太岁又转到卯位时，他囤积的货物的价值大概比常年要增加一倍。要使钱财收入增长，他便收购质次的谷物；想要增长拥有的粮食数目，他便去买上等的谷种。他不讲究吃喝穿戴，控制自己的嗜好，与雇用的奴仆同甘共苦，捕捉赚钱的时机就像猛兽捕捉食物那样迅速。因此他说："我干经商致富之事，就像伊尹和吕尚筹划谋略、孙子和吴起用兵打仗、商鞅推行变法那样。所以，如果一个人的智慧不能使他随机应变，勇气不能使他果敢决断，仁德不能使他正确取舍，强健不能够有所坚守，虽然他想学习我的经商致富之术，我还是不会教给他的。"因而，天下人谈论经商致富之道都效法白圭。白圭大概是有所尝试，尝试而能有所成就，这不是随便行事就能成的。

【蜀地卓氏】

蜀地卓氏的先祖是赵国人，靠冶铁生意发家致富。秦国将赵国击败时，卓氏被迁徙，只有他们夫妻二人推着车子，去往迁徙的地方。其他同时被迁徙的人，便争着送给主事的官吏钱财，央求迁徙到近处的葭萌县。只有卓氏说："葭萌地窄人稀，土地瘠薄，我听说汶山下面是肥沃的田野，地里长着大芋头，形状像蹲着的鸱鸟，人到死也不会挨饿。那里的百姓擅长交易，容易做买卖。"于是就要求迁到远处，结果被迁移到临邛，他非常高兴，就在有铁矿的山里开采矿石，开炉鼓风，冶铸铁器钱币，谋划算计，财势压倒滇蜀地区的居民，富有到有一千多奴仆。他在田园水池享受射猎游玩之乐，可以与国君媲美。

程郑是从太行山以东迁徙来的降民，也经营冶铸业，常把铁器制品卖给西南地区少数民族，他的财富与卓氏差不多，与卓氏同住在临邛。

【宛县孔氏】

宛县孔氏的先辈是梁国人，以冶铁为业。秦国击败魏国后，把孔氏迁到南阳。他便大规模地经营冶铸业，并开辟鱼塘养鱼，车马成群结队地去游访诸侯，借此谋取经商发财的便利，博得了游闲公子乐施好赐的美名。然而他有很多赢利，大大超出施舍花费的那点钱，胜过吝啬小气的商人，家中财富多达数千金。所以，南阳人做生意全部效法孔氏的从容稳重和大方举止。

【宣曲任氏】

宣曲任氏的先祖是督道地方管粮仓的小吏。秦朝灭亡之时，各路豪杰纷纷争夺金银财宝，只有任氏独自用地窖储藏米粟。后来，楚汉两军在荥阳相持不下，农民无法耕种土地，米价每石涨到一万钱。任氏卖掉储在地窖里的米粟，豪杰的金银珠宝全都归于任氏，任氏因此发了财。一般富人都争相奢侈，而任氏却屈己从人，崇尚节俭，致力于农田畜牧。田地、牲畜，一般人都争着以低价买进，任氏却专门高价买进贵而好的。任家历代都很富有。但任氏家约规定；不是自家种田养畜得来的物品不穿不吃，公

商旅图·西汉

事没有做完自身不能喝酒吃肉。以此作为乡里表率，所以，他富有而皇上也尊重他。

【无盐氏】

边塞向外开拓以后，只有桥姚取得马千匹，牛二千头，羊一万只，粟万钟。

吴、楚七国起兵反叛汉朝时，长安城中的列侯封君要从军出征，需要借贷有利息的钱，放高利贷的人认为列侯封君的封国都在关东，而关东战事胜负难定，没有人肯把钱贷给他们。只有无盐氏拿出千金放贷给他们，其利息为本钱的十倍。三个月后，吴、楚被平定。一年之间，无盐氏得到十倍于本金的利息，从此，家中财富与关中富豪不相上下。

以上这些人都是声名显赫、与众不同的人物。他们都不是有爵位封邑、俸禄收入或者靠舞文弄法、作奸犯科而发财致富的，全是靠推测事理，进退取舍，随机应变，以经营商工末业致富，用购置田产从事农业守财，以各种顺应世事的手段夺取一切，用法律政令等文字方式维持下去，变化多端大略如此，所以是值得记述的。至于那些致力于农业、畜牧、手工、山林、渔猎或经商的人，凭借权势和财利而成为富人，大者压倒一郡，中者压倒一县，小者压倒乡里，那更是多得不可胜数。

精打细算、勤劳节俭是发财致富的正路，但想要致富的人还必须出奇

制胜。种田务农是笨重的行业，而秦扬却靠它成为一州的首富；盗墓本来是犯法的勾当，而田叔却靠它起家；赌博本来是恶劣的行径，而桓发却靠它致富；行走叫卖是男子的卑贱行业，而雍乐成却靠它发家致富；贩卖油脂是耻辱的行当，而雍伯靠它挣到了千金；卖水浆本是小本生意，而张氏靠它赚了一千万钱；磨刀本是小手艺，而郅氏靠它富到列鼎而食；卖羊肚儿本是微不足道的事，而浊氏靠它富至车马成行；给马治病是浅薄的小技术，而张里靠它富到击钟佐食。这些人都是由于专心致志从而致富的。

由此可见，致富并不只能靠固定的行业，而财富也没有一定的主人，有本领的人能够积累财富，没有本领的人则会破败家财。

论赞

太史公曰：神农氏以前的情况我是不了解的。至于像《诗》《书》所记述的虞舜、夏朝以来的事情，一般都是人们的耳目听到最好听的，看到最好看的，口胃总想尝遍各种肉类的美味，身体安于舒适快乐的环境，心中又夸耀有权力与才干的光荣。统治者让这种风气熏染百姓已经很久了，即使用老子的理论挨门挨户地去劝说教化，终不能感化谁。所以，最好的办法就是顺其自然，其次是因势利导，其次是加以教诲，再次是制定规章制度加以束缚，最坏的做法是与民争利。

白话精编二十四史

第一卷 史记

【特邀编审】
陈绍棣

【文图编辑】
樊文龙

【文字撰写】
王正刚

【装帧设计】
罗雷

【美术编辑】
刘晓东

【图片提供】
陕西历史博物馆 湖北省博物馆
Fotoe.com